Marc Pitzke

Fünf nach Zero

HERDER spektrum
Band 5692

Das Buch
Wie lebt man in einer Stadt, in deren Mitte tausende Menschen bei einem Terroranschlag getötet wurden? In der fast jeder eine eigene 9/11-Geschichte erzählen kann? In der sich unzählige Lebensgeschichten für immer verändert haben?
Das Ziel der Terroristen war die westliche Welt, getroffen wurde New York. Marc Pitzke blickt in diesem Buch auf die Zeit seit dem 11. September 2001 zurück und zeigt, wie sich die Stadt verändert hat. Er erzählt von Trauer, von Hoffnung, von Mut, von Wut und von Verdrängung. Es sind Geschichten über Comedy Clubs, in denen palästinensische Stand-up Comedians Witze über Araber und den Terror machen, über Therapeuten, die mit dem Schmerz nicht zurechtkommen, über politisch aktive Großmütter, über Doppelgänger von Osama bin Laden, über Börsenmakler und über Einwanderer, die mit *Windows of the World* nicht nur ihre Kollegen, sondern auch ihre Existenz verloren haben und jetzt gemeinsam ein Multikultirestaurant eröffnen – kollektiv geführt von Menschen aus Dutzenden Nationen.
Ein fesselnd zu lesendes Porträt der Hauptstadt der Welt und eine genaue Analyse der Tiefenfolgen des Terrors.

Der Autor
Marc Pitzke, geb. 1963, ist von den USA fasziniert, seitdem er dort 1980 ein High School-Jahr verbrachte. Er lebt seit 1993 in New York und arbeitet dort heute als USA-Korrespondent für *Spiegel Online* und *Facts*.

Marc Pitzke

Fünf nach Zero

Der 11. September und
die Wiedergeburt New Yorks

HERDER

FREIBURG · BASEL · WIEN

Für meine Familie

Gedruckt auf umweltfreundlichem, chlorfrei gebleichtem Papier

Originalausgabe

Alle Rechte vorbehalten – Printed in Germany
© Verlag Herder Freiburg im Breisgau
www.herder.de
Satz: Barbara Herrmann, Freiburg
Druck und Bindung: fgb · freiburger graphische betriebe 2006
www.fgb.de
Umschlaggestaltung und Konzeption:
R·M·E München / Roland Eschlbeck, Liana Tuchel
Umschlagfoto: © Corbis
ISBN-13: 978-3-451-05692-5
ISBN-10: 3-451-05692-5

Inhalt

Vorwort	7
1. Fünf nach Null	12
2. Atlas und die Götterdämmerung	27
3. Das Ende der Börse	40
5. Plaza Suite	51
5. Verdrängungskünstler	67
6. Haben und Nichthaben	81
7. August und ihre Jünger	93
8. Die vergessenen Opfer	108
9. Multikulti zum Essen	118
10. Osamas Doppelgänger	129
11. Die palästinensische Jungfrau	142
12. Der Graffiti-Millionär	153
13. Die Rache der alten Damen	164
14. Kunst und Kaufrausch	176
15. Von toten Engeln	187
16. Graue Lady am Krückstock	197
17. Die Baumeister	208
Dank	222

Vorwort

Unter meiner Küchenbank steht ein Paar alter Bauarbeiterstiefel. Früher mal senffarben, haben sie längst den Ton einer Ölpfütze angenommen: graubraun marmoriert, mit aschweißen Rändern, die aussehen wie Schaumkronen auf schmutziger Brandung. Dunkle Kleckser vergessener Herkunft sprenkeln das brüchige Leder, die robusten Sohlen sind abgelaufen, die Schnürriemen beginnen an den Knotenstellen zu zerfasern.

Dies sind meine „9/11-Boots".

Ich trug sie am 11. September 2001. Vom Union Square aus hatte ich zunächst ungläubig wie alle anderen zugeschaut, wie der zweite Jet ins World Trade Center gerast war, und hatte mich dann instinktiv auf den Weg ins staubige Trümmerchaos von Lower Manhattan gemacht, um den Moment, an dem sich alles änderte, für meine damalige Redaktion zu protokollieren.

Die Stiefel, gerade erst gekauft und eigentlich für Ausflüge aufs Land gedacht, waren die solideste Fußbekleidung, die ich an jenem Tag besaß. Sie waren hell, doch das hielt nicht lange. Südlich der Canal Street verschwand der Himmel über der geschundenen Stadt, und ein beißender Schnee wirbelte durch die Luft und fraß sich in die Atemwege, die Kleidung und nicht zuletzt auch in das Schuhleder.

Manhattan war zum Kriegsschauplatz geworden, und die Boots wurden zu meinen Kampfstiefeln. Wochenlang trugen sie mich durch alle Stadtteile, auf der Suche nach Geschichten, mit denen ich das Unfassbare fassbar zu machen versuchte, nicht zuletzt auch für mich selbst. Anschließend habe ich die Stiefel stundenlang geputzt, geschrubbt und gebürstet, bis mir der Schweiß auf die Stirn trat, als ließen sich so auch die Erinnerungen wegleders. Doch die Patina blieb erhalten, wie eine Daguerreotypie jener Tage.

Seither haben sich zahllose andere Ereignisse und Orte in den Boots verewigt: Blizzards, Regengüsse, der heiße Wüstensand New Mexicos, die texanische Prärie, der Hurrikan „Katrina". Doch für mich werden sie immer meine „9/11-Boots" bleiben.

Im fünften Jahr nach den Anschlägen habe ich sie noch einmal herausgeholt, um meine Wege jener Wochen nachzuzeichnen. Ich wollte wissen, wie sich New York City wirklich verändert hat seit dem „Tag der Infamie", wie ihn die Politiker hier gerne in Anlehnung an Pearl Harbor bezeichnet haben.

9/11 war für viele hier die Stunde Null. Es war, nachdem sich der Schock gelegt hatte, eine Zeit der Bestandsaufnahme, der inneren Einkehr, des Grübelns auch übers eigene Geschick. Einige Leute änderten ihr Leben radikal. Die einen versanken im Alkohol- oder Drogenrausch, die anderen begaben sich dagegen in die Entziehungskur, wieder andere wechselten die Jobs, die Partner, die Stadt. Manche traten in die CIA ein oder in die Armee, zogen in den Irak und nach Afghanistan, in der verfehlten Hoffnung auf Rache und Linderung ihres Schmerzes. Manche entdeckten ihr politisches Engagement, gründeten Antikriegsgruppen. Manhattan erlebte einen Baby-Boom, exakt neun Monate später.

New York City, sagen heute viele, sei wiederauferstanden aus der Asche des 11. September. Der Tag des Terrors scheint vorbei, ein Alptraum bloß, und das Elend von damals längst nur noch eine Erinnerung. Alles beim Alten, denkt man, und mehr noch. „Die Wunde", hat der Stadtchronist Pete Hamill beobachtet, „beginnt zu verblassen."

Auf den ersten Blick ist das auch alles einleuchtend. Die Stadt boomt heute an allen Ecken und Enden. Broadway und Times Square strahlen in neuem Glanz, die Immobilienbranche platzt aus allen Nähten, die Wall Street macht mehr Geld als je zuvor, und an Ground Zero haben die Bauarbeiten für den Freedom Tower begonnen. Selbst der sonst so reservierte *New York Observer* tönt: „New York ist wiedergeboren!"

Zum vierten Jahrestag von 9/11, am 11. September 2005, verzichteten die Fernsehsender hier sogar auf die bisher übliche Dauerberichterstattung von den Gedenkfeiern. Der Sturz der Türme wurde mit einem melodramatischen Jingle abgehakt – ein ikonisches Archivstück nur noch, wie die letzten Aufnahmen der *Titanic* oder die fast idyllischen Schwarzweißaufnahmen des Erdbebens in San Francisco 1906. Der Sender Fox griff stattdessen nach verlässlicheren Quotenknüllern – Football und Sitcoms. „Die Leute lachen, die Leute weinen", erklärte Fox-Programmchef Preston Beckman schulterzuckend. „Life goes on."

Life goes on. Doch wer hier in der Stadt ein bisschen an der Fassade kratzt, der merkt: Irgendwas ist anders. Und das nicht nur, weil tausende Familien auch heute noch das Loch in ihrer Mitte beweinen, das verlorene Elternteil, das genommene Kind.

„Es ist wie nach dem Blitzkrieg über London", erinnert sich mein Bekannter Stephen, ein Exilbrite, Psychiater und noch Teil der älteren Kriegsgeneration. „Ein Schweigen hat sich über die Stadt gelegt, eine seltsame Stille. Man spricht nicht mehr darüber. Man tut so, als sei nichts gewesen."

Die neue Lebensfreude scheint hauchdünn und etwas beklommen. Das spürte ich auch jetzt bei meinen Streifzügen: Hinter der grellen Kulisse verbirgt sich eine zweite Stadt. Eine Stadt, die es vor fünf Jahren nicht gab: wachsam, traurig, leise, behutsam – und vor allem erwachsener als früher. Die hochgerüsteten Cops in der U-Bahn, diskret im Schatten. Die Spürhunde im Foyer des Empire State Buildings. Die Belegschaft des neuen Restaurants *Colors*, die früher im *Windows of the World* gearbeitet hat, dem Edelclub auf der Spitze des World Trade Centers. Die Gedenkschleifen an den Zäunen überall in der Stadt, denen immer wieder frische Blumen zugesteckt werden. Die Art, wie sich die Leute hier auf der Straße wissend ansehen, ohne ein Wort sagen zu müssen: Ja, ich weiß, ich verstehe.

Es ist eine neue Gemeinschaft entstanden – die verschworene Gemeinschaft derer, die das Unfassbare erlebt haben und beschlossen haben, trotzdem weiterzumachen. „Der 11. September 2001", sagte mein Freund Andy einmal, „hat alle, die ihn überlebten, zu echten New Yorkern gemacht, ob sie es wollten oder nicht."

So viel steht fest: Das Gefühl der sorglosen Geborgenheit ist vorbei, ein für alle Mal. Das Einzige, das man dagegen tun kann, ist, weder in der Zukunft zu leben noch in der Vergangenheit, sondern nur im Jetzt. *Live for the moment*, sagen sie dazu, und das ist eine ganz neue Erfahrung für eine Stadt, die noch nie im Augenblick verweilen konnte, sondern stets nach vorne drängte. „Wenn die Geschichte uns etwas lehrt", schreibt Deborah Eisenberg in *Twilight of the Superheroes*, einer der ersten literarischen Aufarbeitungen von 9/11, dann sei es, „dass wir armen Menschen tatsächlich nicht nach vorne schauen können."

Und so irren wir New Yorker fröhlich weiter durch diesen endlosen Hindernislauf, den wir Alltag nennen, und tun so, als sei nichts gewesen. Trotzdem ducke ich mich unbewusst immer noch, wenn ein Düsenjet zu niedrig über die Häuser röhrt, und jedes Mal, wenn ich in meinem *West Side Market* an der Ecke Seventh Avenue und West 15th Street einkaufen gehe, gucke ich instinktiv kurz nach rechts, Richtung Lower Manhattan, wo man einst das World Trade Center sehen konnte und heute der gesichtslose Stummel von 7 WTC, einem Nachbargebäude, aufragt, dem ersten neuen Prestigeobjekt an Ground Zero.

Wir haben es gelernt hier, uns abzuschotten. New York ist eine Stadt, die so schon an den Gefühlen reißt, an der Seele zerrt. Eiskalt und warmherzig zugleich, unfair und überschäumend, barsch und sanft, lieblos und liebevoll, hysterisch und gelassen, arm und reich. Stadt der Einsamkeit und der Solidarität. Wohl nirgends gibt es einen schöneren Mai, einen strahlenderen Oktober – und einen grässlicheren Winter. „Das kann ein Individuum zerstören", erkannte E. B. White schon 1948 in seinem wegweisenden Essay *Here is New York*, „oder es kann ihn erfüllen, und das hängt zum großen Teil von Glück ab."

Jeder hat eine Geschichte hier. Acht Millionen Menschen, acht Millionen Leben, acht Millionen Geschichten und täglich kommt eine neue hinzu. Wer also glaubt, der Komplexität dieser Stadt mit einem Buch gerecht werden zu können, der irrt sich, und das soll hier auch erst gar nicht versucht werden. Jede Auswahl kann nur beliebig sein, ein kleiner Eindruck, ein Fenster in die flüchtige Seele der City. „Um New York auf dem aktuellen Stand zu halten", schrieb White, „müsste man mit Lichtgeschwindigkeit publizieren."

Oder, im Gegenteil, ganz innehalten. In meinen 13 Jahren in New York habe ich festgestellt, dass die Stadt sich am ehrlichsten offenbart in den Momenten, da sie ganz still ist. Solche Momente sind selten, doch sie gibt es – perfekte, flüchtige Momente, in denen alles zu stimmen scheint: Als schalte jemand einfach den Straßenlärm ab und halte den Leuten den Mund zu. Dann meint man fast, man könnte die Wolken über den glasklaren, blauen Himmel ziehen hören. Alles, was man wahrnimmt, sind die Blätter, die sanft rascheln, wenn der Wind durch sie geht, vielleicht ein paar Papierfetzen, die über die Straße fegen, und der Klang alter Bauarbeiterstiefel auf dem Kopfsteinpflaster.

New York, März 2006

1. Fünf nach Null

Immerhin, sie tut ihr Bestes. Zackig marschiert sie auf den Stufen der City Hall hin und her, gestikuliert melodramatisch, reißt den Kopf zurück, rollt mit den Augen, schmeißt ihre kleine Figur breitbeinig in Diva-Pose. Dabei trägt sie über ihrem schwarzen Rolli, trotz klirrender Kälte, nur ein offenes, kurzes Mäntelchen mit halbem Arm. Das Mäntelchen wallt im Eiswind und kaschiert gnädig alle Konturen.

Jeder weiß, dass sie demnächst sechzig wird. Trotzdem hat sie sich wie ein Teenager herausgeputzt. Ihr Gesicht spannt sich unter einer Kruste Theaterschminke, der festgekleisterte Bubikopf bewegt sich um keinen Zoll, selbst in der stärksten Bö.

„If you can make it here", ruft Liza Minelli ins Mikrofon, *„you'll make it anywhere!"*

Gott sei Dank hat es aufgehört zu schneien.

Minellis Stimme, rauh und heiser, ist vertraut und doch irgendwie fremd, was an der schweren Winterluft und dem Verkehrslärm des Broadway liegen könnte. *New York, New York*, ihr Standardsong, was sonst. Die durchgenudelte „Hymne" der Stadt, die aber selbst die coolsten New Yorker heimlich summen, obwohl sie längst zum schnulzigen Touristenklischee geronnen ist. Wie übrigens auch Miss Minelli selbst, eine der berühmtesten Bewohnerinnen Manhattans und doch, aus der Nähe betrachtet, so ganz und gar unglamourös. In der Schlange bei Starbucks würde man sie wahrscheinlich nicht einmal erkennen.

Der City Hall Park in Lower Manhattan ist eine seltsame Angelegenheit. In anderen Städten ist der Platz am Rathaus eigentlich das Zentrum des bürgerlichen Lebens, ein Anziehungspunkt, ein Magnet, von dem politische Macht ausstrahlt. In New York City aber ist er nicht mehr als eine Art lieblos begrünte Verkehrsinsel, eingequetscht zwischen dem Broadway, der Richtung Wall Street rauscht, und dem Park Place, der verlängerten Auffahrt der Brooklyn Bridge. Die runden, hohen, Abgas verkrusteten Fassaden ringsum sind düster und nicht besonders einladend. Selbst das Woolworth Building mit seinen Stuckbalustraden wirkt hier irgendwie deplaziert.

Früher strebte alles zu diesem Ort – einem der windigsten Plätze in Manhattan – aufs World Trade Center zu, das sich hinter der westlichen Häuserreihe erhob. Heute hat man hier keinen rechten Bezugspunkt mehr. Auch die City Hall selbst gibt nicht viel her.

Sie ist ein für eine moderne Millionenmetropole seltsam bescheidener Zuckerbäckerpalazzo aus dem 19. Jahrhundert. Sie haben sie für den Anlass festlich herausgeputzt, mit Flaggen und Bannern in den offiziellen Stadtfarben Blau, Weiß und Orange. Auf der Freitreppe zum City Hall Park, auf der die Stadträte und der Reverend Al Sharpton sonst gerne Freiluft-Pressekonferenzen abhalten, haben sie eine Holzbühne gezimmert, mit einem kleinen Rednerpult in der Mitte. Davor sitzen ein paar tausend Zuschauer auf Klappstühlen, warme Wolldecken auf dem Schoß, und schlürfen heißen Apfelwein, der umsonst ausgeschenkt wird. Einige gucken Miss Minelli dabei zu, wie sie über die Bühne stakst. Andere sind ins Gespräch vertieft oder lesen Zeitung. Ratten flitzen durchs Gesträuch des Parks.

Die kleine, blecherne Swingband zu Seiten der Rathaustreppe, durch die Minustemperaturen verständlicherweise verstimmt, schwingt sich zum letzten Crescendo auf. „It's up to you", bellt Minelli, den Zeigefinger in den niedrigen Himmel gereckt. „New! Yoark! New! Yoooooark!" Die letzte Note landet knapp daneben.

Es ist einer dieser Momente, von dem die Klatschkolumnistin Cindy Adams sagen würde: *Only in New York, kids, only in New York.*

Nur in New York kann man an einem Sonntagnachmittag über den Lower Broadway spazieren und einem alternden Megastar begegnen, der nach Leibeskräften die Vorzüge dieser Stadt besingt, verstärkt durch eine schmissige Zwölf-Mann-Kapelle.

Nur in New York kann man dem Spektakel einen Moment lang zuhören und den bizarren Augenblick genießen, ohne dass einen jemand dabei stört.

Nur in New York kann man dann seinen Weg wieder ungerührt fortsetzen, als sei nichts geschehen.

Ein Lkw-Fahrer hupt und winkt Minelli aus dem Fenster seiner Kabine zu. Ein Polizeihubschrauber knattert über die Baumwipfel. Ein zweiter folgt, er gehört Channel 7, einem lokalen TV-Sender; aus der offenen Tür hängt der Kameramann heraus.

„Wer ist denn das?", fragt eine Frau mit drei Einkaufstüten vom Elektronikmarkt *J&R* auf der anderen Straßenseite.

„Liza Minelli", sagt ihr Begleiter.

„Wer?"

„Liza Minelli. Die von *Cabaret*."

„Ach so." Das Paar zieht weiter.

Und so beginnt es hier also, das Jahr fünf der neuen Zeitrechnung. Heiser, schamlos, unbeirrbar, verkehrsumtost, nonchalant und, zugegeben, ein bisschen Mitleid erregend.

Typisch eben.

New York, New York.

Natürlich hat sich Liza Minelli nicht einfach so am Rathaus eingefunden. Eine wie sie braucht einen Grund, um sich mit ihrer künstlichen Hüfte und den mehrfach operierten Kniescheiben nach Downtown zu bemühen. Einen guten Grund, vor allem am ersten Tag des neuen Jahres.

Und den hat sie auch: Michael Bloomberg, der 108. Bürgermeister der Stadt, ist wenige Wochen vorher mit historisch hoher Mehrheit wiedergewählt worden und lässt sich heute in einer Open-Air-Zeremonie zu seiner zweiten Amtszeit vereidigen. Minelli ist einer seiner VIP-Gäste, die das Publikum bis zu Bloombergs Auftritt bei Laune halten sollen.

Unter den Geladenen sind auch die drei Vorgänger Bloombergs, in selten-überparteilicher Eintracht: Rudy Giuliani, David Dinkins und Ed Koch. Die letzteren beiden wandern in demonstrativem Schulterschluss durch die Reihen, als seien sie immer schon beste Buddys gewesen und nicht jahrelang bittere Erzfeinde. Sie sehen aus wie Pat und Patachon, der blasse Hüne und der rundliche Schwarze.

Die ganze Szene sprüht vor Selbstbewusstsein, Optimismus, Aufbruchstimmung. Dafür sorgt auch die unvermeidliche Barbara Walters, die hiesige TV-Interviewlegende und eine alte Freundin Bloombergs, die den obligatorischen Neujahrsgruß spricht.

„Ich wünsche euch gute Gesundheit und viel Grund zum Lachen", sagt sie und nennt Michael Bloomberg dann „einen der großartigsten Bürgermeister, die diese Stadt je gekannt hat".

Der Mann der Stunde steht abseits an der Seite des Rathauses und wartet auf seinen Auftritt. Bloomberg wirkt, als seien ihm all die Lobreden etwas peinlich. In seinem blaugrauen Anzug, dem weißen Hemd mit Monogramm und der kaiserroten Krawatte sieht er eher aus wie ein langweiliger Banker, der sich aus Versehen von der Wall Street hierher verirrt hat und jetzt nicht weiß, wie er unauffällig wieder verschwinden kann. Sein Haar ist leicht zerzaust, seine Miene ernst. Nervös nestelt er an seinen Manschettenknöpfen.

Doch wer kann Walters schon widersprechen?

Unter Michael Bloomberg hat New York City aus den Trümmern des 11. September 2001 langsam wieder zu sich gefunden. Mehr noch: „Die Stadt ist in der besten Verfassung seit einem Vierteljahrhundert", erklärt John Mollenkopf, ein Politologe an der City University New York (CUNY), zum Auftakt der zweiten Amtszeit Bloombergs.

Die Menschen zieht es wieder in Scharen her. Exakt 8 168 338 Menschen wohnten nach letzter Berechnung in New York City, mehr als je zuvor in der Geschichte der Stadt und über 160 000 mehr als zur Zeit der Terroranschläge. Fast drei Millionen davon wurden im Ausland geboren, auch das ein Rekord.

Sie sprechen Spanisch, Chinesisch, Russisch, Italienisch, Französisch, Deutsch, Kreolisch, Jiddisch, Hebräisch, Koreanisch, Polnisch, Griechisch und Arabisch, und 1,8 Millionen von ihnen sprechen „kaum Englisch". Sie leben, anders als in früheren Jahren, relativ friedlich miteinander, nebeneinander und aufeinander, ungeachtet von Glaube oder Hautfarbe: Weiße, Schwarze, Latinos, Asiaten und Indianer; Christen, Moslems, Buddhisten, Hindus, Juden, Sikhs, Kabbalisten, Taoisten und Atheisten.

Mit durch die Straßen drängeln sich außerdem inzwischen über 40 Millionen Touristen im Jahr. Zur Jahreswende 2005/6 waren Manhattans Gehwege und Geschäfte so voll wie seit Menschengedenken nicht mehr.

Die viel zitierte Kriminalitätsquote ist auf historischem Tiefststand. Während andere US-Metropolen wieder mit einem Anstieg von Verbrechen und Gewalt zu kämpfen haben, bleibt New York die sicherste Großstadt der Nation. 537 Morde wurden hier im Jahr 2005 gezählt, so wenig wie zuletzt 1963.

Die schlimmste Finanzkrise seit Generationen, die die Stadt nach dem Börsencrash von 2001 und den Terroranschlägen an den Rand des Ruins brachte und Bloomberg fast die erste Amtszeit verhagelt hätte, ist ebenfalls überstanden, die Rezession von 2003 nur noch eine gruselige Erinnerung. Das Milliardenloch im Haushalt ist gestopft, und für die nächsten Jahre steht sogar ein Überschuss an.

Die Wall Street und die kommunale Wirtschaft boomen wieder. Die Arbeitslosenquote pendelt zwischen fünf und sechs

Prozent, weit unter den Rekordmarken der harten Monate nach 9/11 – und so gut wie seit den 90er Jahren nicht mehr.

Überall merkt man New York seinen neuen Lebensmut an. Der Broadway vermeldet die erfolg- und ertragreichste Spielzeit seit 1985. Die Stadt scheint zu glühen, nicht nur in ihrem traditionell strahlendsten Monat, dem Oktober. Die Fassaden sind geschrubbt, die Parks blitzsauber und (überwiegend) sicher, die neuen, begrünten Uferpromenaden am Hudson und am East River funkeln im Sonnenlicht.

„Die New Yorker", ermittelt die Quinnipiac University in einer Meinungsumfrage, „lieben New York City mehr als je zuvor." 61 Prozent sagen demzufolge: „I love NY." Dazu veröffentlicht das *New York Magazine* eine Liste der „124 Gründe, warum". Zum Beispiel:

„Weil wir trotz acht Millionen Menschen eine Kleinstadt sind."

„Weil selbst unsere Nagetiere liebenswert sind."

„Weil wir nachts ruhig schlafen können."

„Weil der Oktober hier fantastisch ist."

„Weil Bush nicht unsere Schuld ist."

„Weil ... well, man muss sich doch nur umgucken."

Da kann selbst die Müllabfuhr nicht hintan stehen. „New York City", prahlte sie in ihrem letzten Jahresbericht, „ist so sauber wie seit drei Jahrzehnten nicht mehr." Sprich: seit den berüchtigten Siebzigern, als selbst die Fifth Avenue im Unrat versank.

Und drüben an Ground Zero, jener Stätte des Schreckens nur wenige Schritte von der City Hall entfernt, wo damals das World Trade Center versank und mit ihm das Selbstverständnis einer ganzen Nation, da stecken heute die Touristen neugierig ihre Nasen durch den Gitterzaun, während aus der Grube heraus die ersten Presslufthammerschläge des Wiederaufbaus durch Lower Manhattan hallen.

Kein Wunder also, dass sie Bloombergs zweite Amtszeit an

diesem zugigen Januartag mit allerlei zirzensischem Pomp zelebrieren. Ganz New York feiert seine Wiederauferstehung aus den Ruinen von 9/11. Oder zumindest die Fünftausend, die bibbernd vor der City Hall sitzen und auf ihren Bürgermeister warten.

Das Jahr fünf hat begonnen. Fünf Jahre nach dem Terror, fünf nach 9/11, fünf nach Null.

Fünf nach Zero.

Zeit, die Vergangenheit hinter sich zu lassen.

Der schneeschwangere Himmel über der City Hall lichtet sich etwas. Abgesandte der vier „uniformierten Dienste" der Stadt – Polizei (NYPD), Feuerwehr (FDNY), Gefängnisbehörde und Müllabfuhr – marschieren zackig zur Flaggenparade an. Wie lustige Theaterkomparsen sehen sie aus, mit ihren Bommeln, Orden und Kapitänsmützen in allen möglichen Farben.

Ein Priester, ein Rabbi und ein Imam treten vor, als Botschafter der Eintracht und Vertreter der drei größten Religionen hier, und beschwören die Einzigartigkeit des New Yorker Gemüts.

New York, sagt der Rabbi, sei heute wieder die sprichwörtliche, strahlende „Zitadelle auf dem Hügel".

New York, sagt der Imam, sei die Stadt von Bescheidenheit, Respekt und Integrität.

New York, sagt der Priester, sei die Stadt von Leben, Freiheit und Glück.

Dann kommt er endlich. Ungelenk stolziert Bloomberg durch ein Spalier von Schaulustigen zum Rednerpult, Hände schüttelnd, wie ein aufgedrehter Zinnsoldat. Außerhalb des Blickfelds der Fernsehkameras haben ihm seine PR-Manager dazu einen mit Teppichboden ausgelegten Laufsteg gebaut. So überragt Bloomberg, der sonst meist viel kleiner ist als die Menschen, die er trifft, ausnahmsweise mal alle um eine Kopfeslänge.

Ein schönes Schauspiel. Den wahren, bindenden Amtseid hat Bloomberg ja schon zwei Tage vorher abgelegt, noch im alten Jahr, bei einem stillen, fast beiläufigen Akt im Blue Room der City Hall. Damit New York in den paar Stunden zwischen dem Jahreswechsel und der heutigen Inszenierung für die Fernsehkameras nicht herrenlos ist. Man weiß ja nie.

Er tritt ans Pult.

„Feliz año nuevo", ruft Bloomberg, ganz der polyglotte Weltstadtbürgermeister. „Gracias a todos!"

Als er das erste Mal an dieser Stelle gestanden habe, da sei New York City noch „eine Stadt in Trauer" gewesen. Erschüttert, verwundet, hoffnungslos. „Heute sind wir stärker als je zuvor."

Die Leute jubeln.

„Dies ist ein Tag voller großartiger Verheißung für unsere großartige Stadt."

Sie jubeln nicht nur ihm zu, sondern sich selbst.

Rückblende: Neujahrstag 2002, Bloombergs erster Amtseid. Tag 112 der neuen Zeitrechnung. Wie anders doch alles war.

Wenige Wochen nach dem 11. September 2001 glühen ein paar hundert Meter weiter noch die Feuer tief unter dem Trümmerberg, der vom World Trade Center geblieben ist. Rauchfahnen ziehen über das Türmchen des Rathauses, wie Chiffrezeichen der Trauer. Bette Midler singt leise die Nationalhymne, der Jazztrompeter Wynton Marsalis bläst ein melancholisches *America The Beautiful*, und New York City erschaudert noch einmal in tiefem Patriotenschmerz.

Auf die üblichen Luftballons und Konfettikanonen hat man mit Bedacht verzichtet. Stattdessen bekommen die Anwesenden vorsorglich Kleenex-Tücher gereicht. Das kleine Rathaus wirkt irgendwie noch kleiner, geduckter.

Die Stadt steht immer noch unter Schock – und im Schatten Rudy Giulianis, des vorschnell zum Nationalhelden verklärten Vorgängers Bloombergs, den sie vergebens angefleht haben, länger im Amt zu bleiben. Damals scheint es, als gebe es kein Weiter.

Zumindest kein Weiter ohne Schmerz und Verlust.

Bloomberg geht an jenem Tag fast verlegen auf die Bühne, um auf die Bibel zu schwören, „so wahr mir Gott helfe" – klein, grau, unbemerkenswert.

Obwohl von Giuliani persönlich zu seinem Nachfolger designiert, hat er die erste Bürgermeisterwahl nach 9/11 nur um lächerlich knappe drei Prozentpunkte gegen seinen demokratischen Herausforderer Mark Green gewonnen, ein politisches Leichtgewicht.

Ein schlechtes Omen.

Bloombergs erste, farblos-triste Antrittsrede ist gerade mal 15 Minuten lang – *thank God*, denken sich viele, länger wäre auch eine Zumutung gewesen. Der neue Bürgermeister leiert seine Worte herunter wie ein Vorstandsvorsitzender seinen Jahresbilanzbericht.

Als solchen kennen ihn die meisten hier bisher ja auch nur.

Sie kennen ihn als Selfmade-Milliardär, der sich aus einfachsten Verhältnissen hochgearbeitet hat (sein Vater war Buchhalter in einer Käserei), sich den Rausschmiss aus seinem ersten Wall-Street-Job mit einer Zehn-Millionen-Dollar-Abfindung versilbern ließ und davon dann den Informationskonzern Bloomberg LP gründete, den er danach zum Konglomerat mit 8200 Angestellten in 126 Ländern ausbaute.

Sie kennen ihn als Lebemann, der vier Anwesen unterhält: ein 17-Millionen-Dollar-Stadthaus auf der Upper East Side, dekoriert mit schweren Samtsesseln, Brokatvorhängen und Ölgemälden in Goldrahmen, außerdem eine viktorianische Zehn-Millionen-Dollar-Villa in London, ein Elf-Millionen-Dollar-Feriendomizil auf den Bermudas und eine 1,5-Millionen-Dollar-Wohnung im US-Wintersportmekka Vail.

Sie kennen ihn als geschiedenen Junggesellen, der zwischen Terminen mal eben zum Golfen in die Karibik jettet, in einem seiner zwei Privatflugzeuge.

Sie kennen ihn als Wahlkämpfer der neuen Art, der sich den Rathaussieg mit fast 75 Millionen Dollar aus eigener Tasche finanziert hat.

Sie kennen ihn als Republikaner, der eigentlich ein Demokrat ist, doch im Parteiapparat der Liberalen keine Aussicht auf die City Hall hatte und deshalb lieber die Flagge wechselte.

Nur als Bürgermeister kennen sie ihn nicht (und wollen ihn lange auch nicht kennen lernen).

Seine ersten Monate im Amt verlaufen miserabel. Bloomberg wird zur Zielscheibe von Spott, Missgunst und Intrigen. Den Schönheitswettbewerb mit Giuliani, dem Helden von 9/11, kann er nicht gewinnen. Seine Umfragewerte rasseln in den Keller, tief und immer tiefer. Die meisten New Yorker halten ihn zwar für „intelligent", doch nicht mal die Hälfte würde ihn zum Truthahn-Dinner nach Hause einladen.

Bald steht Bloomberg vor einem politischen Scherbenhaufen. Ein Jahr nach seinem Amtsantritt rast New York City unaufhaltsam dem Bankrott entgegen – erstmals wieder seit den grausigen 70er Jahren. Die Terroranschläge, das Ende des Dotcom-Booms, der Kollaps der Wall Street und die US-Wirtschaftskrise haben der Stadt nicht nur das Gefühl der Unverwundbarkeit genommen, sondern auch 120 000 Arbeitsplätze.

Und, ganz offensichtlich, den Willen zum Weitermachen.

In Horden ziehen die Menschen aus New York fort. Sie ziehen nach Long Island, New Jersey, Connecticut. Irgendwohin, nur nicht New York. Groß- und Kleinbetriebe folgen.

Übervater Giuliani hat seinem Erben derweil ein schmutziges Erbe hinterlassen: die Folgen jahrelangen fiskalischen Wahnwitzes. Im Budget der City klafft plötzlich ein Loch von 6,4 Milliarden Dollar. Selbst nach einer gnädigen Geldspritze des Bundesstaates New York bleiben da noch 3,8 Milliarden Dollar Miese. So viel wie der gesamte Kommunalhaushalt von Houston.

„Mikes schöner Mist", schlagzeilt die *New York Post* hämisch. Dabei ist es Rudys Mist.

Die Lokalpresse, stets auf Jagd nach waidwunden Opfern in der Politik, macht Bloomberg nicht nur für die Finanzmisere verantwortlich. Nicht nur für die Arbeitslosigkeit, die wachsende Obdachlosigkeit, die neu aufflammende Polizei-Brutalität. Sondern am Ende sogar für den miserabel verregneten Frühling des Jahres 2003.

Doch Bloomberg, im Blut noch ganz der Konzernchef, hält störrisch Kurs.

Er verordnet den New Yorkern drastische Sparmaßnahmen, darunter die größte Erhöhung der Grund- und Einkommenssteuern in der Geschichte der Stadt, die Zwangsschließung von sechs Feuerwachen, die Einschränkung der täglichen Müllabfuhr und die Entlassung von über 3000 städtischen Angestellten.

Jeder muss bluten. Selbst das Metropolitan Museum of Art muss Galerien dichtmachen.

Bloomberg kratzt das Geld an allen Ecken und Enden zusammen. Über 600 Milliarden Dollar zapft er aus einer besonders perfiden Quelle – Strafzettel. Dazu holt er das antiquarische Regelwerk der Stadt aus der Versenkung, den tausende Seiten starken *City Code*, in dem die tollsten Abstrusitäten mit Bußgeldern belegt werden: über Feuerwehrschläuche fahren, nächtliche Auktionen abhalten, Handschellen besitzen, beide Füße vom Fahrradpedal nehmen.

Das unsachgemäße Bündeln von Recycling-Papier kostet plötzlich 25 Dollar. Die Inbesitznahme von mehr als einem U-Bahn-Sitz pro Person 50 Dollar, das Füttern von Tauben ebenfalls. Und das Herumkramen in Mülltonnen, das kommt einen sogar auf 100 Dollar.

So füllt sich die Stadtkasse langsam wieder. Knöllchen für Knöllchen. Dollar für Dollar.

Beliebt macht sich Bloomberg damit nicht. Bald sind wirklich alle gegen ihn: Stadträte, Lehrer, Steuerzahler, Gewerkschafter, Feuerwehrleute, Cops.

Und Raucher.

Bloombergs öffentliches, weltweit verlachtes Rauchverbot, das vor allem die rund 20 000 Restaurants, Bars und Clubs der Stadt betrifft, treibt die New Yorker vollends auf die Barrikaden und liefert der Journaille endlose Munition.

Hinzu kommt Bloombergs, wie soll man sagen, sperrige Persönlichkeit. Seine Abneigung gegen öffentliche Auftritte grenzt an Sozialphobie, seine tägliche U-Bahn-Pendelei von der Upper East Side ins Rathaus ist ihm sichtliche Qual. Die Schließung der Feuerwachen verkündet er auf einer fast heimlichen Rundfahrt – nach Einbruch der Dunkelheit.

Trotz platter Versuche, immer wieder mal Herz zu zeigen und zum Beispiel auf der Trauerfeier für einen erschossenen Cop ein paar Tränen aus dem Augenwinkel zu drücken, bleibt er seinen Bürgern ein Rätsel. Als ein Streik im Nahverkehr droht, kauft er sich demonstrativ ein Fahrrad – für 600 Dollar.

„Er ist ein Rätsel im Paul-Stuart-Anzug", mäkelt selbst die sonst ziemlich freundlich gesinnte *New York Times*. Auch das ein Seitenhieb: Die konservativen Anzüge des Designers Paul Stuart sind sündhaftteuer, der billigste kostet 1184 Dollar.

Bloomberg beendet die Zeit der epischen 9/11-Heldentaten. Er regiert sachlich, fast kalt, linkisch und unbequem. New York merkt: Sein neuer Bürgermeister ist kein Giuliani.

Und dann, langsam und widerwillig, freunden sie sich miteinander an. Schließlich sind die New Yorker dafür bekannt, jedem gerne eine zweite Chance zu geben, selbst dem größten Verlierer. Vor allem, wenn er sich Mühe gibt.

Bloomberg entdeckt sein politisches Gespür – und beginnt dabei sogar zu menscheln. Er findet in der Taubheit nach 9/11 zu sich selbst.

Er wagt sich auf die Straße. Er entdeckt seine eigene Stadt. Er lernt aus seinen Fehlern. Er legt seinen Bostoner Akzent ab und beginnt, wie ein New Yorker zu sprechen. Er schwenkt scharf nach links, spendet 100 Millionen Dollar für die Stammzellenforschung, schlägt sich auf die Seite liberaler Anliegen. Und er nutzt sein Vermögen, um dabei trotzdem unabhängig zu bleiben – unabhängig vom Stadtrat, von den Gewerkschaften, von den Demoskopen, vom republikanischen Gouverneur und vor allem von dem unbequemen Parteifreund im Weißen Haus, den er nur deshalb zum Wahlparteitag im Madison Square Garden begrüßt, weil es gute Werbung für New York ist. So etwas wissen die Leute hier zu schätzen.

Und so vergessen die Menschen hier bald, wie wenig sie ihn anfangs eigentlich mochten. New Yorker sind Pragmatiker: Sie argumentieren gerne und laut, aber sie lassen sich auch gerne eines Besseren belehren. Sie finden Gefallen an Bloombergs unkonventionellen Ideen. Sie spüren, dass es der Stadt allmählich wirklich besser geht. Sie verzeihen ihm darüber sogar die größten Patzer: die überdrehten Pläne für ein Footballstadion auf der West Side, die verkorkste Olympia-Bewerbung für 2012, das endlose Gezerre um die Zukunft von Ground Zero.

Ricardo Ferrer, sein farbloser Herausforderer, hat im November 2005 keine Chance. Kein Wunder: Der Republikaner Bloomberg ist ein besserer Demokrat als der Demokrat Ferrer. Mit satten 20 Prozentpunkten Vorsprung bestätigen die Wähler ihren einst verhassten Bürgermeister im Amt. Und ihm zur Seite wählen sie, auf den zweitmächtigsten Posten in der City Hall, eine neue Stadtratssprecherin – die offen lesbische Demokratin Christine Quinn.

„Ein Sieg von historischen Proportionen", staunt der Demoskop Maurice Carroll. So was hat es hier noch nie gegeben, und selbst die 118 Dollar pro Wählerstimme, die Bloomberg diesmal für seinen Triumph ausgegeben hat, können die Sensation nicht schmälern. Mit einer unerhörten Popularitätsquote von 75 Prozent geht er in die zweite Amtszeit. Davon kann George W. Bush nur träumen.

Schon spekulieren sie über eine Präsidentschaftskandidatur 2008. Michael Bloomberg gegen Hillary Clinton.

„In der Welt nach 9/11 ist die Stellung des Bürgermeisters neu definiert worden", sagt Mitchell Moss, der bekannte New Yorker Politologe und Historiker. „Wir wollen nicht länger einen Bürgermeister, der dieser Stadt von acht Millionen Menschen seine Person aufdrückt." Goodbye, Giuliani.

Zeichen der Zeit. Fünf nach Zero.

Am Ende seiner Ansprache wird Michael Bloomberg sogar ein bisschen poetisch.

New York, ruft er in die kalte Januarluft, sei heute wieder eine Stadt voller „Hoffnungen und Träume". Eine Stadt voller „einzigartiger Zuversicht".

Er zitiert den Dichter O. Henry: „New York wird ein großartiger Ort – so sie es jemals zu Ende bauen."

Er zitiert die Bestseller-Autorin und Journalistin Joan Didion, die inoffizielle Stadtchronistin. Die schwärmte einst vom „Gefühl, so typisch für New York, dass jede Minute etwas Außerordentliches geschehen könnte".

„Das ist die Essenz von New York", sagt Bloomberg. „Das ist die Luft, die wir atmen."

Es ist, wie selbst die zurückhaltende *New York Times* tags darauf konstatiert, „die optimistischste Antrittsrede seit Jahrzehnten".

Wen stört es da schon, dass natürlich längst nicht alles im Reinen ist?

Dass New York im Winter viel zu kalt ist und im Sommer viel zu heiß – so heiß, dass der Asphalt schmilzt.

Dass Straßen und Gehwege unmöglich voll sind.

Dass einen die Leute ohne ein Wort der Entschuldigung anrempeln.

Dass die Mieten unerschwinglich sind und die Wohnungen lächerlich klein.

Dass jeder fünfte New Yorker in Armut lebt.

Das jeder zweite Schüler die High School nicht abschließt.

Dass man im Regen kein Taxi kriegt.

Dass die U-Bahn eine Katastrophe ist und die städtischen Busse nur nach Lust und Laune anhalten.

Wen stört es? New York ist wieder New York. *If you can make it here, you'll make it anywhere.*

New York feiert seine Wiederauferstehung.

Sie hat ihren Preis.

2. Atlas und die Götterdämmerung

Ray Kelly macht ein Gesicht wie der Vater eines neugeborenen Babys. Seine Augen blitzen hell, seine schmalen Lippen verziehen sich zur Andeutung eines Grinsens. Nur die zwei Sorgenfalten auf seiner Stirn, die wollen nicht verschwinden. Als wären sie eingemeißelt.

Kein Wunder, bei dem Job.

„Und das hier", sagt New Yorks Polizeichef und blickt um sich, „ist unser größter Stolz."

Kelly steht in einem hell ausgeleuchteten Saal, der die Kulisse eines Science-Fiction-Thrillers sein könnte, die Kommandobrücke eines Raumschiffs vielleicht oder die Zentrale des Death Stars. An den langen Pultreihen sitzen gut zwei Dutzend Beamte vor Desktop-Computern und Laptops, ausgerichtet auf eine hohe Stirnwand, die aus 20 Plasma-Bildschirmen besteht, flankiert von einem Sternenbanner und der New Yorker Stadtflagge. Über diese *„data wall"* flimmern gerade die verschiedensten Szenen gleichzeitig: ein elektronischer Steckbrief inklusive Fahndungsfoto, eine Computerdatei mit, so scheint es, einem vergrößerten Kontoauszug oder einer Telefonrechnung, die Aufnahmen einer Überwachungskamera gegenüber der Börse (live), ein Satellitenfoto vom Times Square, auf dem man, wenn man die Augen zusammenkneift, sogar einzelne Autos erkennen kann.

Kelly hat Grund zum Stolz. Dies ist sein nagelneues *Real Time Crime Center*. Es befindet sich im 14. Stock des NYPD-Hauptquartiers an der Police Plaza in Lower Manhattan, einem massiven, abweisenden Betonklotz am diesseitigen Ausläufer der Brooklyn Bridge. Dieser Raum dient dem NYPD als vollelektronisches Kommandozentrum zur Kriminalitäts- und Terrorbekämpfung. Er hat elf Millionen Dollar gekostet und ist auf dem höchsten Stand der Computertechnologie.

„So etwas", sagt Kelly, „besitzt sonst keine Polizei auf der Welt."

Außer vielleicht im Kino. In Steven Spielbergs Film *Minority Report* jonglierten die Cops des Jahres 2025 mit ähnlich virtuellen Hilfsmitteln, um Morde aufzuklären, bevor sie überhaupt begangen wurden.

Über präkognitive Talente verfügt Ray Kelly zwar nicht. Sonst steht ihm aber inzwischen so ziemlich alles zu Diensten, was es heutzutage auf dem kriminologischen und forensischen Markt zu haben gibt, *CSI* lässt grüßen. Herz und Nieren des *Crime Centers* sind ein IBM-Großcomputer mit direkter Satellitenverbindung und einem digitalen Positionierungs- und Kartografieprogramm sowie eine zentrale Datenbank (das „Warenhaus"), in der Milliarden Dokumente, Personalakten und sonstige Informationen gesammelt sind: Namen (und Spitznamen) von Terrorverdächtigen, Telefonnummern, Adressen, Haftberichte, FBI- und CIA-Akten, selbst Fotos kennzeichnender Tätowierungen.

Bürgerrechtler darf man darauf erst gar nicht ansprechen. Doch davon später mehr.

„Wenn uns per Notruf eine Straftat gemeldet wird", sagt Kelly, „dann wissen unsere Kriminalbeamte bereits umfassend Bescheid, bevor sie die Wache verlassen haben."

Das *Real Time Crime Center* des NYPD ist in der Tat ein Wunder der Technik. Auf seinem Computer-Server bündeln sich kriminologische Ressourcen, denen die Cops früher erst in zeitraubender „Feldarbeit" nachjagen mussten, vom Kombinieren per Hand und Gehirn ganz zu schweigen. Das zahlt sich vor allem bei den Straftaten aus, bei denen sich die Spur des Täters erfahrungsgemäß nach 48 Stunden verliert: Hier bietet die Elektronik des *Crime Centers* den Fahndern den oft ausschlaggebenden Vorsprung. Vom potentiellen Nutzen zur Terrorabwehr ganz zu schweigen.

So wird jeder Notruf nun binnen Sekunden per GIS-Technologie auf einem Gitternetz-Stadtplan lokalisiert; parallel gleicht die Software die erste Beschreibung des Täters mit dem Datenbestand im „Warenhaus" ab: Identität, Adresse, potentieller Bewegungsradius, krimineller Hintergrund, frühere Beschwerden, persönliche Verbindungen des Opfers, ähnliche Vorfälle im selben Viertel. Ein Team aus 26 Sonderbeamten wertet die Daten aus und gibt sie sofort an die Einsatzstreifen weiter, die mit Laptops und Handcomputern ausgerüstet sind.

„Wir wollen uns jede verfügbare Technologie zu Nutzen machen", sagt Kelly. „Die Technologie ist unser neuer Partner."

Kelly selbst sieht dabei allerdings nicht gerade aus, wie man sich den Chef der modernsten, mächtigsten, größten Polizeitruppe der USA vorstellt. (Das NYPD hat doppelt so viele Beamte wie das Police Department von Los Angeles.) Er trägt einen makellosen, dunkelblauen Nadelstreifanzug, der sich eng an seine kleine, muskulöse Statur schmiegt, dazu ein blütenweißes Hemd, eine goldene Krawatte und ein weißes Einstecktüchlein. Nur sein kurz geschorenes Haar lässt den militärischen Background erahnen: Mit dem Mann ist nicht zu spaßen. Er liest seine Worte fast gehemmt vom Blatt, das freie Reden liegt ihm selbst nach so vielen Jahren nicht. Sein eckiger, irischer Kiefer mahlt ungeduldig hin und her.

Man merkt, dass Kelly eigentlich viel lieber schnell wieder zu seiner regulären Tagesarbeit zurückkehren will, statt den Besuchern hier die Krone seines Präsidiums anzupreisen, als brauche der erfolgreichste Polizeichef in der Geschichte der Stadt noch mehr PR. Er hat beileibe genug anderes zu tun. Acht Millionen New Yorker wollen nicht nur vor dem nächsten Terroranschlag beschützt werden, der demnächst kommen kann oder später oder vielleicht auch nie, sondern genauso vor dem Taschendieb in der U-Bahn oder dem schießwütigen Schuljungen in der Bronx.

„The Job" nennen die New Yorker Cops ihren Dienst einfach nur. Doch für diese Armee aus 37 250 Beamten in Blau (daher *NYPD Blue*) hat dieser Job mit dem 11. September 2001 eine ganz andere Dimension gewonnen – eine Dimension der surrealen Unmöglichkeit. Denn er ist eine Quadratur des Kreises: Sie müssen eine Metropole sichern, die physisch kaum zu sichern ist, gegen einen Feind, den keiner sieht. Und sie sollen das tun, ohne dabei die Qualitäten zu beeinträchtigen, die New York City seit jeher so lebenswert machen: Toleranz, Zugänglichkeit, Offenheit, Vielfalt, Freude am Leben, Freude am Chaos.

Die Dinge eben, die man den Terroristen hier unter keinen Umständen zugestehen will.

Die Dinge, die die Terroristen schon bei der Vorbereitung von 9/11 ausgenutzt haben.

Kein Wunder also, dass das NYPD sein Rund-um-die-Uhr-Antiterrorprogramm „Operation Atlas" getauft hat. Atlas trug die Last des Himmels auf den Schultern.

„Das NYPD", seufzt Kellys Stellvertreter David Cohen, der Leiter der NYPD-Geheimdienstgruppe und ein langjähriger CIA-Agent, „steht unter ‚Hair-Trigger'-Daueralarm." Will heißen: Das feinste Haar kann hier eine Kettenreaktion auslösen.

Was freilich nicht nur Vorteile hat.

Der ehemalige Marineinfanterist und Vietnamveteran Ray Kelly, 64, war früher schon mal Polizeichef von New York. Von 1992 bis 1994 war das, unter David Dinkins. Der erste al-Qaida-Anschlag auf das World Trade Center ereignete sich in jener Zeit, an einem verschneiten Februartag 1993, und es war unter anderem Kellys Einfallsreichtum zu verdanken, dass die meisten Hintermänner am Ende geschnappt werden konnten.

Nach Dinkins' Abwahl ging Kelly erst nach Washington (wo

er den Job des FBI-Direktors dankend ablehnte und stattdessen lieber die US-Zollbehörde leitete) und von da aus in die Privatwirtschaft. Am 11. September 2001 arbeitete er als Sicherheitsbeauftragter für die New Yorker Investmentbank Bear Stearns und wohnte in Battery Park City, nur einen Block hinter dem World Trade Center am Hudson River.

An jenem Vormittag war seine Frau Veronica gerade auf Reisen und er selbst im Büro, in der Bear-Stearns-Zentrale in Midtown. Wochenlang konnten sie nicht in ihre Wohnung zurück. „Das World Trade Center war unser Viertel", sagt Kelly, der diese Geschichte wohl schon 100-mal erzählt hat und dabei trotzdem immer noch emotional wirkt. „Unsere Bank war da, unsere Drogerie."

Als Battery Park City schließlich wieder zugänglich war, stiegen die Kellys aufs Dach ihres Hauses, starrten in die untergehende Abendsonne und dann in die andere Richtung, hinunter auf Ground Zero, und weinten still. „Unsere Stadt, nur noch ein Trümmerhaufen", sagte Kelly.

Verständlich, dass die Terroristenjagd für Ray Kelly seither auch eine ziemlich persönliche Sache ist. Als ihn Bloomberg drei Tage nach seiner Wahl im November 2001 fragte, ob er nicht an die Spitze des NYPD zurückkehren wolle, da dachte er nicht zweimal nach.

Kelly übernahm eine Polizeitruppe, die unter seinem Vorgänger Bill Bratton zwar enorme statistische Erfolge erzielt hatte, zumindest bis zum schicksalhaften Datum 11. September 2001: Die Kriminalitätsquote war auf einem Rekordtief, New York sicherer als je zuvor. Doch die 9/11-Anschläge änderten das alles wieder. Sie stürzten die Stadt in neue Furcht – doch diesmal nicht, wie in den 80er Jahren, in die Furcht vor konkreten Kriminellen, sondern in die amorphe Furcht vor dem Unvorstellbaren. Zugleich offenbarte der unerwartete Terror, dass eine bisher kaum beachtete Flanke der Stadt weit offen lag –

und dass das NYPD, obwohl doppelt so groß wie das FBI, tief in der Krise steckte: ausgelaugt, demoralisiert, überbeansprucht.

Also krempelte Kelly das „Department" gründlich um. Er gründete die erste eigenständige NYPD-Antiterrorabteilung in drei Jahrzehnten, weil er ahnte, dass sich New York City nicht auf Hilfe aus Washington verlassen konnte, und unterstellte sie Michael Sheehan, einem Oberstleutnant a. D. und früheren Blauhelmsoldat. Er stockte die Zahl der Terroristenjäger von knapp 20 auf 1000 auf. Er machte die Terrorabwehr für *jeden* Cop zum Bestandteil der täglichen Streifenarbeit. Er vereinfachte die Befehlsstrukturen.

Er heuerte Linguisten und Immigranten aus dem Nahen Osten an. Und Computerexperten, die Arabisch, Farsi, Pashto oder Dari sprechen und nichts anderes tun, als den ganzen Tag durchs Internet zu surfen. Manche, so fand er heraus, dienten schon lange im NYPD, waren bisher aber auf undankbare Außenposten verbannt, etwa als Verkehrspolizisten. Er engagierte die Unternehmensberatung McKinsey, um das NYPD zu reformieren. Er begann, weit außerhalb des klassischen Rekrutierzirkels um Spitzenpersonal zu werben: Militärs, Geheimdienstler, Diplomaten, Kenner der Materie. Er beordert seine Leute regelmäßig zu Kursen zum Thema Arabische Welt und Islam in ein geheimes Lagerhaus in Brooklyn. Er schickt seine Antiterror-Cops zu geheimen Einsätzen um die ganze Welt – je nachdem, wo es gerade mal wieder brennt und wo sich wichtige Informationen finden könnten. Er stationierte neun NYPD-Beamte fest im Ausland.

Denn dies ist nicht mehr der alte Kampf gegen die *squeegie men*, die wilden Windschutzscheibenputzer von der Straßenkreuzung, denen er unter Dinkins den Garaus gemacht hatte. Dies ist der Endkampf gegen ein technologisch hochgerüstetes, hoch intelligentes Terroristennetz.

Dann erfand Kelly die „Operation Atlas", das ehrgeizigste, umfassendste und teuerste Antiterrorprogramm der Welt. Seit

2002 im Prinzip unverändert, setzt „Atlas" auf eine Doppelstrategie: Abschrecken und Eindämmen.

Sichtbare Polizeipräsenz soll Terroristen schon im Vorfeld verunsichern. Wachstreifen und Zivilbeamte, verstärkt von Nationalgardisten und unübersehbaren Panzerwagen, patrouillieren die prominentesten Ballungszentren: Empire State Building, Times Square, Grand Central Terminal, Penn Station, Wall Street, die großen U-Bahn-Knoten. Diskreter geschützt werden Luxushotels, VIP-Restaurants, Kirchen, Synagogen, Moscheen und die Sendezentralen der TV-Sender ABC, CBS, NBC, CNN und Fox. NYPD-Dreierteams machen die Runde und kontrollieren täglich je 15 „sensible" Industrie-, Wirtschafts- und Handelseinrichtungen. An allen Brücken und Tunnels wurden Checkpoints für Stichproben eingerichtet. An Bord der Fähren nach Staten Island und Jersey City schippern Cops mit durch den Hafen – samt Bombenspürhunden.

Für den Ernstfall stehen Mobiltrupps in Bereitschaft. Sie sollen einen bereits angelaufenen Anschlag doch noch stoppen oder die Konsequenzen möglichst gering halten. Diese hochgerüsteten Miniteams, unterstützt von Spezialisten der Feuerwehr und ausgestattet mit modernster Messtechnik für biologische, chemische oder nukleare Angriffe, tragen so martialische Namen wie *Hercules* und *Samson*.

Götterdämmerung in Manhattan.

Gesteuert werden alle diese Einsätze vom *Emergency Operations Center* (EOC) des NYPD, das sich in One Police Plaza ebenfalls im 14. Stock direkt neben dem *Real Time Crime Center* befindet. Mindestens fünf Millionen Dollar kostet „Atlas" – pro Woche.

Wobei natürlich auch im NYPD keiner bestreitet, dass es im Zeitalter der Selbstmordattentäter unmöglich ist, eine Stadt wie New York, an der sich Land-, Wasser- und Luftwege zum unentwirrbaren Knäuel bündeln, hundertprozentig zu verteidigen oder abzuschotten. Der endlose Fluss aus Waren, Fahr- und Flugzeugen, Schiffen, Einwanderern, Touristen und Diplomaten ist New Yorks Pulsschlag – und zugleich seine Achillesferse.

Und gleich auf der anderen Seite des Hudson Rivers, zwischen dem Newark Airport und dem Hochseehafen Port Elizabeth, befinden sich Dutzende ungeschützter Chemiefabriken – Zeitbomben in Sichtweite von Manhattan.

„Seit dem 11. September gibt es keine Garantien mehr", gibt selbst Kelly zu.

Manchmal führt die penible Detektivarbeit zum Ziel. Zum Beispiel, als das NYPD 2003 den al-Qaida-Plan vereitelte, die Tragekabel der Brooklyn Bridge anzusägen. Das Vorhaben scheiterte unter anderem daran, dass die Brücke seit 9/11 rund um die Uhr unter Bewachung steht.

Manchmal ist es reines Glück. Etwa als die zum NYPD gehörende U-Bahn-Polizei zwei Touristen anhielt, die gerade eine Videokamera laufen hatten. Das Video auf der Kassette enthielt die üblichen Sightseeing-Szenen – und Aufnahmen von Gleisanlagen, zwei Minuten lang. Die beiden Männer entpuppten sich als iranische Geheimagenten.

Und manchmal liegen sie voll daneben. So stellte sich ein Informanten-Tipp über einen angeblichen Anschlagsplan auf die U-Bahn im Oktober 2005 als Ente heraus.

Vieles an der „Operation Atlas" ist deshalb auch nur Show, demonstratives Spektakel.

Zum Beispiel neuerdings die willkürliche Durchsuchung von Rucksäcken in der U-Bahn. Oder wenn ein *Hercules*-Team plötzlich ohne Vorwarnung mit quietschenden Bremsen mitten zur Rush Hour in Midtown anrückt, Beamte in schusssicheren Westen und Helmen aus Trucks mit getönten Scheiben springen, Funkknopf im Ohr und bis an die Zähne mit M4–Gewehren bewaffnet, eine Weile wild herumbrüllen und dann ebenso schnell wieder verschwinden.

Das inszenierte Drama ist Absicht: „Unser Ziel ist es, eine feindliche Umgebung für Terroristen zu schaffen", erklärt ein NYPD-Sprecher.

Ob so etwas jeden abschreckt oder den ahnungslosen Bürger beruhigt, bleibt indes fraglich. Manche meinen sogar, das Gegenteil sei der Fall: „Das Leben in New York City", findet der Autor William Finnegan, der selbst schon einige dieser Aktionen miterlebt hat, „hat heute einen paranoideren, militarisierteren Tenor als vor 9/11."

Am anderen Ufer des East Rivers legt sich Dunkelheit über die Ostrampe der Brooklyn Bridge, deren Spannkabel von weißen Lichterketten sanft flackernd nachgezeichnet wird. Wie durch Stahlwatte gedämpft rumpelt der Verkehr über das Gewirr schwarz-rostiger Hochstraßen und Betontrassen, in dem sich der Brooklyn-Queens Expressway, der Brooklyn Bridge Boulevard und die sechsspurige Flatbush Avenue kreuzen. Fußgänger meiden diese düstere, schwer begehbare Ecke östlich des Cadman-Parks. Ampeln und Überwege gibt es wenige. Dieser Teil Brooklyns ist für Autos gebaut, nicht für Menschen.

In den Schatten des Expressways kauert sich die *Church of the Open Door*, ein 70er-Jahre-Kirchenbau an der Gold Street. Im Keller brennt Licht. Mehrere Dutzend Leute haben sich hier unten in einem kleinen, kalten Tagungssaal eingefunden, dessen Wände mit biblischen Aquarellen behängt sind. Bis auf eine Handvoll Ausnahmen sind alle Anwesenden Schwarze. Die Männer tragen weite, bestickte Jeans und monströse Daunenjacken, die Frauen Wollmützen. Ein Junge isst Krautsalat aus einer Wegwerfschale.

Die Bürgerversammlung des Bezirks Fort Greene hat gemeinsam mit Schwarzenführern, einer Gruppe junger Rechtsanwälte und der New York Civil Liberties Union (NYCLU) zum Gratis-Seminar eingeladen. Thema: Umgang mit der Polizei im Zeitalter des Terrorismus.

Oder, wie es Marquez Claxton sagt, selbst ein Ex-Cop und als Vertreter der schwarzen Bürgerrechtsorganisation *100 Blacks in Law Enforcement Who Care* zugegen: „Eine Sache von Leben und Tod."

Es ist nämlich so, dass die neue, rigorose Wachsamkeit des NYPD leider auch seine Kehrseiten hat. Davon können Minderheitengruppen wie die Schwarzen hier in Fort Greene ganz besonders ein Lied singen. Denn im Dauerkrieg gegen den Terror passiert es da schon mal, dass einem die einen oder anderen Bürgerrechte abhanden kommen.

„Es war im Sommer, spätabends", berichtet Charles Billups, ein pensionierter Gefängniswärter, dessen kräftige Statur sich durch seinen schwarzen Rollkragenpullover abzeichnet. Er sei mit seinem Jeep durch Brooklyn gefahren und habe Musik gehört. Dann, an der Ecke Vanderbilt und Park, habe ihn ein weißer Polizeibeamter angehalten, einfach so, und ihn aus dem Wagen genötigt, mit erhobenen Händen, wie ein Schwerverbrecher.

„Schwarzer Mann, schwarzes Auto, schwarz getönte Scheiben", sagt Billups. „Für den Cop war ich eine selbstverständliche Zielscheibe."

Solche Situationen können schnell eskalieren. Eine vorlaute Bemerkung, eine unbedachte Bewegung reichen aus, die Nerven vieler Polizisten liegen blank. Es geht um Beurteilungen, Beförderungen und Extra-Urlaubszeiten, als Belohnung für die Polizisten mit der höchsten Festnahmequote. Im Januar 2006 streckte ein NYPD-Veteran in der Bronx aus Versehen einen blutjungen Kollegen in Zivil, den er für einen Übeltäter hielt, mit drei Schüssen nieder; der Mann erlag seinen Verletzungen elf Tage später.

„Wer ist hier schon mal von einem Cop drangsaliert worden?", fragt Claxton, ein Hüne von einem Mann. Rund 20 Hände recken sich in die Höhe.

In der Tat gingen bei der städtischen Meldestelle für polizeiliche Übergriffe allein in 2005 rund 6500 Beschwerden ein – über 1000 mehr als im Vorjahr. „Angesichts der Millionen Kontakte, die die Polizei mit der Öffentlichkeit hat", wiegelt NYPD-Sprecher Paul Browne ab, „ist die Beschwerdequote erfreulich niedrig."

Das sehen die Leute im Keller der *Church of the Open Door* offenbar anders. „Wir leben immer mehr in einem Polizeistaat!", ruft ein Schwarzer und springt von seinem Klappstuhl. „Amen!!!", schallt es im Sprechchor zurück.

Claxton gibt den Ratsuchenden Tipps, solche Konfrontationen zu überstehen, ohne gleich hinter Gittern zu landen: „Immer ruhig bleiben. Keine Worte geben. Mund halten. Alle Anweisungen befolgen. Und bloß nicht ruckweise bewegen."

Dazu hat die NYCLU am Eingang auch eine handliche Taschenbroschüre ausgelegt: „Was tun, wenn man von der Polizei angehalten wird." Darin finden sich die Ratschläge: „Nie einen Polizisten runtermachen" und „nie einen Polizisten anfassen".

Doch der *Patriot Act*, ein monströses Gesetzespaket zum Schutz gegen Terrorismus, macht selbst solche Beschwichtigungsversuche oft obsolet. Denn alle sind auf einmal „terrorverdächtig" – Schnellfahrer, Kleinkriminelle, Dunkelhäutige, Demonstranten, „suspekt Aussehende". Und Terrorverdächtige verlieren nun mal schnell jedes Recht – nicht nur in Guantanamo, auch in New York, der Stadt des liberalen Geistes.

Davon erzählt einem Udi Ofer, ein NYCLU-Bürgeranwalt und einer der wenigen Weißen in der Runde hier. Ofer, der sonst hauptsächlich Einwanderer und familiäre Missbrauchsopfer betreut, kümmert sich bei der NYCLU verstärkt auch um Opfer polizeilicher Gewalt. „Wir haben noch ein langes Gefecht vor uns", sagt er.

So schreibt es das Gesetz vor, dass einen die Polizei in New York ohne Anklageerhebung allerhöchstens 24 Stunden lang festhalten darf. Eine Studie der NYCLU ergab jetzt aber, dass das

NYPD von Oktober 2004 bis Oktober 2005 99 217 Menschen – ein Drittel aller Verhaftungen – länger als einen Tag, sprich widerrechtlich in der Zelle sitzen ließ. Die meisten waren Schwarze oder Latinos, und die meisten Fälle ereigneten sich in der Bronx.

„Sie verschwanden, tagelang", sagt Ofer. „Spurlos. Vom Erdboden verschluckt. Nicht mal die Angehörigen wurden benachrichtigt."

Fragt man Ray Kelly, dann sollen die New Yorker bitteschön nicht so zimperlich sein. „Dieser Kampf wird noch auf Generationen hinaus andauern", sagt er. „Und wir müssen immer neue Mittel finden, ihn zu kämpfen."

Zugleich verweist Kelly als Argument auch gerne auf die historisch niedrige Verbrechensquote New Yorks – ein erwünschter Nebeneffekt des dauerhaften Belagerungszustandes. Wobei es jedoch inzwischen auch da Stimmen gibt, die diese Statistiken anzuzweifeln beginnen, da sie auf veralteten FBI-Zählmethoden basierten. Die Polizeigewerkschaft wirft dem NYPD vor, „die Bücher zu fälschen" und schwere Verbrechen auf dem Papier zu verharmlosen. Und auch brutale Wochenenden wie das vom 21./22. August 2005 trüben das schöne Bild: Da gab es in Brooklyn und der Bronx innerhalb von nur zehn Stunden fünf Schießereien – mit fünf Toten.

Kellys neueste Idee: Einen „stählernen Ring" um Lower Manhattan zu ziehen, ähnlich wie in der Londoner City, mit tausenden Videokameras an der Chambers Street und den Brücken, in den Tunnels und den U-Bahnhöfen, um die Nummernschilder aller Fahrzeuge zu erfassen. Eine Aussicht, die für alte New Yorker aber kaum weltbewegend sein kann: Schon 1998 zählten Bürgerrechtler in Manhattan 2397 mehr oder weniger versteckte Kameras; seit 9/11, so die NYCLU, habe sich diese Zahl noch „exponential vergrößert", etwa allein in Chinatown von 13 auf heute über 600. „Das ist der nächste Schritt zur totalen Überwachungsgesellschaft", graust sich NYCLU-Exekutivdirektorin Donna Lieberman.

Doch auch den Cops geht nicht alles nach Wunsch.

1121 taufrische NYPD-Rekruten, Novizen an der Polizeiakademie in der East 20th Street, haben sich in Paradeuniformen im Auditorium des Brooklyn College in Hab-Acht-Stellung aufgebaut, um vor Kelly und Bloomberg ihren Amtseid abzuleisten.

Kelly steht auf der schmucklosen Bühne und hat sich heute eine rosa schillernde Krawatte umgebunden. „Ich bin stolz, diese extrem talentierte Klasse von Polizeioffizieren in den Rängen des New York Police Departments begrüßen zu können", sagt er.

Bloomberg setzt nach, indem er den *rookies* mitteilt, sie könnten sich etwas drauf einbilden, „für die großartigste Polizeibehörde der Welt zu arbeiten".

Die Rekruten sprechen ihm den Eid nach, der in die unausweichliche Formel mündet: „So wahr mir Gott helfe." Anschließend werfen sie grölend ihre weißen Handschuhe in die Luft.

Fast sieben Monate lang werden sich die Kids – ihr Durchschnittsalter ist 26 – nun auf der Police Academy schinden lassen müssen, angefeuert vom militärischen Slogan: „Enter to Learn, Go Forth to Serve." Sie werden täglich Sport treiben, Gewichte stemmen, Schießen lernen, Kriminologie, Jura und Sozialwissenschaft büffeln. Und sind sie nicht im Klassenzimmer oder auf der Schießbahn, dann werden sie als Verkehrspolizisten eingesetzt oder müssen Knöllchen schreiben.

Ihr Einstiegsgehalt: 25 100 Dollar im Jahr.

Und wenn sie Glück haben, werden sie eines Tages im 14. Stock in One Police Plaza landen, hinter dickem Beton und schusssicherem Glas – im *Real Time Crime Center*. Wobei sie spätestens dann feststellen dürften, dass das keineswegs der sicherste Ort der Stadt ist.

Der sicherste Ort der Stadt befindet sich ein paar Straßenblocks weiter südlich.

3. Das Ende der Börse

Der sicherste Ort in New York City, sicherer noch als der NYPD-Bunker, liegt 25 Meter unter den Gassen des Finanzviertels, tief eingesprengt im 450 Millionen Jahre alten Schiefersockel der Insel Manhattan. Der bomben- und erdbebensichere Betonbunker, halb so groß wie ein Footballfeld, lässt sich binnen Sekunden hermetisch versiegeln, mit einem 90 Tonnen schweren, drei mal drei Meter dicken Stahlzylinder, der sich lautlos um die eigene Achse drehen kann. Die Kammer ist dann luft- und wasserdicht und so erschütterungsfrei, dass sie hier selbst am 11. September 2001 keinen Hauch spürten, als zwei Straßen weiter der Einsturz des World Trade Centers ein seismisches Beben mit der Stärke von 2,3 auf der Richterskala auslöste.

Für Menschen ist dieser Riesentresor eigentlich aber nicht gedacht. Die meisten New Yorker wissen nicht mal, dass es ihn gibt, geschweige denn, wo er sich genau befindet. Obwohl er einem zur Not die letzte Rettung böte – und, so ist zu erfahren, exakt 72 Stunden Atemluft.

„Ich bin sicher, dass wir für den Fall der Fälle genügend Schinkenbrötchen auf Lager haben", sagt die Dame mit dem brünetten Bubikopf. Sie trägt einen strengen Hosenanzug und bittet sofort darum, mit keinem Wort namentlich zitiert zu werden, weder jetzt noch überhaupt. Außerdem konfisziert sie den gezückten Notizblock, denn auch aufgeschrieben werden darf hier nichts. Als 1995 die Filmcrew des Hollywood-Thrillers „Stirb langsam: Jetzt erst recht" dieses unterirdische Verlies in Augenschein nahm und zur Vorbereitung der Dreharbeiten Skizzen anfertigte, wurden die auch gleich einkassiert.

Denn hier, im kriegsresistenten Keller der *Federal Reserve Bank of New York*, fünf Stockwerke unter dem Finanzherzen der Welt, lagert ein Schatz, der selbst all das übersteigt, womit sie drei Ecken weiter an der Börse handeln. Und der offenkundig sogar schützenswerter ist als der Nervenknoten der NYPD-Terrorabwehr drüben an der Police Plaza.

Hier befindet sich nämlich das größte Goldlager der Welt. Es birgt ein Viertel aller globalen Goldreserven, mehr noch als Fort Knox: fast 600 000 Goldbarren, an die 9000 Tonnen schwer, im Wert von insgesamt rund 100 Milliarden Dollar.

Doch so diskret und geheimnistuerisch sind die Hüter dieses Goldes, dass sie einem nicht mal sagen, wem es eigentlich gehört – nur, dass allenfalls zwei Prozent davon im Besitz der amerikanischen Regierung seien.

Die New Yorker Filiale der *Federal Reserve Bank*, der US-Notenbank, ist ein Festungsbau an der Liberty Street, auf halber Strecke zwischen Ground Zero und der Börse. Das 14-stöckige Gemäuer mit Türmchen, Zinnen und meterdicken Mauern, das dem florentinischen Palazzo Strozzi nachempfunden ist, belegt einen ganzen Straßenblock mitten im Financial District. Im September 1924 eingeweiht, war es von innen nach außen gebaut worden: Erst ließen sie den Gold-Safe im Fels ein, dann errichteten sie darüber eine Burg.

Miss Bubikopf wartet hinter dem schweren Eingangstor aus Teakholz („sehr schlagfestes Material") am Metalldetektor, gleich an der Bronzestatue des Sophokles. Ihre flachen Schuhe klicken über den kalten Marmorboden der Lobby, einer Halle, die wie eine Kathedrale wirkt – die Kathedrale des Geldes. An einer Seite reihen sich, Beichtstühlen gleich, alte Kassenhäuschen mit verglasten, schmiedeeisernen Gittern; Schwarzweißfotos an der Wand dokumentieren, wie hier im August 1974 Abertausende Investoren Schlange standen, um kurz vor Richard Nixons Watergate-Rücktritt schnell noch staatliche Schatzanleihen zu kaufen.

Mit einem der acht computergesteuerten und überwachten Aufzüge geht es in die Tiefe. Das erste, was einen unten erwartet, ist ein Goethe-Zitat auf Englisch in die Wand gemeißelt: „Gold is irresistible." Vermutlich ein amerikanisiertes Kondensat seines Stoßseufzers: „Nach Golde drängt, am Golde hängt doch alles!" Der tonnenschwere Fels ringsum schluckt jeden Hall, Worte verpuffen förmlich in der dünnen Luft.

Der große Stahlzylinder – der einzige Zugang zum Goldtresor – steht offen, flankiert von einem uniformierten Wärter mit einem Colt im Holster. „Kommen Sie nur", fordert Miss Bubikopf auf. Durch die massive Stahlröhre geht es in eine Vorkammer. Dahinter liegt, hinter grau lackierten Gitterstäben und so weit das Auge reicht – Gold, Gold, Gold.

Barren über Barren, bis an die Decke übereinandergestapelt wie lackierte Ziegelsteine, einige rechteckig, andere trapezförmig, einige mit runden Ecken, andere scharfkantig, in 122 nummerierten Einzelabteilen, wie kleine Gefängniszellen. Überall hängen Videokameras und elektronische Sensoren, die jede Bewegung registrieren und aufzeichnen.

Ein Gefängnis voller Gold.

In der Mitte des Raums steht eine mannshohe Goldwaage. Bei deren Inbetriebnahme, gibt Miss Bubikopf an, müssten sie die Klimaanlage abstellen, da selbst ein einziger Luftzug sie ausschlagen ließe. In einem Holzregal liegen Überschuhe aus mattem Magnesium, einem Metall, das leichter ist als Aluminium, doch härter als Stahl. Die ziehen sich die Mitarbeiter hier an, damit sie sich nicht die Zehen abschlagen, falls ihnen mal ein Goldbarren aus der Hand rutscht.

Die Uhr an der Wand ist auf 3.40 Uhr stehen geblieben. Und zwar offenbar seit Jahren schon, doch erklären kann einem dieses Mysterium bei der *Fed* niemand. Die ganze Szenerie wirkt wie ein James-Bond-Film aus den 60er Jahren. Goldfinger.

Jede Zelle, gesichert mit je zwei Kombinationsschlössern und einem Vorhängeschloss, enthält das Gold eines anderen Besitzers – eine Regierung, eine Bank, eine Finanzinstitution. Viele Staaten vertrauen ihre Goldreserven der *Fed* an, denn kein Ort ist so sicher wie dieser. Die *Fed* berechnet für diesen „zwischenstaatlichen Gefallen" nichts; nur für den Transport verlangt sie eine Pro-forma-Gebühr von 1,25 Dollar pro Barren. Und gibt es diplomatischen Zwist, dann behält sie es sich vor, die Goldreserven kurzerhand „einzufrieren". Man muss nur den Iran fragen.

Die Katakomben der *Fed* unter der Liberty Street werden bald der allerletzte Ort sein, an dem die Wall Street buchstäblich noch so mit Händen zu fassen ist.

Fast überall sonst ist der Handel mit Aktien, Anleihen und Rohstoffen längst in den virtuellen Raum abgewandert, läuft nur noch elektronisch ab, als Bits und Bytes. Willkommen in der neuen Wall Street des 21. Jahrhunderts. Selbst die New York Stock Exchange (NYSE), die Mutter aller Börsen, schickt sich nach über zwei Jahrhunderten nun an, ihr lärmendes Händlerparkett abzuschaffen und zu einem gigantischen Computer zu werden. Dass am Ende als einzige konkrete Finanzimmobilie 9000 Tonnen atombombensicher gelagerte Goldbarren übrig bleiben dürften, die ohnehin älteste, unerschütterlichste Währung der Menschheit – welche Ironie.

Als sich der New Yorker Finanzbezirk nach dem 11. September 2001 einigelte, da änderte sich bei der *Fed* in der Liberty Street nicht viel. Man war auch so schon fürs Schlimmste gewappnet. „Noch nie ist hier jemand reingekommen oder hat es auch nur versucht", sagt unsere namenlose Führerin. „Das hat seinen Grund."

Die *Fed* – die auch noch tonnenweise Bargeld lagert – hat einen ganzen Trupp eigener, diskreter Wachsoldaten, deren genaue Zahl geheim gehalten wird. Die meisten von ihnen sind militärische Scharfschützen, die auf einer hauseigenen Schießbahn trainieren. Daneben gibt es auch eine Klinik und eine Großküche. Zum Beispiel für Schinkenbrötchen.

Im Alarmfall schließen sich alle Tore zur Straße innerhalb von 27 Sekunden und verriegeln das Gebäude zur luftdichten

Konserve, zuletzt eben an 9/11. Im allerletzten Moment zogen die Wärter da noch ein paar Passanten ins Innere, die von der Trümmerwalze des World Trade Centers überrollt zu werden drohten. Ringsum bebte die Erde.

Die Goldwaage im Bunker bewegte sich um keinen Zoll.

„Gold", sagt meine Führerin bestimmt, „bleibt unsere sicherste Reserve." Womit sie auch sagen will, dass sich der Goldpreis durch Ereignisse wie Krieg, Terror und Rezession wohl nur wenig erschüttern lässt.

Was man auch daran sieht, dass er sich seit 2001 mehr als verdoppelt hat.

Von der Stahltür des Tresors klingt ein leises Brummen herüber. Der Wärter draußen hat begonnen, den Zylinder mit einer großen, handbetriebenen Kurbel zuzudrehen. Langsam verschwindet der Durchgang zum Vorraum.

„Irgendjemand hier klaustrophobisch?", fragt Miss Bubikopf munter. „Wir haben 72 Stunden."

Lunchzeit. Wie Ameisen strömen die Broker und Banker in ihren Designer-Anzügen aus den Drehtüren hinaus in den kühlen Canyons des Financial Districts, in die Diners, Cafés und Restaurants. Sie stehen bei Starbucks geduldig in Dreierreihen an, warten im *Mangia* auf einen Tisch am Fenster oder wählen im *Café Wall Street* das *Lunch Special (*Brötchen mit Ei, 1,25 Dollar). Andere geben sich mit einem schnellen Hot Dog vom fahrbaren Grillstand zufrieden. Vom East River her weht ein frischer Wind. Das Tageslicht bricht sich in den öligen Pfützen des Wolkenbruchs vom Morgen.

Doch die betriebsame Idylle trügt. Das Herz des Finanzviertels, die New York Stock Exchange selbst – einst im Geiste der Demokratie jedem frei zugänglich, der sich irgendwie ausweisen konnte –, ist ein paramilitärischer, verbarrikadierter Hochsicherheitstrakt.

Panzersperren ragen aus dem Straßenpflaster am über 100-jährigen Börsenpalast. Überall patrouillieren NYPD-Sondereinsatzkommandos, in dunkelblauen Kampfanzügen, Maschinengewehre geschultert, Bombenspürhunde an der Leine.

Die gesamte korinthische Säulenfassade der NYSE wird von einem patriotischen Sternenbanner verhüllt. Seit den Anschlägen hängt es hier, 13 Meter hoch, 25 Meter breit, aus wetterfestem Plastik und doch schon mehrmals erneuert.

Als wollten sie einem zurufen: „Traut euch nur!"

Andere Veränderungen sind weniger augenfällig. Hinter den Kulissen geben die Börse und die großen Finanzkonzerne mittlerweile pro Jahr rund vier Milliarden Dollar für Sicherheits- und Präventivmaßnahmen aus – mehr als zweimal so viel wie vor 9/11. Allein die NYSE hat bisher über 100 Millionen Dollar in den Terrorschutz gesteckt, darunter 25 Millionen Dollar in ein komplettes, alternatives Handelsparkett außerhalb Manhattans, sollte das Stammhaus einmal zerstört werden. Auch lässt die Börse ihren Handel – durchschnittlich 1,4 Milliarden Aktien am Tag – über zwei parallele Daten-Festplatten laufen, die wiederum an getrennte Stromkreise angeschlossen sind, damit bei einem neuerlichen Angriff nichts verloren geht.

Die Zeiten, schrieb Daniel Henninger im *Wall Street Journal*, hätten sich unverrückbar gewandelt: „Wir leben in einer 9/11-Welt." Sicherheitsbriefings und Alarmübungen gehören an der Wall Street inzwischen zur Tagesordnung. Ganz besonders seit August 2003, als bekannt wurde, dass mutmaßliche Terroristen die Börse, die *Fed* und unter anderem die Gebäude von Citigroup, Goldman Sachs und Morgan Stanley ausgespäht hätten. Im selben Sommer hatten die großen Investmentkonzerne in einem Schreibtisch-Manöver schon mal präventiv einen Bombenangriff auf Manhattan simuliert, samt den verheerenden Folgen: kein Strom, kein Telefon, Hunderte Tote.

Den gemeinen Börsianer lässt das alles dennoch kalt. „Was

soll man machen?", sagt der 26-jährige Broker Daniel Brown, auf die regelmäßigen Terror-Warnungen angesprochen, die aus dem US-Heimatschutzministerium kommen. "Man kann doch nicht zu Hause bleiben." Dann verschwindet er in der U-Bahn.

Selbst Bloomberg neigt mittlerweile zum Understatement: "Steht auf, geht ins Büro und genießt die Freiheit, die die Terroristen so bedrohlich finden", riet er seinen Untertanen beim letzten Terror-Großalarm.

Für viele Wall-Street-Firmen hat sich das Erbe von 9/11 aber längst auch anders, diffuser in den Alltag eingeschlichen.

Zum Beispiel beim Investmenthaus Cantor Fitzgerald, dessen Zentrale bis zum 11. September 2001 im Nordturm des World Trade Centers saß, zwischen den Etagen 101 und 105. Damals starben 658 der 1050 Mitarbeiter – jeder, der an jenem Tag im Büro war.

Ein Viertel seines Profits wird Cantor noch bis Ende 2006 an einen Hilfsfonds für die Hinterbliebenen – darunter viele Witwen mit Kindern – abführen, um ihnen Rente und Krankenversicherung zu garantieren. Bisher sind so über 140 Millionen Dollar zusammengekommen. Jeder Mitarbeiter hat heute überdies nicht nur die direkte Büro-Durchwahl von CEO Howard Lutnik, sondern auch seine Privatnummer. "Als ob sich Freunde anrufen", sagt Lutnik, der an 9/11 selbst seinen Bruder verlor und nur überlebte, weil er zu spät zur Arbeit kam.

Das Unternehmen hat sich inzwischen zwar von seinem Schock erholt und macht wieder kräftig Gewinn, doch der Schatten des 11. September hängt weiter über ihm. Nach mehreren Jahren in provisorischen Unterkünften bezog Cantor kürzlich sein neues Hauptquartier – meilenweit von Ground Zero und allen düsteren Erinnerungen entfernt, im 2005 fertiggestellten Glas- und Spiegelturm des Bloomberg-Konzerns in der East 59th Street in Midtown, dem *Bloomberg Tower*.

American Express wagte sich zwar schon Anfang 2002 als

erste Wall-Street-Firma nach Lower Manhattan zurück, ins renovierte World Financial Center, direkt gegenüber dem noch rauchenden Trümmerberg. Doch andere scheuten sich, ähnlich wie Cantor Fitzgerald. Die Investmentbank Lehman Brothers zog ihre neue Weltzentrale lieber am Times Square hoch. Morgan Stanley, ebenfalls am Times Square beheimatet, expandierte in die Vororte. Und Goldman Sachs legte den Grundstein für seinen Wolkenkratzer an Ground Zero erst nach einer Millionenspritze der Stadt.

Aber ob in Midtown East, am Times Square oder an Ground Zero – das Geschäft mit dem Geld brummt jedenfalls längst wieder. Vier Jahre nach 9/11 machten die Wall-Street-Firmen, trotz endloser Betrugsskandale und einer wackligen Börse, die höchsten Umsätze seit dem Boom von 2000. Zur Jahreswende 2005/6 zahlten sie außerdem Rekord-Bonuspakete aus, insgesamt 21,5 Milliarden Dollar. Ein Broker, Banker oder Händler verdiente so über sein reguläres Gehalt hinaus im Schnitt noch 125 000 Dollar extra dazu. Am meisten kassierten die Konzernchefs: Goldman-Sachs-CEO Paulson bekam 38 Millionen Dollar an Bonus zugesprochen, sein Kollege Richard Fuld von Lehman Brothers immerhin noch 14,9 Millionen Dollar.

Solche Summen helfen, Traumata zumindest eine Zeitlang zu verdrängen.

Geld betäubt den Schmerz. „Sehen Sie es, verdienen Sie es, geben Sie es aus", lockt an den Kiosken der Wall Street das Logo des New Yorker Broker-Magazins *Trader Monthly*, eine publizistische Ausgeburt des neuen Wohlstands. Das Hochglanzblatt für das „aufregende, schnelle Leben" der Börsenprofis ist ein Zeichen der Zeit: Es frönt dem Hedonismus derart ungeniert, dass der *Playboy* dagegen wie eine Benimmfibel wirkt.

So fragt eine Rubrik der Frühjahrsnummer 2006: „Wie kann ich meinen Bonus am besten ausgeben?" Antwort: für eine ganze Etage in Santiago Calavatras geplantem, futuristischen Tower am South Street Seaport (ab 29 Millionen Dollar). Oder für einen Bugatti Veyron 16.4 mit 1001 PS (1,2 Millionen Dollar). Oder wenigstens eine Flasche Johnnie Walker Blue Label Anniversary (3500 Dollar).

Am tollsten aber sind die *Trader-Monthly*-Bekanntschaftsanzeigen. Etwa die der 27-jährigen „Imad" aus New York, die als ihre Hobbys angibt: „Segeln, in ausländischen Hauptstädten essen gehen und vergoldeter Krimskrams."

Aber noch immer sind selten Frauen auf dem Börsenparkett zu sehen. Da stutzt denn auch mancher Händler, als sich plötzlich eine hochgewachsene, junge Frau hier durchs lärmende Gewühl windet, mit einer schwarzen Bluse, deren Ausschnitt atemberaubender ist als jeder Aktiensturz. Ihr blondes, schulterlanges Haar wippt bei jeder Wendung ihres Kopfes, wie in einem TV-Spot für Shampoo. Ihr Lächeln ist perfekt.

Tennisstar Maria Sharapova, fast 1,90 Meter groß, braucht nicht viel zu tun, um Männer zu betören. Kein Wunder, dass die Wimbledon-Siegerin von 2004 jetzt auch ein Covergirl des neuen Bikinikalenders des Magazins *Sports Illustrated* geworden ist. In diesem aalt sie sich, nur notdürftig beschürzt, im Sand und auf den Felsen herum, und heute ist sie also an die Börse gekommen, um für das Blatt, den Kalender (der tags zuvor erschienen ist) und nicht zuletzt für sich selbst zu werben.

Börsenchef John Thain, an sich ein stattlicher Mann, wird von Sharapova noch um einen halben Kopf überragt. Er grinst wie ein aufgeregter Schuljunge. Thain eskortiert seine Besucherin zum kleinen Balkon über dem Parkett, wo Sharapova über die Brüstung winkt und schließlich die Schlussglocke des Tages läutet – ein rein symbolischer Akt, der in guter Tradition jeden Tag einem anderen Ehrengast überlassen wird. (In Wahrheit drückt der Gast ganz unzeremoniell nur einen Knopf.)

„Die Börse ist so ganz anders als Tennis", bemerkt Sharapova anschließend. „Hier gibt es viel mehr Anzüge." Aber eines habe ihr Leben auf dem Court mit dem Leben der NYSE-Händler gemein: „Alle lieben es natürlich, am Ende ihre Moneten zu zählen."

Das Ding mit der Börsenglocke ist ein Ritual, das früher nur Firmenchefs, Finanzgötter und Politiker verrichten durften. Inzwischen tauchen aber immer mehr Pop-Stars, Spitzensportler und Hollywood-VIPs auf dem Balkon auf. Neulich erstickte der Parkettbalkon in frischen Schnittblumen des Floraldienstes FTD – es war Valentinstag.

Die altehrwürdige NYSE ist sich der Konkurrenz der flotteren, jüngeren, telegenen Tech-Börse Nasdaq offenbar durchaus bewusst.

Aber auch den Spaß dürfte es sowieso nicht mehr lange geben – ebenso wenig wie den Balkon oder das Parkett überhaupt. Denn der unbarmherzige Konkurrenzdruck des *new normal* fordert an der Wall Street jetzt sein prominentestes Opfer – die alte NYSE selbst. Im Dezember 2005 beschloss deren Mitgliederversammlung offiziell, sich in ihrer bisherigen Form aufzulösen. Per Fusion mit der Elektronikbörse Archipelago mutiert sie, nach 213 Jahren als exklusiver Privatclub, zu einem gewinnorientierten, öffentlichen und vor allem voll computerisierten Handelsplatz.

Klartext: Die NYSE wird eine Börse wie jede andere.

Dies sind, so der Wall-Street-Historiker Charles Geisst, die „dramatischsten Reformen seit der großen Depression 1933". Das Ende der New Yorker Börse, wie man sie kannte, und ihre widerwillige Neugeburt als Institution des 21. Jahrhunderts vollzogen sich jedoch ganz und gar unspektakulär. Der historische Beschluss fiel ohne weitere Förmlichkeiten bei einer Abstimmung im Board Room der NYSE – unter den düsteren Ölporträts gewesener Börsenchefs, die aussahen, als missbilligten sie diese Zwangsmodernisierung ihres Erbes.

Mit ihrem bisherigen, anachronistischen Auktionssystem,

bei dem der Großteil des Aktienhandels von brüllenden *Specialists* auf dem Börsenparkett gesteuert wird, war die NYSE ins Hintertreffen geraten. Es wurde zu langsam, zu teuer, zu unzuverlässig. Die NYSE verlor immer mehr Marktanteile an die Nasdaq und die American Stock Exchange (Amex).

Da half es auch wenig, dass sich NYSE-Sprecher Ray Pellecchia neuerdings als Internet-Blogger versuchte. Als dann auch noch Kungeleien bei den fünf größten *Specialist*-Firmen ans Licht kamen, war das Schicksal des alten Systems endgültig besiegelt.

Thain hat zwar beteuert, dass er das Parkett und dessen Belegschaft – derzeit 3000 Männer und Frauen – vorerst „absolut" beibehalten wolle. Doch die Experten glauben ihm nicht – sie sehen die NYSE bald nur noch als virtuelle Börse. „Es sind nicht mehr viele von uns übrig", seufzt der Specialist und Börsenveteran James Maguire, 74. „Eines Tages werden sie das Gebäude zu Eigentumswohnungen umbauen", prophezeit der Historiker Geisst. „Oder zu einem Museum."

Draußen an der Wall Street kann man diesen Wandel bereits spüren. Viele der ehrwürdigen Fassaden sind nur noch Attrappen; was einst Bankzentralen und Bürohochhäuser waren, sind jetzt Luxus-Apartmentburgen.

Aus der früheren Art-déco-Residenz der noblen Großbank Brown Brothers Harriman & Co. sind zum Beispiel gerade 476 private VIP-Lofts mit der Nobeladresse 63 Wall Street geworden; der vormalige Banksaal soll den Bewohnern als Lounge dienen, mit einer Bar, Billardtischen und einer Poker-Ecke. Vor dem Haus weht eine Flagge: „NYC – die Immobilienhauptstadt der Welt."

Nicht Finanzhauptstadt. Immobilienhauptstadt.

Man muss nur Elizabeth Stribling fragen.

5. Plaza Suite

Elizabeth Striblings Lieblingswort ist *spectacular*. Sie gurrt es, säuselt es, flötet es, deklamiert es in einem süffigen Südstaatendialekt, dessen gutturaler Singsang Visionen von Magnolien, grünen Backtomaten und Cocktails aufkeimen lässt.

„Spec! Ta! Cu! Larrrr!"

Stribling führt den Gast in den Edwardian Room, dem einstigen Speisesaal des legendären Plaza Hotels. Der Edwardian Room ist ein denkmalgeschützter Salon mit geschnitzter Kassettendecke, neobarocken Marmorsäulen, meterhohen Spiegeln und enormen Fenstern zur Fifth Avenue und der Grand Army Plaza hin, die dem Haus an der Südostecke des Central Parks einst seinen Namen gab. Hier, am Knotenpunkt von Glamour und Großkotz, saßen schon Könige und Fürsten, der Herzog von Windsor, die Vanderbilts, die Beatles, Cary Grant, Audrey Hepburn, Truman Capote und manch eine diskret getarnte Lebedame. Heute ist von dem alten Glanz wenig zu spüren, Stribling hat Stühle aufstellen lassen für ihre Präsentation.

Draußen geht ein kurzer Schauer nieder. Eine Pferdekutsche zieht ihres Weges, die Touristen darin haben ihre Schirme aufgespannt und lachen. Gelbe Taxis drängeln sich an der Ampel, ihre Bremslichter, von den Pfützen reflektiert, verschwimmen mit den Tropfen an den Fensterscheiben zu einem impressionistischen Gemälde. Alles wirkt wie eine Szene aus einem Film.

„Spec ... ta ... cu ... larrrr ...!"

Bescheidenheit und Understatement gehören eben schon von Berufs wegen nicht zu Elizabeth Striblings Vokabular. Als Immobilienmaklerin ist sie schließlich dem Credo ihrer Profession verpflichtet: Nichts ist gewöhnlich, nichts durchschnittlich, nichts konventionell.

Zumindest nichts, woran *sie* Hand legt.

Und deshalb steht sie jetzt also hier, auf hochhackigen Manolo Blaniks balancierend, Mrs. Stribling, eine filigrane Lady unbestimmbaren Alters, mit gestraffter, matt geschminkter Gesichtshaut, toupiertem Zuckerwattehaar und einem senffarbenen Wollkostüm, der Paradeuniform ihrer Zunft. Von ihren Ohrläppchen baumeln goldene Ohrringe. Ihr Hochwattlächeln strahlt gnadenlosen Optimismus aus.

Gnadenlos. So umkreist sie auch ihre Beute.

Stribling weiß, wie man das macht. Sie ist Gründerin und Präsidentin von Stribling & Associates Inc., einer der ältesten und renommiertesten Maklerfirmen New Yorks, deren über 140 Broker den ganzen Tag lang nichts anderes tun, als Manhattans Millionäre mit immer neuen Schlössern zu versorgen. Als Vizepräsidentin des Real Estate Boards of New York, der hiesigen Maklerlobby, und Aufsichtsratmitglied etlicher Wohltätigkeitsorganisationen gehört Stribling zum Inventar von New Yorks High Society. Regelmäßig lächelt sie den Lesern mit ihren gebleichten Zähnen aus den Gesellschaftsspalten der Tageszeitungen entgegen, wie neulich, als sie im Nobelhotel Pierre das Schauspielerpaar Antonio Banderas und Melanie Griffith zur Benefiz-Gala der *Drama League* begrüßte, die sie mitorganisierte.

Jetzt aber empfängt sie im zur Großbaustelle mutierten Plaza Hotel, und der Anlass ist nicht gesellschaftlich, sondern rein geschäftlich. Dass sie persönlich erscheint und nicht einen Untergebenen schickt, deutet an, worum es geht. „Seit 27 Jahren mache ich in Immobilien", sagt sie. „Aber so etwas habe ich noch nie gesehen." Stribling meint das Plaza – nicht das, was es mal war, sondern das, was es mal wird.

Das einstige Grand Hotel, das in vielen Hollywood-Filmen eine Hauptrolle spielte („Plaza Suite", „Barfuß im Park", „Funny Girl"), war Ende 2004 von einem israelischen Immobilienmagnaten für 625 Millionen Dollar gekauft worden, und der machte es ein halbes Jahr später kurzerhand dicht.

Seither steckt die weltberühmte Fassade bis zum Dach hinter einem Stahlgerüst. Die Lobby, einst Treffpunkt der feinsten Gesellschaft, ist mit Rigips verbrettert. Die verhängten Durchgänge der „kleinen Lobby" zum Central Park hin, in der Alfred Hitchcock 1959 die ersten Szenen seines Kult-Thrillers „Der unsichtbare Dritte" mit Cary Grant drehte, führen ins Nichts. Überall riecht es nach feuchtem Zement. Kreidestaub liegt in der Luft.

Was die meisten vorbeieilenden Passanten nicht ahnen: Hinter den Gerüsten wird das Gebäude gerade fast völlig entkernt. Denn zu seinem 100. Geburtstag soll das Plaza 2007 wiederauferstehen, renoviert und restauriert – doch nicht als das alte Hotel, sondern als Manhattans atemberaubendstes, teuerstes Luxusapartmenthaus. Die bisherigen Hotelsuiten, auf 20 Etagen und überwiegend mit Parkblick, werden dazu in 182 Privatquartiere in „europäisch-kosmopolitischem Stil" für die Reichsten der Reichen umgebaut, zu einem Palast für die Könige Manhattans – und damit zum unverfrorenen Symbol der Gewinne und des Wohlstands nach 9/11.

Das Schicksal des Plaza, ein Zeichen der Zeit: Geschichte und Tradition zählen im neuen New York nur noch wenig. Was zählt, ist das Geld allein.

Viel Geld. Sehr viel Geld. Die besten der 182 Wohnungen im Plaza werden 33 Millionen Dollar kosten. *Je* 33 Millionen Dollar.

„Ich kann Ihnen nicht sagen, wie erfreut und zufrieden ich bin", frohlockt Stribling. „Dies ist einfach überwältigend!"

Klar, schamlose Übertreibung, grotesker Überschwang und spitze Entzückensschreie sind für jeden Makler Teil des Handwerks. Wobei man in diesem Fall aber nicht weiß, was genau sie meint: den Hauch der Historie – oder die vielen Dollarzeichen.

Denn Stribling (Firmenmotto: „Intelligenz, Effizienz, Integrität") ist die Exklusiv-Agentin für dieses Prestigeobjekt. Sie darf mit Abermillionen Dollar an Provision rechnen.

Da der Großteil des Plazas aber noch unbegehbar ist, muss Stribling fürs erste zur Virtual Reality greifen. Im Edwardian Room hat sie dazu einen gigantischen Plasma-Bildschirm aufbauen lassen, auf dem sie den Kunden mit den Wundern der Computergrafik durch die luxuriösen Fluchten führt, die gerade oben zum Disneyland einer verflossenen Jetset-Ära zusammengezimmert werden. Den potentiellen Käufer speist sie einstweilen als „Mr. & Mrs. Private Plaza Residence Owner" in die Software ein.

Ihre rotlackierten Fingerspitzen berühren einen kleinen PC, und mit ein paar lautlosen Klicks geleitet sie einen so im verführerischen Zeitlupentempo von Suite zu Suite. Digitale 3-D-Animation ersetzt den Innenarchitekten, echte Fotos mit den Postkartenaussichten aus den Fenstern vervollständigen die Vision, obwohl die Jahreszeit nicht stimmt, aber man kann es sich vorstellen.

Das Apartment 309 zum Beispiel, eine helle Ecksuite im dritten Stock mit Blick auf den Pulitzer-Brunnen der Grand Army Plaza und die Südfront des Central Parks. 422 Quadratmeter wird das haben, doch die virtuelle Kamera gleitet schon jetzt langsam übers Fischgrätparkett, durch zwei Schlafzimmer, zwei Bäder, eine Küche mit Anrichten aus Marmor und eine getäfelte Bibliothek, der Blick geht hinaus auf die Bäume des Parks, dann wieder zurück zu den Details, den Originalmonturen des alten Hotels (mit dem gespiegelten Doppel-„P"), den liebevoll rekonstruierten Caracatta-Steinmosaiken.

„24 Millionen Dollar", sagt Stribling, ein Schnäppchen und noch zu haben.

Oder das Apartment 1009 im zehnten Stock, das mit der runden Ecke. 262 Quadratmeter bemisst das auf dem Grundriss, es hat ein eigenes Foyer, in dessen Mitte der Computer ein aufwändiges Blumengesteck dekoriert hat, es hat natürlich ebenfalls Marmorbäder, außerdem einen Dienstboteneingang, Butler-Etagenservice und eine Flatscreen-Videoanlage, auf der man nicht nur sieht, wer unten am Portier Einlass begehrt, sondern mit der man auch per Tastenklick einen Tisch in den besten Restaurants der Stadt reservieren kann.

14 Millionen Dollar.

Oder wie wäre es mit einem der exorbitanten, gläsernen Wintergarten-Lofts auf dem Dach? Davon gibt's einige zur Auswahl: vier zweistöckige und ein dreistöckiges. Bis zu fünf Meter hoch werden deren Decken sein, und über Wendeltreppen gelangt man auf Terrassen mit Skyline-Blick.

33 Millionen Dollar.

Und das Billigste?

Stribling lacht.

Fenster zum Hof, zwei Millionen Dollar, „aber da habe ich schon nichts mehr. Legen Sie mir 2,5 Millionen auf den Tisch, und wir kommen ins Gespräch".

Wobei gesagt werden muss: Besagter „Hof" ist ein exotischer Palmengarten, mit plätschernden Springbrunnen, Technicolor-Botanik und Kieswegen.

Überkandidelt? Von wegen. Das Plaza liegt im Trend. Der New Yorker Immobilienmarkt, nach den 9/11-Anschlägen zunächst ins Trudeln geraten, hat sich längst wieder gefangen. Mehr noch: Er boomt wie nie. Selbst die Jahre vor dem Börsen-Crash von 2001 können da nicht mehr mithalten.

Und da sind die Plaza-Preise gar nicht so abwegig. Manhattan ist wieder das teuerste Viertel der teuersten Stadt der USA. Eine Eigentumswohnung kostete hier Ende 2005 im Schnitt 1,3 Millionen Dollar, allein das ein Rekord. Schon für ein kleines Einzimmer-Studio musste man im Schnitt 602 000 Dollar hinblättern, und wer für seine Familie fünf Zimmer brauchte, sogar 5,3 Millionen Dollar.

Derweil entstehen überall neue Luxusobjekte, vor allem in

den zur Zeit beliebtesten Spekulantenparadiesen Chelsea, Gramercy Park, Flatiron District, West SoHo und Downtown, aber auch in Downtown Brooklyn, das 2006 erstmals als verbriefter Markt für Millionen-Dollar-Apartments gehandelt wird, in Long Island City, Astoria, Fresh Kills und sogar der South Bronx.

Selbst das Vakuum wird gehandelt: Zwei Immobilienspekulanten bezahlten neulich 37 Millionen Dollar für die „Luftrechte" über einer kleinen Kirche an der Park Avenue, um die so erworbenen „Rechte" aufs Nachbargrundstück zu übertragen und dort ein 35-stöckiges Wohnhaus zu bauen.

„Warnungen vor einem Immobilienkollaps sind in New York einfach nicht berechtigt", freut sich Striblings Kollegin Elizabeth Lorenzo, die wie ein Klon ihrer Chefin aussieht, nur etwas weniger glamourös und mit einer einfachen Perlenkette behängt. „Der Wirtschaft geht es gut, die Kriminalität ist gesunken, der Arbeitsmarkt zieht an und die Käufer greifen zu."

„Vor allem die Luxus-Käufer", ergänzt Top-Makler Kirk Henckels, der bei seinen Kunden eine Renaissance des „Trophäenmarkts" erkennt: Die Leute hier sind in der Lage, „auszugeben, was immer sie wollen" – in der Regel „ab 20 Millionen Dollar".

So bezahlte Medienmogul Rupert Murdoch 44 Millionen Dollar für eine dreistöckige Wohnung an der Fifth Avenue, die früher dem Milliardärserben Lawrence Rockefeller gehörte, einem Enkel von John Rockefeller. Nicht viel weniger – 42,5 Millionen Dollar – ließ sich der Finanzier David Martinez eine Adresse im neuen Time Warner Center am Columbus Circle kosten. Und das sind keine Einzelfälle.

Anfang 2006 protzte New York mit den teuersten Privatimmobilien überhaupt in seiner Geschichte. Darunter allein vier für 50 Millionen Dollar, eine für 42 Millionen Dollar, eine für 40 Millionen Dollar und eine für 39 Millionen Dollar.

Wiewohl selbst Krösusse eine Schmerzgrenze haben. Das musste Hedgefonds-Mogul Martin Zweig merken, der sein

Penthouse im Pierre Hotel auf der Upper East Side für 70 Millionen Dollar – ein geschichtlicher Rekord – auf den Markt geworfen hat. Wo es seither wie Blei liegt.

Selbst normale Sterbliche müssen tief in die Tasche greifen, wollen sie hier sesshaft werden. Das zeigt schon ein Blick in den Immobilienteil der *New York Times*.

Stadthäuschen auf der Upper East Side, Baujahr 1910: 17 Millionen Dollar.

Dreizimmerwohnung in Midtown, offener Kamin, Blick auf den East River: 6,25 Millionen Dollar.

Einfache Zweizimmerwohnung schräg gegenüber den Vereinten Nationen, 82 Quadratmeter: 1,24 Millionen Dollar.

Reichten früher nur ausgesuchte Viertel in die Millionen-Stratosphäre, so ist es heute ganz Manhattan. Allein dort listet die *Times* inzwischen jeden Tag über 400 Apartments und Häuser, die siebenstellige Summen kosten. Der letzte Schrei: historische Bauten wie den Met Life Tower am Madison Square Park in Luxuseigentumswohnungen umzubauen.

Um die besten Makler für ihre Projekte zu gewinnen, lassen sich die Bauherren nicht lumpen. Einer empfing seine Gäste bei einem Open House an der Fifth Avenue mit einem Streichquartett, das Händels *Ombra Mai Fu* spielte. Andere fahren Promi-Makler wie Stribling dann auch mal mit der Chauffeur-Limousine durch die Gegend und bewirten sie in ihren *sales offices*, oft noch in den Rohbauten, mit teurem Sushi. „Eigentlich war ich nicht interessiert", sagt ein Makler über einen solchen Anbahnungsversuch. „Aber es gab Sekt in der Limousine, also stieg ich gerne ein."

Schnöde Mietwohnungen werden dagegen immer seltener, vor allem erschwingliche. In Manhattan eine Zweizimmerwohnung für 2500 Dollar Monatsmiete zu bekommen war Anfang 2006 so gut wie unmöglich. Das einzige neue, größere Mietbauprojekt, das anstand, war ein 60-stöckiger Tower an der 31st

Street – allerdings auch der „super-super luxury", wie es ein Makler umschreibt.

In Brooklyn bot eine Wohngemeinschaft ein regelrechtes Loch in der Wand für 35 Dollar zur Miete an, aus Scherz – es gab ein Dutzend Interessenten. Und in Chinatown hausen die Bringboten der Restaurants in Besenkammern.

New Yorks Immobilienmarkt hat sich nicht nur erholt. Er hat eine völlig neue, geradezu groteske Dimension erreicht.

Das verdankt die Stadt ihrer eigenen Resilienz – und dem Schicksal.

„Wäre 9/11 zu einem anderen Punkt in der Geschichte New Yorks passiert", sagt der Makler Luis Vasques, ein aufgeweckter Puerto-Ricaner mit glänzendem Babyface, „wäre die Sache wahrscheinlich nicht so gut ausgegangen. Der Terror traf New York zu einer Zeit, da die meisten Leute hier wirklich gerne lebten. Wäre das in den 70er oder 80er Jahren geschehen, als man hier nur gezwungenermaßen lebte, wären viele bestimmt sofort weggezogen und nie zurückgekehrt."

Stattdessen gruben sich die New Yorker nach 9/11 buchstäblich ein, mit einer Mischung aus Stolz, Patriotismus und Melancholie für den groben Charme ihrer gemarterten Heimatstadt: Jetzt erst recht!

Vasques, der vielen großen Finanz- und Wirtschaftsunternehmen Wohnungen für ihre Mitarbeiter hier besorgt, erinnert sich noch gut: „Für die ersten zwei, zweieinhalb Monate nach 9/11 ging mein Geschäft komplett auf Null. Nada. Nichts. Doch dann bekam ich einen Anruf von J. P. Morgan Chase" – dem großen Brokerhaus – „mit der Bitte, für ihre Leute wieder neue Wohnungen zu suchen." Von den ersten drei Morgan-Chase-Kunden, die Vasques betreute, bestanden zwei sogar darauf, unbedingt in Manhattan zu leben. „Einer zog mit seiner ganzen Familie aus San Francisco hierher."

Von wegen Angst.

Vasques hält diese frühe Aufbruchstimmung aber in erster Linie dem Charisma des Bürgermeisters Giuliani und seines Nachfolgers Bloomberg zugute. „Die haben uns das Vertrauen gegeben, hier sicher zu sein."

Er sagt das, obwohl er ein eingefleischter Demokrat ist. Er sagt das, obwohl seine Schwester dem Tod an 9/11 nur knapp entkommen ist; sie hatte an jenem Morgen um 10 Uhr einen Termin im 68. Stockwerk des World Trade Centers, der buchstäblich in letzter Minute abgesagt worden war. Er sagt das, obwohl sein Schwager ein Feuerwehrmann war, der sich wegen der Lungenschäden, die er sich an Ground Zero zugezogen hatte, in den vorzeitigen Ruhestand gehen musste.

„Auch ich bin irgendwie froh und stolz darauf, hier zu leben. Ich bin froh, dass ich damals nirgendwo anders war – und dass ich heute hier geblieben bin."

Ein ernster, gutaussehender Mann mit markantem Profil und dunklem, schnittigem Haar stellt sich vor den Plasma-Bildschirm im Edwardian Room.

„Das sind keine Wohnungen", sagt er. „Das sind Gemälde – Kunstwerke!"

Der Mann ist Miki Naftali, der neue Chef des Plazas, der sich auch persönlich um die Interessenten kümmert. Naftalis sanfter Akzent verrät seine israelische Herkunft. Sein Aussehen – mattschwarzer Designer-Anzug, senfgelbe Seidenkrawatte – verrät, dass Geld für ihn kein Thema ist. Und seine Worte verraten, dass er den schamlosen Euphemismus seiner Branche perfekt beherrscht.

„Willkommen im Plaza des 21. Jahrhunderts!"

Naftali, ein jugendlicher, energetischer Typ, ist der Präsident und CEO von El-Ad Properties, einem der größten, wenngleich bisher stillsten Immobilienkonzerne Manhattans, der den Wert seines Portfolios auf insgesamt 2,5 Milliarden Dollar beziffert.

Naftali stammt aus Israel, hat aber an der University of Southern California Ingenieurwesen studiert. Neben dem Plaza gehören El-Ad zahllose Luxusobjekte in New York, darunter auch 1200 Mietwohnungen, sowie der City Tower in Tel Aviv, ein moderner Hotel-Wolkenkratzer im Zentrum der Stadt. Dana Pecorella, deren Marketingagentur viele El-Ad-Deals betreut, nennt Naftali einen „Visionär".

Das sahen viele New Yorker allerdings anders, als Naftali das Plaza im Oktober 2004 für 675 Millionen Dollar erstand. Denkmalschützer, Stadthistoriker, Gewerkschaftler und Aktivisten fürchteten um den Bestand „ihres" Wahrzeichens, in dessen holzgetäfelten Aufzügen klassische Musik spielte. Der Verdacht: Der Israeli wollte nur ein tolles Geschäft machen – auf Kosten ihrer Geschichte.

Also taten sie, was New Yorker in solchen Fällen am liebsten tun: Sie bastelten sich ein paar Protestplakate und marschierten auf dem Gehweg vor dem Plaza im Oval auf und ab. Ein Demonstrant rückte mit einem Wohnmobil an, auf das er „Save the Plaza" gepinselt hatte und parkte es vor dem Hotel.

Das fehlte Naftali gerade noch. Wären doch schon die geheimen Verkaufsverhandlungen um das Plaza fast geplatzt. Die ganze Transaktion war wie ein Wirtschaftskrimi verlaufen – typisch New York eben.

Denn eigentlich stand das traditionsreiche Haus ja gar nicht zum Verkauf. Zumindest nicht offiziell. Es gab nur Gerüchte, wonach die bisherigen Besitzer mit dem Gedanken spielten, die defizitäre Immobilie abzustoßen (das Plaza Hotel machte zuletzt 1,8 Millionen Dollar Verlust im Jahr).

Diese Besitzer waren der Multimilliardär Kwek Leng Beng aus Singapur, dessen weltweitem Hotelkonzern 50 Prozent des Plazas gehörten, und der saudische Prinz Al-Waleed bin Talal Al-Saud, der die anderen 50 Prozent hielt. Sie hatten das Plaza 1995 für 325 Millionen Dollar von niemand anderem gekauft als vom Archetypen des New Yorker Geschäftsmannes – Donald Trump.

Kwek Leng Beng gilt als ein detailverliebtes Geschäftsgenie. Sein Konsortium umfasst mehrere einzelne Großunternehmen, darunter Hotelketten, Internetfirmen und Finanzdienste. Man sagt ihm nach, er habe einmal zwei Jahre damit verbracht, einen ganz bestimmten, prominenten Chefkoch in eines seiner Hotels zu locken.

Al-Waleed, laut „Forbes" der fünftreichste Mann der Welt, ist ein Neffe des saudischen Königs Fahd. Sein Vermögen wird auf rund 24 Milliarden Dollar geschätzt. Der Saudi ist einer der stillen Inhaber Manhattans: Er hält einen Zehn-Milliarden-Dollar-Anteil am hier beheimateten US-Bankriesen Citicorp, und Ende 2005 sicherte er sich auch noch einen maßgeblichen Anteil an Rupert Murdochs Medienimperium News Corporation.

Im Oktober 2001 war Al-Waleed nach New York gekommen, um die damals noch rauchenden Trümmer von Ground Zero zu besichtigen. Angetan in landesüblicher Kefiya und Sonnenbrille, ließ er sich von Bürgermeister Giuliani umherführen und übergab ihm anschließend unter freiem Himmel einen Scheck über zehn Millionen Dollar für die Terror-Opfer. Dummerweise verbreitete Al-Waleed noch am selben Tag eine Erklärung, in der er die US-Nahostpolitik mit für die Anschläge verantwortlich machte. Schnaubend gab Giuliani den Scheck zurück.

Miki Naftali trat erst ins Bild, nachdem ihn die New Yorker Immobilienberatungsfirma *Cushman & Wakefield* aufs Plaza ansetzt hatte. Sieben Wochen lang schacherte er auf zwei parallelen Schienen um das Haus – mit Emissären des Saudi-Prinzen und mit Kweks Leuten in Singapur. Am Schluss jettete er persönlich von New York in den südostasiatischen Stadtstaat, wo er von morgens bis abends durchgehend am Verhandlungstisch saß. Das Geschäft wurde per Handschlag besiegelt; anschließend verpasste Naftali fast sein Flugzeug.

Daheim in New York brandeten ihm aber sofort Protestwellen entgegen. Die 675 Millionen Dollar Kaufpreis, so rechnete sich die Lokalpresse erbost aus, kämen auf 838 509 Dollar pro Zimmer hinaus und bescherten Al-Waleed und Kwek 107 Prozent Gewinn.

Dann feuerte Naftali auch noch die altgediente Plaza-Belegschaft, 900 Arbeitnehmer insgesamt, machte den Laden dicht und gab seinen Penthouse-Plan bekannt. Das Inventar des Hotels ließ er versteigern – von Christie's.

Nicht nur die Hotelgewerkschaft stand da Kopf.

Viele New Yorker wollten nicht zulassen, dass der einstige Treff für Weltenbummler und Partylöwen zum geschlossenen Privatvergnügen des Geldadels würde. Bürgermeister Bloomberg beorderte alle Streitparteien ins Rathaus, wo sich Architekten, Gewerkschafter, Anwälte, Immobilienexperten und Hotelkaufleute fünf Konferenzzimmer füllten, um ein Konzept fürs Plaza auszuhandeln, das allen gefiel.

„Wir aßen jede Menge Junk Food", erinnert sich Naftali grinsend.

Dabei ging es um mehr als um Arbeitsverträge. Es ging um ein Stück New Yorker Urgestein. Selbst wenn dieses Urgestein inzwischen reichlich Staub angesetzt hatte.

Als das Plaza – das einzige Hotel New Yorks, das heute im US-Schutzregister der *National Historic Landmarks* eingetragen ist – im Oktober 1907 eröffnet wurde, war es eine Sensation. Mit Baukosten von zwölf Millionen Dollar war es damals das teuerste Gebäude, das je in der Stadt errichtet worden war.

Der erste Gast, der sich ins Buch eintrug, war der Eisenbahnbaron Alfred Vanderbilt, der gegenüber in einem Stadtschloss mit 154 Zimmern wohnte, dort, wo heute das Kaufhaus Nieman Marcus steht. Er meldete sich, wie sich sein Enkel Alfred Vanderbilt III. 2005 in einem Gedenkbeitrag im *New York Magazine* erinnerte, als „Mr. and Mrs. Vanderbilt" an – obwohl er ohne seine Frau anreiste. Stattdessen soll er das Plaza genutzt haben, um dort seine Geliebte zu treffen. Bis 1915: Da ertrank Vanderbilt bei der Versenkung der *RMS Lusitania* durch ein deutsches U-Boot im Ärmelkanal.

Die Geschichte des alten Plazas wimmelt von solchen Anekdoten.

Etwa die des Geschäftsmanns Harry Allen.

Am selben Tag, da das Plaza eröffnete, versuchte Allen mit den allerersten New Yorker Taxis den bisherigen Kutschen Konkurrenz zu machen, indem er seine Automobile auf der Fifth Avenue hin und her knattern ließ. Als er später jedoch im Edwardian Room beim Lunch saß, schoss ein Unbekannter von der Straße aus durchs Fenster auf ihn. Der Schuss ging daneben, doch nicht viel später verkaufte Allen seine Taxis wieder.

F. Scott Fitzgerald und seine Gattin Zelda waren hier Stammgäste. Man sah sie oft in der Oak Bar sitzen (in die Damen nur in Begleitung gelassen wurden) und Cocktails trinken, am liebsten Orange Blossom mit Gin. Fitzgerald siedelte einen Großteil seines Romans *Der große Gatsby* im Plaza an, und der gleichnamige Kinofilm mit Robert Redford und Mia Farrow wurde später auch hier gedreht.

1943 kaufte Conrad Hilton das Plaza. Er ließ, zum Entsetzen der Traditionalisten, die Glaskuppel über den Marmorpilastern des Palm Courts abreißen, um eine zentrale Klimaanlage einzubauen. Der Palm Court war Treffpunkt der *ladies who lunch*, die dort mittags Tee tranken und die New Yorks Hauskomponist Stephen Sondheim einst in seinem Musical *Company* so bittersüß beschrieb:

Lounging in their caftans
And planning a brunch
On their own behalf.
Off to the gym,

Then to a fitting,
Claiming they're fat.
And looking grim,
'Cause they've been sitting
Choosing a hat.

1964 erfasste *Beatlemania* das Plaza – die Boys aus Liverpool nahmen einen ganzen Flügel im 15. Stock in Besitz, wo sie fast nur vom Room Service lebten und ihren Hit *Michelle* schrieben.

Mit Truman Capotes *Black and White Ball* begann 1964 die rauschende Party-Ära des Plazas. Frank Sinatra und Mia Farrow kamen in Katzenkostümen.

Die Hardrocker von Kiss schwangen hier von den Lüstern und beschmierten ihre Groupies mit Schlagsahne aus der Sprühdose, die das Plaza im Supermarkt um die Ecke besorgte. Andere Prominente kamen inkognito. Don Johnson, damals Star in *Miami Vice*, schrieb sich als *Dick Head* ein.

So viele Erinnerungen, so viel Spaß, so viel New York. Dass das alles nun in die Hand eines israelischen Geschäftemachers übergehen würde, das schmeckte natürlich vielen New Yorkern nicht. Zumal der eigentliche Hintermann von El-Ad noch viel suspekter war als Miki Naftali: Isaac Tshuva, einer der erfolgreichsten – und mysteriösesten – Wirtschaftsmogule Israels. Seiner Holdinggesellschaft Delek, deren Tochter El-Ad ist, gehören Öl- und Gasanlagen, Autofabriken, Immobilien und viel mehr; die *Jerusalem Post* ernannte ihn vor kurzem zum vierteinflussreichsten Mann Israels.

Im Kampf ums Plaza zog der pressescheue Tshuva in Tel Aviv die Strippen, und Naftali trat in New York vor die Kameras.

Am Ende stand ein Kompromiss, ausgehandelt unter anderem auf Vermittlung von Ronald Lauder, dem Kosmetikerben und einem der prominentesten New Yorker Multimillionäre. Naftali erklärte sich bereit, die berühmtesten Festsäle des Plaza originalgetreu zu restaurieren und auf der Rückseite seiner

Apartmentburg ein kleines Hotel mit 282 Zimmern einzuplanen, das allerdings mit dem Eingang diskret nach hinten raus, zur West 58th Street. Ein paar Luxusgeschäfte im Erdgeschoss sollen außerdem dafür sorgen, dass das gemeine Volk weiter Zugang zum Plaza hat, wenn auch nur zum *window shopping*.

Die kleine Lobby zum Central Park wird jedoch zum exklusiven Privatfoyer für die Wohnungsbesitzer. An der Marmorwand hinter den vergoldeten Aufzügen hängt auch heute noch ein altes Preisschild des untergegangenen Plazas: Einzelzimmer ab 235 Dollar, Doppelzimmer ab 275 Dollar, Suiten ab 400 Dollar.

Die virtuelle Besichtigungstour neigt sich dem Ende zu. Der parzellenweise Verkauf der VIP-Immobilie laufe wie am Schnürchen, sagt Stribling. Die Millionenlofts gingen weg wie Google-Aktien. Allein in den ersten Wochen der Vorbesichtigung durch Interessenten sei sie bereits ein Viertel aller Apartments losgeworden – hauptsächlich an „Leute mit vielen Dienstboten".

Der Börsenboom hilft. Schließlich müssen die tollen Wall-Street-Bonusse ausgegeben werden.

„Ohne diese Bonusse", sagt Makler Vasques, „wäre unser Geschäft heute nicht denkbar."

Doch nicht nur sie sind entscheidend. Etwa die Hälfte der Wohnungen seien bisher an Käufer aus Indien, Italien, Russland und Südkorea gegangen, sagt Stribling. Über deren Identität schweigt man sich selbstverständlich aus. „Unsere Klienten schätzen ihre Privatsphäre."

Zum Abschied lässt Naftali seinen Gästen in der kleinen Plaza-Lobby am Central Park Pinot Grigio und Casa-de-Campo-Rotwein servieren, dazu Cracker mit Filet-Mignon-Spitzen und karamelisierte Käse-Torteletts. Wahre Liebe geht offenbar auch auf dem Immobilienmarkt durch den Magen.

Draußen vor der Tür, oben auf der mit einem roten Teppich ausgelegten Treppe zur Straße hin, steht ein greiser Portier in voller Plaza-Montur: schwarzer, fußlanger Mantel, goldene Spangen, Lederhandschuhe, Kapitänsmütze. Ed Trinka ist seit 45 Jahren hier Portier und erinnert sich sogar noch an die Beatles. „Von denen habe ich nie ein Autogramm bekommen", sagt er und verscheucht mit einer legeren Handbewegung einen bettelnden Obdachlosen. „Es war einfach zu verrückt, mit den ganzen kreischenden Mädels."

18 Jahre jung war Trinka damals. Heute ist er 63 und einer der wenigen Angestellten des Plazas, die Miki Naftali vorerst übernommen hat, um seinem Immobilienprojekt den nötigen Glanz zu geben.

Trinka findet das okay. Auch wenn er seinen Job am Ende doch verlieren könnte. „Es gibt auch noch ein Leben nach dem Plaza."

Eine klassische New Yorker Äußerung. *Life goes on.* Es ist dieselbe Attitüde, die den meisten Leuten hier auch über den Schock von 9/11 hinweggeholfen hat.

Es gibt ein Leben danach.

Worüber einem auch ein Mann namens George Bonnano einiges erzählen kann.

5. Verdrängungskünstler

Die Treppe hoch. Dritter Stock, rechts herum, dann durch die Schwingtür. Ein paar Stufen wieder herunter, den düsteren Linoleumgang entlang, um die Ecke, über eine schmale, überdachte Brücke zwischen zwei Gebäudeflügeln, dann ins nächste Treppenhaus.

Doch die Tür auf der anderen Seite ist verschlossen.

Kommando zurück. Treppenhaus, Brücke, Ecke, Gang, Stufen. Und noch mal das Ganze von vorne.

Stufen, Gang, Ecke, Brücke, Treppenhaus. Immer noch verschlossen.

Was sonst.

George Bonanno versteckt sich. Der Mann hockt mitten in einem Labyrinth. Absichtlich wohl. Zumindest bezeichnend für einen, der seine Zeit damit verbringt, den Irrgarten der menschlichen Psyche zu erforschen.

Genauer gesagt, der New Yorker Psyche nach 9/11.

Das fahle Neonlicht surrt leise. Es riecht nach Putzmittel und Blumenkohl. Durchs verschmierte Fenster blickt man in einen düsteren Innenhof, dahinter auf die 120th Street. Die Schatten von Passanten huschen vorbei.

Rechts rum?

Links rum?

Gefangen im modrigen Flurlabyrinth der Columbia University, wie in einem Holzschnitt von M. C. Escher, auf dem sich alle Treppen zur endlosen Möbiusschleife verschlingen.

Nach mindestens 20 Minuten Suche findet sich Bonanno natürlich doch noch. Er sitzt grinsend vor einem kleinen Heizstrahler in seinem sonnendurchfluteten Eckbüro und liest ein Buch mit dem sehr passenden Titel *Trance and Treatment*.

„Well?", sagt er, aufblickend. „Gut gefunden?"

Bonannos Arbeitszimmer auf Manhattans Upper West Side, ein Sammelsurium aus Kunst, Kitsch und Kram, zeugt von reiselustiger Kultur- und Sammelfreude. An der Wand hängen ein Panama-Hut, ein amerikanisches Sternenbanner, dessen Sterne von Friedenszeichen ersetzt sind, und selbstgemalte Ölbilder: Stillleben, Gärten, Abstraktes. In einem krummen Regal verstauben ein paar leere, japanische Saki-Flaschen sowie mehrere antike Tonskulpturen – chinesische Grabfiguren, teils zweitausend Jahre alt, wie er mir einmal fröhlich erklärt hat, mit denen man im ganz Fernen Osten einst Abschied von Verstorbenen nahm.

Wie passend. Schließlich gehört das Leben mit dem Tod zu Bonannos Handwerk. Der 49-Jährige – ein jünger aussehender, durchtrainierter Witzbold mit dunklem Lockenschopf, der seine hochgewachsene Statur gerne ganz in Schwarz kleidet – ist Psychologieprofessor, Star-Dozent am Columbia University Teachers College und Seelenklempner mit langen Jahren Praxiserfahrung. Und in dieser Dreieinigkeit interessiert ihn dieser Tage nichts anderes als das Leben mit dem Tod: Sein Spezialgebiet ist nämlich die Traumaforschung.

Wofür es seit fünf Jahren wohl kaum einen besseren Ort gibt als New York City.

Bonanno ist dafür selbst ein gutes Beispiel. Am Morgen des 11. September 2001 zum Beispiel, da war er hier in seinem Büro. Als er die ersten Bilder auf CNN sah, stieg er mit einigen Kollegen aufs Dach der Universität. Der Columbia-Campus liegt auf einem Hügel am Broadway hoch im Norden Manhattans, von dort aus war das World Trade Center gut sichtbar.

In die klare Septembersonne blinzelnd, starrte Bonanno auf die Türme in der Ferne, die zu Fackeln wurden und schließlich zu einer tödlichen Staubwalze zusammensanken, die ganz Downtown verschluckte.

Dann stieg er wieder vom Dach herunter und besorgte sich in der Videothek einen Film. „Eine Komödie", erinnert er sich, „was zum Lachen, ohne Blut."

Es war eine Methode, die er immer anwendet, wenn er sich mit emotional brenzligen Situationen konfrontiert sieht. „Dann blende ich die Welt aus. Ich setze mir Kopfhörer auf oder spiele auf meiner Flöte, ganz grässlich übrigens, oder renne ins Sportstudio. Meine Frau macht das ganz wahnsinnig."

Er grinst. „Ein bisschen innere Verdrängung schadet keinem."

Schöne Worte von einem Psychiater. Doch er stellte fest, dass er nicht der Einzige war, der so dachte.

„Wir New Yorker sind hartgesottener als andere", sagt er. „Wir haben unsere eigenen Methoden, mit Stress fertig zu werden."

Bonanno lebt seine eigenen Forschungsthesen.

Seit jenem Tag des Grauens bewegen ihn die. Nicht nur als New Yorker, der auch heute noch selbst jeden Tag mit unterbewusster Angst lebt. Sondern vor allem auch als Wissenschaftler, der immer schon fasziniert gewesen ist von Trauer, Trauma und der Frage, wie der Mensch Schicksalsschläge verkraftet.

Wie also, frage ich ihn, hat es diese Stadt nach einem derart realen Horror denn geschafft, auch emotional aus der Asche wieder aufzuerstehen?

Bonannos Antwort überrascht alle, die nach 9/11 eine ganze Millionenmetropole im Dauertrauma versinken zu sehen glaubten: Schon ein halbes Jahr später, behauptet er nämlich, hätten sich die meisten New Yorker vom Schock wieder erholt.

„Shit happens. Jedem passieren irgendwann einmal schlimme Dinge. Das lässt sich nun mal nicht ändern. Warum also groß drauf rumreiten?"

Psychologisch gesehen war in der Tat kaum eine Stadt so gut auf die Schockwellen eines Terroranschlags vorbereitet. Seit jeher ist New York eine Hochburg der Psychiater und Psychoanalytiker. Die Stadt ist die eimat zahlloser Nervenärzte, Seelenmasseure, Therapeuten, Lebensberater, *Life Coaches*, Stressassistenten, Karrierehelfer und *Pay-by-the-hour*-Mentoren, die den New Yorkern nur allzu gerne durch ihren gemütsvergiftenden Alltag helfen – zur Stundengebühr von durchschnittlich 250 Dollar.

Der Bundesstaat New York, dessen einzige Millionenstadt New York City ist, zählte bereits vor 9/11 mehr lizenzierte Psychiater als jeder andere Staat der USA. Im März 2001 waren es, amtlich registriert, exakt 6119, doch in der Realität natürlich viel mehr. Die meisten davon praktizierten in Manhattan. Kein Staat gab schon damals mehr für die Seelenbetreuung seine Bürger aus – 3,3 Milliarden Dollar pro Jahr.

Die Seele als Massengeschäft. Über eine Million New Yorker leiden, Terrorängste mal dahingestellt, nach Schätzung des städtischen Gesundheitsamts auch so schon an ganz konkreten „psychiatrischen Störungen". Etwa 575 000 haben ein Drogen- oder Alkoholproblem, 500 000 klagen über „ernste emotionale Not", 350 000 fallen mindestens einmal jährlich in eine tiefe Depression. Die psychiatrische Notfallnummer der City – 1-800-Lifenet – verzeichnet im Schnitt 50 000 Anrufe pro Jahr.

Offizieller Grund Nummer eins, weshalb New Yorker im Krankenhaus landen: Herzschwäche.

Offizielle Ursache Nummer zwei: Seelenschwäche.

Selbst Hollywood kommt, wenn es eine glaubhafte Kulisse für „ga-ga" braucht, immer wieder nach Manhattan, dessen ewige Balanceakte am Rande des Nervenzusammenbruchs der hier gebürtige Berufsneurotiker Woody Allen („Ich drehe Filme als Therapie.") weltberühmt gemacht hat. Kein Wunder, dass auch über den nicht unbedingt als introspektiv bekannten Ex-Präsidenten Bill Clinton gewitzelt wird, er habe sich, wie es sich für einen echten New Yorker gehört, nach seinem Umzug hierher unverzüglich auf die Psychiater-Couch begeben.

Sprich: Der Umgang mit Schwermut und Beklemmung gehört zum New Yorker Alltag wie der mitternächtliche Lebensmitteleinkauf im Deli an der Ecke, der selbstmörderisch gegen den Verkehr radelnde Bringbote vom Chinarestaurant oder Bagels mit kalorienarmem Cream Cheese.

Irgendwie waren die New Yorker vorbereitet. Schon Stunden nach den 9/11-Anschlägen schaltete eine gut geölte Maschinerie in den fünften Gang – die Maschinerie der New Yorker Psychoindustrie.

„Mein erster Patient kam um acht Uhr früh", erinnert sich Allison Edwards. „Dann hörten wir das Flugzeug. Als es einschlug, wackelte das ganze Haus."

Die Psychoanalytikerin Edwards, eine zierliche Frau mit brünettem Kurzhaarschnitt, hatte damals eine florierende Privatpraxis im Greenwich Village. Die Praxis war in ihrer Wohnung, einem zweistöckigen Penthouse direkt am Hudson River.

„Eine der bizarrsten Auffälligkeiten jenes Tages war für mich, dass kein einziger meiner Patienten seinen Termin verpasste", sagt Edwards. Zwischen den Terminen rannte sie immer wieder auf ihre Dachterrasse hinaus, die einen freien Blick auf das World Trade Center bot. Sie sah das zweite Flugzeug einschlagen und die Türme in Flammen aufgehen und „Tausende Männer in Anzügen" auf der West Street an ihrem Haus vorbei Richtung Norden fliehen. Dann hörte sie „diesen entsetzlichen, kollektiven Aufschrei" – der Beginn der neuen Zeitrechnung.

Trotzdem – oder gerade deswegen? – erschien ein Patient nach dem anderen, und sie redeten und redeten – die Patienten wie die Therapeutin –, als wollten sie sich mit Worten vor dem Gräuel verbarrikadieren, das sich draußen abspielte. „Totale Verleugnung", sagt Edwards, als wolle sie Bonannos These vorwegnehmen. „Auch bei mir. Ich machte den ganzen Tag lang so weiter, als sei nichts passiert, nur damit ich selbst nicht auseinander fiel."

Im privaten Rahmen übten sie so, wie ganz New York die Katastrophe anfangs verarbeiten würde. Erst Wochen später brachen die Emotionen frei, und dann kamen mir eine Zeitlang jedes Mal fast reflexartig die Tränen, wenn ich die „Portaits of Grief" las, die Kurzbiografien der Terroropfer in der *New York Times*.

„Erst abends um neun ging der letzte Patient", sagt Edwards von jenem Tag, an dem sich alles änderte. Dann legte sich eine buchstäblich totenstille Nacht über Manhattan, nur unterbrochen von den Sirenen der Feuerwehrwagen, „und ich begriff, was passiert war". Die Therapeutin brach zusammen.

Tagelang hatte Edwards Angstzustände. Denn 9/11 reichte auch tief in ihr Privatleben hinein: Ihr Bruder Ron ist ein wegen Krankheit frühpensionierter Feuerwehrmann, er hatte lange in der Wache an der Duane Street unweit des World Trade Centers gearbeitet, deren dramatisches Schicksal durch die TV-Dokumentation „9/11" der französischen Filmemacher Jules und Gedeon Naudet weltbekannt wurde. Er verlor fünf alte Freunde in dem Inferno.

„Ich war fest davon überzeugt", sagt Edwards, „dass die Terroristen zurückkommen würden und wir alle sterben würden."

Für sie würde nichts mehr sein wie früher. Schrittweise reduzierte sie ihre Praxis. Im Sommer 2004 gab sie sie ganz auf und zog mit ihrer Lebensgefährtin Dot, einer Lehrerin, auf eine Farm ins ländliche Virginia, wo sie heute Hunde züchtet.

So dachten anfangs viele New Yorker. „Rund ein Drittel aller Einwohner sahen sich von den Ereignissen des 11. September direkt betroffen", berichtete David Vlahov, der Direktor des *Cen-*

ters for Urban Epidemiological Studies an der *New York Academy of Medicine*, am ersten Jahrestag der Anschläge auf einer Konferenz in Manhattan. Mehr als eine Million Menschen litten an Symptomen des posttraumatischen Stress-Syndroms (PTSD), dem Fachbegriff für das, was Laien als Trauma bezeichnen.

PTSD ist der Dachbegriff für eine Reihe von psychologischen Störungen, die sich oft nach einem traumatischen Ereignis (Krieg, Katastrophen, Tod) einstellen: Depressionen, Schlafstörungen, Albträume, Konzentrationsstörungen, Flashbacks, Gedächtnisverlust, Suchtprobleme, Aggressivität, Angstzustände, Panikattacken.

Früher nannte man so etwas bildhaft „Soldatenherz", „Granatenschock" oder „Kriegsmüdigkeit". Das klinische Fachkürzel PTSD setzte sich in den USA nach dem Vietnamkrieg durch, floss aber erst mit 9/11 in den allgemeinen Sprachgebrauch ein.

„Die Symptome haben sich über die Zeit zwar verringert", sagte Vlahoc, dessen Center eine der ersten 9/11-Traumastudien betreute, damals über seine anfänglichen Beobachtungen in New York City. „Doch sechs bis neun Monate nach den Anschlägen gab es in New York immer noch schätzungsweise 90 000 Personen mit wahrscheinlicher PTSD."

Die Folgen des Schocks waren jedenfalls anfangs weitreichend, auch aus medizinischer Sicht. Allein das New York Methodist Hospital in Brooklyn behandelte in den zwei Monaten nach 9/11 über ein Drittel mehr Herzinfarkte und 40 Prozent mehr Herzrhythmusstörungen als sonst. Die Ärzte führten das auf den „erhöhten Stress" in der Stadt zurück. Auch die Zahl der Anrufe bei der psychiatrischen LifeNet-Notnummer verdoppelte sich von 3000 auf rund 6000 im Monat. Selbst im gesamten Folgejahr 2002 gingen dort noch 84.523 Hilfsgesuche ein.

Niemand, der unter den emotionalen Folgen von 9/11 litt, musste in New York lange allein bleiben. Am 13. September

2001 bestellte Bürgermeister Giuliani den *Council of Churches*, den New Yorker Kirchenverband, zu sich und bat die Geistlichen, allen Bürgern durch das gemeinsame Trauma zu helfen. Der *September 11th Fund*, eine Vereinigung von Wohltätigkeitsorganisationen, schickte gemeinsam mit dem Roten Kreuz insgesamt 6500 speziell trainierte Psychoanalytiker, Ärzte, Sozialarbeiter und andere Betreuer an die Trauma-Front und investierte 121 Millionen Dollar in ein kostenfreies Betreuungsprogramm (Therapie, Suchtberatung, Medikamente, Klinikaufenthalte), das letztlich fast 10 000 New Yorker in Anspruch nahmen.

Die Stadt initiierte derweil das „Project Liberty", ein 125-Millionen-Dollar-Programm zur Krisenberatung durch rund 6000 weitere Sozialarbeiter, die ebenfalls zuvor Trauma-Schulungen absolviert hatten. Ein gigantischer Werbefeldzug („Niemand ist stärker als New Yorker") auf Englisch, Spanisch, Chinesisch und Russisch begleitete diese Gratis-Seelsorge, mit allgegenwärtigen Plakaten in der U-Bahn, auf Bussen und an Telefonzellen sowie Werbespots im Fernsehen und im Radio.

Über eine Million New Yorker – darunter fast alle 11 000 überlebenden Feuerwehrleute – machten davon Gebrauch, bevor „Project Liberty" Ende 2004 auslief.

Die Zeit verging. Babys wurden geboren, Bäume blühten, neue Wolkenkratzer wuchsen langsam in den Himmel. „Man konnte richtig spüren, wie dann auf einmal alles wieder besser wurde", sagt Bonanno und wippt auf seinem Bürostuhl. „Eines Tages kamen die Flugzeuge zurück, die so lange nicht über Manhattan fliegen durften. Über dem Yankee-Stadion kreisten wieder die Zeppeline. Freude erfüllte die ganze Stadt."

Und hier wird das Ganze auch schon brenzlig. Denn alles, was mit der Psyche zu tun hat, mit Gefühlen, Gedanken und Emotionen, ist naturgemäß kaum quantifizierbar. Seit jeher bemüht sich die Psychobranche, als Wissenschaft ernst genommen zu werden – und das nicht immer erfolgreich. 9/11 und dessen Folgen stellten nun eine völlig neue Herausforderung dar.

Bonanno glaubt jedoch unbeirrbar, Gefühle empirisch erfassen zu können. Bereits ein halbes Jahr nach dem 11. September begann er, die New Yorker sowie die Einwohner der Anliegergemeinden in New Jersey und Connecticut unter die Lupe zu nehmen. 2800 Freiwillige ließen sich von ihm dazu geduldig auf ihre persönlichen 9/11-Erlebnisse sowie auf 17 einzelne PTSD-Symptome hin befragen.

Das frappierende Ergebnis: Fast zwei Drittel der Befragten schienen das Ereignis schon zu jenem Zeitpunkt weitgehend verarbeitet zu haben; sie beklagten höchstens noch ein PTSD-Merkmal und hatten alsbald wieder in ihre Alltagsroutine hineingefunden.

„Sie waren wieder normal funktionsfähig", schrieb Bonanno in einem Forschungspapier, das er beim Fachmagazin *Psychological Science* einreichte. Sie waren, was die Traumaforschung „abgehärtet" nennt. Selbst die, die den Anschlägen am nahsten waren – direkt im World Trade Center oder auf den Straßen ringsum – und die Angehörige oder Freunde verloren hatten, entpuppten sich als erstaunlich „resilient".

Oder, wie der 9/11-Bürgermeister Giuliani seinen Untertanen seinerzeit befahl: *Get* on with life!

Es war ein Phänomen, das die Wissenschaftler schon im zweiten Weltkrieg beobachtet hatten, in Hiroshima und Nagasaki, nach dem Feuersturm in Dresden oder beim Blitzkrieg auf London.

„Nach sechs Monaten war alles vorbei", sagt Bonanno. „Ich schätze, das ist unsere New Yorker Art." Er grinst. „Wir sind nun mal einzigartig."

If you can make it here ...

Mit anderen Worten: Irgendwann haben die New Yorker kollektiv beschlossen, so zu tun, als sei eigentlich gar nichts Außergewöhnliches passiert.

Das Unaussprechliche wurde ganz einfach zur Normalität umgetauft. Das Vokabular wurde zu Schablonen. Die Melancholie der Wochen nach 9/11, die sentimentalen Erinnerungen und die Trauerrituale wurden radikal reduziert – auf zeremonielle Jahrestage, auf Beerdigungen von Polizisten und Feuerwehrleute, auf die seltenen Tage, an denen die Lokalzeitungen noch mal in 9/11-Archiven stöbern.

Für wieder andere war der 11. September sogar etwas Lebensbejahendes. Sie sahen in dem Trauma die Chance zu einem neuen Anfang.

Frank Palma etwa, ein IT-Spezialist für das Internet-Venture eines prominenten Wall-Street-Investors, war vor dem 11. September so sehr vom Erfolgsdruck seines Jobs überwältigt gewesen, dass er sich dem Alkohol- und Drogenrausch ergab. Er arbeitete 16 Stunden am Tag; den Rest der Zeit kokste er sich zu. „Am Ende war ich ein physisches, psychisches und emotionales Wrack", sagt er.

Palma, ein junger Mann mit rötlichem Lockenschopf, sitzt in einem kleinen Diner in Hell's Kitchen über einem Cheeseburger; ihm fällt es heute noch schwer, darüber zu reden.

Am Tag der Anschläge begab sich Palma aus Verzweiflung auf einen neuen „Kokain-Run". Er kaufte seinem Dealer alles ab, was er bezahlen konnte. Doch die Flucht ins Nirwana schien ihm plötzlich absurder denn je.

Es waren die Wochen des Mitgefühls: New York wurde im Schock zu einer einzigen, großen Familie, Fremde umarmten sich auf der Straße, Menschen wuchsen über sich hinaus. Es waren die Wochen der Millionen Helden. „Ich fühlte mich auf einmal so klein und schäbig", sagt Palma. „Ich konnte und wollte da nicht länger außen vor sein."

Palma begab sich in den Drogenentzug. Heute ist er fast fünf

Jahre clean, hat einen weniger stressigen Job und „ist so glücklich wie nie zuvor".

Bonannos Thesen sind nicht unumstritten. Mit seinem Fazit hat er jedenfalls viele Kollegen aufgescheucht und sich scharfe Fachkritik eingehandelt, selbst an der eigenen Fakultät.

„Ich kann seinen Schlussfolgerungen nicht zustimmen", erklärte zum Beispiel Randall Marshall, der renommierte Direktor des Traumazentrums der Columbia University. Die Grenze zwischen „normaler Reaktion" und PTSD sei naturgemäß „schwammig".

Auch Thomas Frieden, der Gesundheitsbeauftragte der Stadt, beharrt bis heute darauf, dass 9/11 nicht nur kurzfristig „verheerende Folgen" für die psychologische Verfassung der New Yorker gehabt habe.

„9/11 steckt bis heute jedem unter der Haut", sagt Stephen Adler, ein renommierter Psychotherapeut im Greenwich Village. „Man muss nur kratzen, und schon wird es sichtbar." Selbstbewusstsein, Vertrauen und Würde der New Yorker seien am 11. September 2001 ein für alle Mal zerrüttet worden – egal, was die Leute sagten.

Doch Bonanno lässt die Kollegenschelte kalt. Mehr noch: Er genießt seine Rolle als schwarzes Schaf – auch wenn ihm dabei, wie er langsam fürchtet, bald der Geldhahn zugedreht werden könnte.

Solche Drohungen ist er gewöhnt. Denn schon 1991, als er an der Elite-Uni Yale seine Doktorarbeit abschloss, sagte er seiner Branche den Kampf an.

Furchtlos hat er es mit einer Berufssparte aufgenommen, die Psychotherapie zum Nationalsport erklärt hat, und das schon lange vor 2001. Die dank der Seelenpein von Abermillionen Amerikanern längst zur Multimilliarden-Dollar-Industrie gewuchert ist. Die vom gemeinschaftlichen Trauma einer Nation lebt – und von dem ewigen, lukrativen Teufelskreis aus Behandlung, Besserung und Rückfall.

Das Mantra dieses Teufelskreises: Leid muss stets nach außen gekehrt, wiedergekäut, aufgerührt, analysiert, archiviert werden. „Bloß nicht in sich zurückziehen", wie das Fachblatt *Psychology Today* in einem Ratgeber gegen Terrorangst und Anthrax-Panik warnt. Wehe dem, der schweigt und verdrängt! So einer wird von innen zerfressen. Oder bekommt zumindest Magengeschwüre.

Das war Bonanno immer schon suspekt. Er glaubte nie an die typische New Yorker Auffassung, „dass du dich ewig durch deinen Kummer durchquatschen musst", um ihn zu bewältigen – mit teurer Psychotherapie, „gesteuertem" Aufarbeiten der Vergangenheit, qualvollem Wieder-und-wieder-Durchleben alter Dramen auf der Analytikercouch.

„Meine Intuition sagte mir: Das kann nicht stimmen."

Wahre Heilung von Gemütswunden, so seine Vermutung, verspreche eher die entgegengesetzte Strategie: verschweigen, vergessen, verdrängen.

Geistige Flucht nach vorn.

Repression gegen Depression.

In Dutzenden Studien führte Bonanno den Nachweis – schon vor 9/11. So stellte er bereits 1995 bei Witwen und Witwern in San Francisco fest, dass diejenigen, die ihre Trauer quasi hinter einem Lächeln versteckten, „auf Dauer auch wirklich am wenigsten litten und sich am besten wieder an ihren Lebensrhythmus anpassten". Solche Menschen seien keine „Verdränger", sondern „relativ gut angepasste, widerstandsfähige Individuen mit angemessenen Schutzmechanismen".

Sprich: Das Geld für den Psychotherapeuten wäre zum Fenster hinausgeschmissen.

Selbst das so genannte „Debriefing" – die Langzeitbetreuung traumatisierter Feuerwehrleute – sei kontraproduktiv. Diese

Prozeduren, schreibt auch der Psychologieprofessor Timothy Wilson, „haben wenig oder keinen Effekt". Eine Harvard-Studie kam zu einem ähnlichen Ergebnis.

Etablierte Trauma-Profiteure schlugen die Hände über dem Kopf zusammen. Als Bonanno seine Thesen erstmals publik machte, schlug ihm „überraschende Feindseligkeit" entgegen. Auf Vorträgen und Kongressen wurde er von altgedienten Kollegen ausgelacht, sogar ausgebuht. Und die Lehrliteratur ignorierte seine Ketzerstudien.

Verständlich: Bonannos Erkenntnisse rüttelten am Fundament eines ganzen Berufsstandes. „Unsere gesamte Trauma-Industrie würde auf den Kopf gestellt", prophezeite die Bostoner Psychologin Lauren Slater in einem Essay für das *New York Times Magazine* über Bonannos professionellen Bauernaufstand.

Doch 9/11 hat Bonannos Analysen nun endlich bestätigt. Inzwischen nehmen ihn die meisten Kollegen zumindest ernst, und seine Essays schlagen Wellen. Insofern kann man sagen: 9/11 war für George Bonanno ein professioneller Wendepunkt.

Auch unabhängige Meinungsumfragen geben ihm mittlerweile Recht. So erklärte eine breite Mehrheit der New Yorker im Sommer 2005, in einer Umfrage unmittelbar nach den Terroranschlägen von London, sie schlössen zwar neue Attentate auch vor ihrer Haustür nicht aus, würden aber trotzdem längst wieder einem ganz normalen Leben nachgehen. Nur 17 Prozent, so ergab die Studie der Quinnipiac University, führen seltener U-Bahn als früher.

„Vielleicht sind wir blasiert", kommentierte Chefdemoskop Maurice Carroll. „Vielleicht sind wir trotzig. Vielleicht denken wir, dass uns so was nicht passieren kann. Von einem sind wir New Yorker aber auf jeden Fall überzeugt: ‚The show must go on.'"

Das ist wohl auch eine Erklärung dafür, dass die Angstkampagnen der US-Regierung in New York längst keine Wirkung mehr zeigen. Die Stadt, die – anders als der Rest der USA –

seit 9/11 unverändert unter der Terror-Codefarbe Orange lebt („hohes Anschlagrisiko"), kann über die dramatischen Alarmgesten Washingtons nur noch lächeln. So quittierten sie hier eine mal wieder auffallend unspezifische Warnung des US-Heimatschutzministeriums für die New Yorker Subway nur noch mit gelangweilter Gleichgültigkeit.

„Business as usual", schlagzeilte das Boulevardblatt *Daily News* gähnend.

Bonanno selbst hing an dem Tag drei Stunden lang in Brooklyn fest, weil der gesamte U-Bahn-Verkehr auf Befehl von oben brachlag. „No problem", sagt er lakonisch. „Wir leben doch nicht in New York, weil das Leben hier nett und einfach ist. Wir leben hier, gerade *weil* es eine Herausforderung ist."

Die Unterhaltung geht dem Ende entgegen. Bonanno ist in Gedanken längst woanders. Ich verabschiede mich leise.

Am U-Bahn-Schacht an der 116th Street weist ein Schild darauf hin, dass Terror-Alarmstufe Orange herrscht. Am Bahnsteigkiosk hängt die *New York Post* mit der Schlagzeile des Tages: „Britney Spears schwanger?"

Die Verdrängungsmaschinerie läuft auf Hochtouren.

Der Himmel verdunkelt sich. Es donnert und blitzt. Die Luft riecht nach Schnee – mehr Schnee, so wird sich herausstellen, als New York je erlebt hat.

6. Haben und Nichthaben

Der schwerste Schneesturm seit 1869 erreicht New York City, als der Winter längst vorbei zu sein scheint. Zuvor ist es ja bereits so frühlingshaft warm gewesen, dass die Leute in T-Shirts und Shorts über die Straße liefen und auf Inline-Skates am Hudson entlang sausten, und ein paar ganz Verwegene legten sich auf dem Christopher Street Pier in die Sonne, als sei es Mai. Im Washington Square Park kursierten Gerüchte über die ersten Kirschblüten, in Hell's Kitchen wagten sich sogar Krokusse ans Licht, und in den Auslagen erschien die neue Frühlingsmode.

Dann kommt der Blizzard. *The Blizzard of '06.* Das Unwettergebiet kündigt sich mit mächtigem Donner und Blitz an und wälzt sich dann von Südwesten her direkt über Midtown Manhattan, die Bronx und Queens. 24 Stunden lang schneit es ununterbrochen, dicke, schwere, nasse Flocken, die die ganze Skyline ausradieren, von Samstagabend bis Sonntagabend. 26,9 Inches – 66 Zentimeter – werden anschließend an der offiziellen New Yorker Schneemess-Station des Wetterdienstes abgelesen, einem Sperrholzbrett im Central Park Zoo, unweit des Seelöwenbeckens, in das die Zoowärter alle paar Stunden einen markierten Aluminiumstab stecken. Das ist knapp mehr als der bisherige Rekord, der berüchtigte Blizzard von 1947, bei dem 77 Menschen starben, und die größte Schneemenge überhaupt seit Beginn der meteorologischen Aufzeichnungen 137 Jahre zuvor.

Doch diese Stadt ist heute nicht mehr so leicht unterzukriegen – weder vom Terror noch vom Wetter. Beiden Arten von Angriff begegnen sie hier gleichermaßen stoisch, mit der gleichen militärischen Präzision. Und so wird der *Blizzard of '06* für den, der Drama und Tragödien erwartet, zur bitteren Enttäuschung.

Sofort setzt sich die bewährte New Yorker Blizzardbewältigungsmaschinerie in Marsch, schon allein statistisch eine eindrucksvolle Armee. Die Stadtreinigung schickt 2276 Schneepflüge und 350 Streuwagen aus, die 50 000 Tonnen Salz über die 10 180 Kilometer Straße und die 300 000 Kreuzungen der Stadt verteilen. 2500 Mann schaufeln den Rest der feuchten Massen in zwei aufeinander folgenden 12-Stunden-Schichten von den Gehwegen und Straßenrändern auf Lastwagen, die ihre Ladung schließlich in den East River kippten.

Auch Yasin Gumby schippt Überstunden, von sechs Uhr früh bis tief in die Nacht. Sein achtköpfiger Räumtrupp ist in Queens eingesetzt, im Ortsteil Corona, dessen meist von Latinos bewohnten Holzhäuschen sich zwischen dem Grand Central Parkway und dem Gowanus Expressway ducken.

Über 40 Straßenblocks am Roosevelt Boulevard schaffen sie da, von der 108th Street bis ganz zurück zur 61st Street, und am Ende sind sie schweißnass unter ihren knallblauen Uniformen, auf deren Ärmel das Sternenbanner gestickt ist. „15 Blocks habe ich ganz alleine geräumt", sagt der Schwarze stolz. Noch eindrucksvoller aber ist: Yasin Gumby ist kein städtischer Angestellter. Er ist ein Obdachloser.

Doch statt, wie voriges Jahr erst, in der Kälte zu übernachten und den Erfrierungstod zu riskieren, ist er diesmal einer derjenigen, die helfen, Schnee und Eis wegzuräumen – für neun Dollar die Stunde, plus Unterkunft und Essen.

Am Tag nach dem Blizzard hockt Gumby mit gekreuzten Beinen auf seinem Bett im Obdachlosenasyl, in Zimmer 201 eines dreistöckigen 70er-Jahre-Baus am Frederick Douglass Boulevard hoch oben im Norden Harlems. Aus dem Fenster blickt er direkt auf den Harlem River und dahinter, jenseits der Grenze zur Bronx, auf die steinerne Fassade des berühmten Yankee Stadiums.

Es hat zu schneien aufgehört. Die Wolken reißen auf und lassen die Sonne durch. Trotzdem muss Gumby heute drinnen bleiben, denn er hat sich beim Schneeschippen eine schwere Erkältung zugezogen.

„Macht nichts", sagt er. „Ich freue mich, dass ich mithelfen konnte."

Gumby, 33, ist ein fröhlicher Mann mit markanten Karamellaugen und einem blitzenden Knopfstecker im linken Ohr. Sein Haar ist in Zöpfen eng an der Kopfhaut entlang geflochten, doch weil das nicht gerade pflegeleicht ist, vor allem bei diesem Wetter, hat er eine *skull cap* darüber gezogen, eine enge Seidenkappe, die aussieht wie eine abgeschnittene Strumpfhose. Er trägt einen schwarzen Trainingsanzug, die Turnschuhe hat er ausgezogen und unters Bett geschoben, wo bereits drei weitere Paar Schuhe und Flip-Flops stehen.

Dies ist eben kein normales Obdachlosenasyl. Das merkt man auch daran, dass Gumby einen eigenen Nachttisch hat, der vor lauter Kosmetika und anderen Utensilien überquillt, als sei dies sein privates Badezimmer. Sechs Shampoo-Flaschen hat er dort ordentlich aufgereiht, daneben zwei Zahnbürsten, zwei Stück Seife in klaren Plastikschalen, Deodorant, Baby-Öl, Handcreme, Feuchtigkeitsmilch, Kontaktlinsen, Mundwasser, Desinfektionsmittel, mehrere Mini-Fläschchen After Shave und zwei Bilderrahmen mit Fotos („meine Tante und meine Nichten").

In einem städtischen Asyl wären ihm diese Habseligkeiten spätestens nach einem Tag geklaut worden.

Das Wohnheim gehört zum Doe Fund, einer privaten Wohlfahrtsstiftung mit dem erklärten Ziel, Obdachlose und Drogensüchtige von der Straße zu bekommen und sie wieder ins produktive Arbeitsleben einzusozialisieren, unter anderem eben mit Schneeschippen. 1985 von George McDonald gegründet, einem Philanthropen und ehemaligen Manager, betreut der Doe Fund inzwischen 812 Obdachlose in sechs Asylen, davon 200 überwiegend schwarze Männer im Haus am Frederick Douglass Boulevard, das früher mal eine Schule war.

Die Bewohner der Doe-Heime haben es weit besser als ihre Leidensgenossen in den heruntergekommenen, von Kriminalität, Drogen und Gewalt geplagten Asylen der Stadt. Das Heim in Harlem zum Beispiel ist blitzsauber, das Linoleum auf den Fluren spiegelglatt gewienert, in die Wände sind Aquarien eingebaut, Poster laden zu einem örtlichen Baseball-Turnier ein. „Arbeit ist sichtbar gemachte Liebe", steht auf einem Plakat.

Jedes der hellen, großen Zimmer hat acht oder neun Betten, identisch bezogen, mit frischen, schwarz-weiß karierten Laken und Tagesdecken. Zu jedem Bett gehören ein Kleiderschrank und eine Konsole mit einer modernen Ikea-Lampe. Einige haben kleine Fernseher, einer sogar eine portable Satellitenschüssel. Auf manchen Kissen liegen Plüschtiere oder exakt zusammengefaltete Jeans, auf einem eine Ausgabe des Neuen Testaments. Unter der Decke hängen große Ventilatoren. Es riecht nach Seife.

In der Cafeteria, die einst die Schulaula war, wird dreimal am Tag serviert: Frühstück von sechs bis sieben Uhr früh, Lunch von 12.30 Uhr bis 13.30 Uhr und Dinner von 17 Uhr bis 18 Uhr. Heute gab es zum Frühstück French Toast, Joghurt, Cornflakes und Fruchtsalat und zum Lunch Fleisch- oder Hühnchen-Enchilada, Spaghetti, Reis mit dicken Bohnen und Chocolate Chip Cookies. Fürs Abendessen stehen Lammgulasch, Karotten, Erbsen, Pilze und Kürbis-Käsekuchen auf der Speisekarte. Über dem Ausgabetresen hängt ein Transparent mit den Worten Martin Luther Kings: „Alle Arbeit, die die Menschheit erhebt, hat Würde und Wert und sollte mit gewissenhafter Exzellenz ausgeführt werden."

Dieser „Luxus" (Gumby) kommt nicht umsonst. Die Bedürftigen, die der Doe Fund aufnimmt, müssen sich, so es ihr Zustand erfordert, als erstes einer Drogen- und Alkoholentziehungskur unterziehen und in ihrem Wohnheim Meetings der Anonymen Alkoholiker oder der *Narcotics Anonymous* besuchen.

Zweimal die Woche müssen sie zum Nachweis unter Aufsicht Urinproben abgeben, die noch vor Ort in einer modernen Zentrifugalmaschine ausgewertet werden. Wer beim Drogentest patzt, wird vor die Tür gesetzt. Der Eingang ist wie ein Abfluggate am Flughafen abgesichert, mit einem Metalldetektor und einer industriellen Röntgenmaschine.

Zentraler Bestandteil der Rehabilitierung ist aber eben das tägliche Arbeitsprogramm, hauptsächlich Straßenreinigung und im Winter Schneebeseitigung. Der Doe-Räumtrupp ist der größte private dieser Art in den ganzen USA.

Dafür werden sie bezahlt, ein geringer Teil des Geldes wird ihnen als symbolische Miete abgezwackt, und spätestens nach einem Jahr müssen sie sich dann selbst einen Job und eine eigene Unterkunft suchen. Nach dem Motto: *Work works* – Arbeit funktioniert.

Diese knallharten Regeln sind nicht unumstritten. „Sklaverei oder Erfolg?", titelte der Obdachlosen-Newsletter *Homeless People's Network* einmal über den Doe Fund.

Yasin Gumby hat gegen die Auflagen nichts einzuwenden. Er ist seit 109 Tagen clean und seit 92 Tagen im Harlemer Heim. „Dies ist der beste Ort, an dem ich in meinem ganzen Leben gewesen bin", sagt er. „Alle sind so furchtbar nett zu mir."

Er zeigt seinen Schlüsselbund vor, an dem sechs farbige Plastikanhänger baumeln. Jeder Anhänger markiert eine bestimmte „*clean time*", sein neuester ist einer für „90 Tage drogenfrei".

Für Gumby ist dies eine bemerkenswerte Kehrtwende. Insgesamt zwölf Jahre hat er im Gefängnis verbracht, mehr als ein Drittel seines Lebens, wegen „Kidnapping, Drogen und so". Als er das letzte Mal freikam, hatte sich die Welt verändert, hatte sich New York verändert. Jobs waren für einen Ex-Häftling kaum zu kriegen, die Mieten waren astronomisch gestiegen, alles funktionierte nur noch übers Internet, „Ich fand mich nicht mehr zurecht". Er landete auf der Straße und schließlich in einem Asyl, wo ihm der Bettnachbar das Geld aus der Hosentasche klaute.

Dann fand er, über das städtische Obdachlosenamt, zum Doe Fund. „Hier reden sie mit mir wie mit einem richtigen Menschen", sagt er. „Hätte ich davon nur früher etwas geahnt."

Nicht jeder hat so viel Glück wie Gumby. Immer mehr New Yorker fallen durch das soziale Netz, verlieren ihre Jobs und ihre Wohnungen.

Von 2000 bis 2005 zählten die Asyle hier im Schnitt 33 000 Obdachlose *pro Nacht* – ein Drittel mehr als in den 80er Jahren, und die waren grausig genug. Abertausende mehr, die keiner registriert, nächtigen auf Parkbänken, in U-Bahn-Schächten, selbst in den Torbögen der Luxusläden an der Fifth Avenue und unter dem schützenden Baugerüst am Plaza Hotel. Im zweiten Jahr nach 9/11, während New Yorks herausgezögerter Rezession, stieg die Obdachlosenzahl vorübergehend sogar auf den historisch-beschämenden Rekord von 39 000.

1,6 Millionen New Yorker – das ist etwa jeder fünfte – leben heute in Armut, haben nicht genug zu essen und oft kein Dach über dem Kopf. Darunter sind eine halbe Million Kinder und 300 000 alte Menschen. „Dieses Jahrzehnt", sagt Mary Brosnahan Sullivan, die Exekutivdirektorin der New Yorker *Coalition for the Homeless*, „entpuppt sich als das schlimmste seit der großen Depression."

Dagegen schienen selbst die tristen Jahre unter dem glücklosen Bürgermeister David Dinkins fast wie eine Idylle, als New York City, im Schock von Börsencrash, Mordwellen und Gewaltorgien, weltweit zum Sinnbild für Niedergang und Armut wurde. Nach Dinkins kamen die gnadenlosen Jahre kosmetischer Säuberung, in denen Rudy Giuliani die Obdachlosen an den Stadtrand karren ließ, weit weg von den Augen der Touristen und Investoren.

Seit dem Crash von 2001 und 9/11 aber gehören sie wieder zum alltäglichen Straßenbild. Krasser könnte der Kontrast kaum sein, die Kluft zwischen Haben und Nichthaben: Auf der einen Seite die 33-Millionen-Dollar-Penthäuser im Plaza – auf der anderen eine Rekordzahl an Obdachlosen. An der Lower Fifth Avenue lockt Armani Exchange mit der bestickten Damenjeans für 130 Dollar und Coach mit der ledernen Aktentasche für 548 Dollar. Und um die Ecke in der 16th Street drängen sie sich in Trauben vor der Suppenküche der St. Francis Xavier Church.

Es sind andere Gesichter als früher: Ehepaare, Mütter mit Kindern, ganze Familien. Drei Viertel der obdachlosen New Yorker sind mittlerweile mehrköpfige Familien, die unter die Räder der unversöhnlichen US-Sozialpolitik geraten sind. „Es gibt eine neue Art von Obdachlosigkeit in unserer Stadt, eine neue Art von Hunger und eine neue Art von Not und Erniedrigung", schreibt die Autorin Anna Quindlen. „Doch sie hat es geschafft, bisher unsichtbar zu bleiben."

Auch und gerade in New York klafft die Schere zwischen Reich und Arm, zwischen den güldenen Bonus-Enklaven der Wall Street und den stinkenden Asylen auf der Lower East Side täglich weiter auseinander. Nirgendwo sonst in den USA ist der „income gap" größer als hier.

Immer mehr Mittelklasse-Familien halten den Spagat nicht mehr aus und rutschen ins Nichts ab. „Sie kommen mit der Miete in Verzug, und plötzlich stehen sie auf der Straße", sagt Brosnahan Sullivan.

Die Lage hat sich seit dem 11. September sogar noch zugespitzt. Eine Umfrage unter den Suppenküchen in der Stadt ergab, dass seit 9/11 und dem resultierenden Kollaps des Arbeitsmarktes hier mehr Menschen als zuvor um Essen betteln. 80 Prozent der Küchen vermeldeten einen erhöhten Andrang, die Hälfte bedienten mehr Familien als früher. Dies hat auch der jüngste Wall-Street-Boom nicht geändert, denn der kommt nur einer kleinen Oberschicht zu Gute.

„Die Lebenshaltungskosten steigen, und immer mehr Eltern müssen auf eine Mahlzeit verzichten, damit ihre Kinder zu essen haben, und immer mehr Senioren gehen ganz ohne Abendessen zu Bett", sagt Sally Hernandez Pinero, die Exekutivdirektorin des mobilen New Yorker Essensdienstes *City Harvest*, der jeden Tag Reste von Restaurants und Großküchen an die Armen verteilt. „Vor nicht allzu langer Zeit versorgten wir meist nur Männer und Drogenkranke. Jetzt sind es Fahrradboten, Bürokräfte, Tellerwäscher. Suppenküchen besorgen sich Kindersitze. Früher habe ich hier nie Kinder gesehen."

Eine allein erziehende New Yorkerin mit zwei Kindern braucht heute zwischen 50 000 und 78 000 Dollar im Jahr, um notdürftig über die Runden zu kommen – 27,6 Prozent mehr als noch vor zehn Jahren.

Da hilft es kaum, dass in Manhattan, dank der boomenden Tech- und Finanzbranchen, die Einkommen stetig steigen. In den anderen Stadtteilen schrumpfen sie unaufhaltsam und hinken seit 9/11 der Inflation weit hinterher.

Ein buchstäbliches Armutszeugnis für eine Stadt, die sich als Heimat des amerikanischen Traums rühmt. „Viele Jobs, die früher eine ganze Familie ernährten, reichen heute kaum aus, die Familie oberhalb der Armutsgrenze zu halten", beklagt das *Center for an Urban Future* in einer Studie. „Der amerikanische Traum besteht doch darin, dass jeder, der hart arbeitet, nach oben kommen kann. Doch für Millionen New Yorker bleibt das außer Reichweite."

Lucyna Turyk-Wawrynowicz, die Haushälterin des Filmstars Robert De Niro, war über diese Klassengesellschaft so erbost, dass sie De Niros Ehefrau ein Paar Diamantohrringe im Wert von 95 500 Dollar stahl. „Hätte sie mich mit mehr Respekt behandelt, dann hätte ich das wahrscheinlich nicht gemacht", erklärte sie vor Gericht zu ihrer Verteidigung.

Für manche endet das tödlich. Zum Beispiel im November 2003 für den älteren Herrn in Brooklyn, dessen Namen bis heute keiner weiß. Mitte 50 war er wohl, weißes Haar, verfilzter, weißer Bart, polnischer Akzent. Tagsüber sammelte er entlang der schäbigen Meeker Avenue leere Cola-Dosen, grüßte immer freundlich und, so erinnert sich ein Anwohner, „störte niemanden". Nachts schlief er, gemeinsam mit ein paar anderen Kumpels, unter einem Stapel aus Müll, Pappkartons und Sperrholz im Schatten des dröhnenden Brooklyn-Queens Expressways.

Dann, eines Nachts, kam der Müllwagen, eines dieser riesigen, lauten, orangefarbenen Monster mit einem Stahlschlund, der alles zermalmt. Ahnungslos hievten die Müllmänner den Schrottstapel am Straßenrand mit der hydraulischen Frontlader-Gabel hoch und schaufelten ihn in den Bauch des Trucks.

Erst dann merkten sie, dass sich da etwas bewegte. Zu spät: Der Mann mit dem weißen Bart, der sich zum Schlafen in eine Decke und ein paar Tüten eingewickelt hatte, war bereits halb tot, von der Müllpresse zerquetscht. Er starb eine Stunde später im Woodhull Hospital.

Private Hilfsorganisationen tun derweil ihr Bestes, das löchrige Sozialnetz der Stadt flicken zu helfen. Die *New York Times* sammelt mit ihrer Aktion *The Neediest Cases* alljährlich Spenden für die Bedürftigsten, zum Beispiel für die Venners, eine Immigrantenfamilie mit sechs Kindern, die nach Krankheit in Mietrückstand gekommen war, vor die Tür gesetzt wurde und im Shuttle Bus zum Kennedy Airport schlafen musste.

Doch auch die Wohltäter haben ihre Probleme. Als der Doe Fund ein Jahr nach 9/11 eine alte Kleiderfabrik in Brooklyn zu einem Wohnheim für 400 Obdachlose umbauen wollte, da liefen Anwohner und Kommunalpolitiker Sturm. Den einen war der Erwerb der Immobilie an der Porter Avenue von einem wegen Bestechung vorbestraften Spekulanten suspekt. Die anderen stießen sich an den 180 Millionen Dollar Zuschuss, die die

Stadt dem Doe Fund dafür gewährte, mitten in einer Finanzkrise. In Wahrheit aber ging es natürlich unterm Strich darum, bloß keine Obdachlosen in der Nachbarschaft zu haben – obwohl die Fabrik mitten in einem Industriegelände lag.

Am Ende setzte sich Doe-Gründer George McGovern durch. „Wir haben längst bewiesen, dass wir gute Nachbarn sind", argumentierte der blasse, weißhaarige Mann vor Gericht – und gewann. Heute gilt das Haus in der Porter Avenue, mit seinen Klassenzimmern, Computerlaboren und einer eigenen Mini-Klinik, als New Yorks bestes Obdachlosenheim, gefolgt von der Doe-Einrichtung in Harlem.

Schließlich kennt McGovern das System, hat er sich doch selbst eine Zeitlang in der Politik versucht, unter anderem als Mitarbeiter bei Ted Kennedys Präsidentschaftswahlkampf und als Stadtrats- und Kongresskandidat. Doch der Kampf gegen Obdachlosigkeit sollte sich als seine größte Lebensmission entpuppen.

„Die Not anderer ist deine Not", hatten ihm die Nonnen in der Klosterschule einst eingebläut. Doch erst in den 80er Jahren wurde ihm das richtig offenbar. Denn nur zwei Ecken von seiner Wohnung in der East 84th Street entfernt, in einem der vernachlässigten Blocks der Upper East Side, fanden sich damals jeden Tag Hunderte Bettler ein.

McGovern war davon so bewegt, dass er beschloss, sich persönlich zu engagieren. Er verkaufte seine Sportbekleidungsfirma und meldete sich als freiwilliger Helfer bei der Obdachlosenmission im Grand Central Terminal, wo er 700 Nächte hintereinander Sandwiches austeilte, von 1983 bis 1985.

In Grand Central lernte er unter anderem eine ältere Frau kennen, von der keiner wusste, wie sie hieß, woher sie kam und ob sie Familie hatte. Alle nannten sie einfach nur „Mama Doe". Mama Doe „wohnte" auf einer Bank im Wartesaal des Bahnhofs. Doch am ersten Weihnachtstag 1985 setzten die Cops sie auf die Straße, obwohl es schneite und stürmte. Nach ein paar Stunden ließen sie sie zwar wieder rein, doch es war zu spät. Mama Doe kauerte sich auf ihre Bank und starb noch in der Nacht an einer Lungenentzündung.

Kurz darauf gründete George McDonald seine Stiftung. Er nannte sie Mama zu Ehren Doe Fund.

Nazerine („Nazer") Griffin verdankt also letztlich Mama Doe sein Leben. Auch er hätte sein Obdachlosendasein fast nicht überlebt.

„Ich wurde angeschossen, mit dem Messer angegriffen, halb tot auf der Straße liegen gelassen", sagt er. „Ich brach mir den Kiefer und die Beine und werde für den Rest meiner Tage humpeln. Aber ich wurde mit zwei Leben gesegnet, dem alten und meinem Leben jetzt."

Griffin, ein Schwarzer mit grauem Kurzhaar, begleitet den Besucher über die gewienerten Flure des Doe-Heimes am Frederick Douglass Boulevard. Er trägt Blue Jeans und einen braunen Rollkragenpullover; sein rechter Ärmel entblößt den Unterarm, an dem er das gelbe Armband der Lance-Armstrong-Krebsstiftung trägt und eine Tätowierung hat, mit zum Gebet gefalteten Händen und den Worten: „Ciao Mama, R.I.P."

Über sein „altes Leben" spricht Griffin heute nicht mehr so gerne. „Ich war vom richtigen Weg abgekommen", sagt er dazu nur. „Ein Opfer der Umstände." Lange ist das her. Griffin war einer der ersten Bewohner der neuen Brooklyner Doe-Unterkunft und das erste Mitglied des Arbeitsprogramms *Ready, Willing & Able*, das die Organisation damals initiierte.

„Ich rauchte in der U-Bahn-Station mein letztes Crack", sagt er. Dann begann er den Drogenentzug, stieg in einen blauen Overall und begann, auf der East Side Manhattans Abfalltonnen zu leeren, Zebrastreifen und Bushaltestellen zu kehren, Hydranten von Müll freizuräumen und die Bäume am Straßenrand zu wässern. Das Geld, das er dabei verdiente, sparte er für eine eigene Wohnung. „Ich erinnere mich heute noch daran, wie ich meinen ersten eigenen Wohnungsschlüssel bekam. Einen eigenen Schlüssel! Ich hatte seit Jahren keinen eigenen Schlüssel mehr besessen."

Langsam gewann er sein Leben zurück. „Jahrelang war ich unsichtbar, und auf einmal wurde ich wieder sichtbar."

Er beschloss, anderen Obdachlosen zu helfen, das Gleiche zu erreichen. Heute ist Griffin der Direktor des Doe-Programms in Harlem, „mitten in der Höhle des Löwen", wie er sagt. „Ich verdiene zwar keine Millionen. Aber ich komme aus und bin glücklich." Er zeigt um sich. „Dies ist mein Leben. Dafür lebe ich."

„Reformierte" Männer wie Griffin fungieren im Doe-Programm als positive Rollenbilder für Neulinge wie Yasin Gumby. „Mr. Griffin ist mein Held", sagt der über seinen „Chef".

Ein weiteres halbes Jahr, so schätzt Gumby, werde es wohl noch dauern, bis er auf eigenen Beinen stehen könne. Und danach? Da hofft er, einen Job zu haben, eine Wohnung oder zumindest ein Zimmer und genug Geld, um sein eigenes Geschäft aufmachen zu können.

„Ich will einen Comic-Buchladen eröffnen", sagt Gumby. „Das ist mein Traum. Ich habe über 1000 Comicbücher, sie sind bei meiner Tante im Keller. Einen eigenen Laden zu haben, das wäre wunderbar."

Seine hellen Augen blitzen, als habe er daran keinen Zweifel.

Ob er keine Angst habe, rückfällig zu werden? Da schaut er einen nur ruhig an, lächelt und sagt: „Gott hat andere Pläne mit mir."

Er ist, wie sich bald herausstellen wird, nicht der einzige, der diese Überzeugung teilt.

7. August und ihre Jünger

Die Sprechgesänge hallen bis hinaus auf die West 29th Street. Sie brechen sich an den staubigen Fassaden der Industrieloftbauten, umspülen die blauen Plastiksäcke mit Recycling-Müll am Straßenrand und verlieren sich schließlich im Verkehr der Seventh Avenue.

„God is my source, God is my power, God gives me everything I need!" – „Gott ist meine Quelle, Gott ist meine Kraft, Gott gibt mir alles, was ich brauche!"

Rhythmisches Klatschen punktiert den Singsang, begleitet von den Klängen einer kleinen Synthesizer-Band. Das Mantra, das von irgendwoher durch die Mauern dringt, wiederholt sich ein Dutzend Mal, bevor es in jubelndem Beifall endet und langsam erstirbt.

Sonntagsfrüh im Garment District auf der West Side zwischen Chelsea und Midtown, wo traditionell die Modefirmen, Textilfabriken, Großschneidereien und Fashion-Showrooms New Yorks angesiedelt sind. Die Seitenstraßen liegen noch in kühlem Schatten, die Morgensonne blinzelt über die scharfen Scherenschnitte der Dächer im Osten. Das Viertel – wochentags ein lautes, verstopftes, überlaufenes Chaos aus hupenden Lieferwagen und fahrbaren Kleiderständern – döst verlassen in stillem Halbschlaf. Der Wind wirbelt raschelnde Papierfetzen übers Pflaster.

Nur in einem fensterlosen, hell erleuchteten Auditorium zwischen der Seventh und der Eighth Avenue drängen sich ein paar Hundert ausgesprochen wache, aufgekratzte Menschen. Ihr Anliegen hat allerdings mit Volants, Säumen und Dekolletés wenig zu tun.

Ihr Anliegen ist, so besagt das kleine Faltblatt, das sie einem an der Tür in die Hand drücken, „eine neue Vision für das Leben".

Ein paar Stufen führen zunächst in ein kleines Foyer. Dort sind Tische aufgebaut, auf denen alle mögliche Sachliteratur zum Verkauf steht, die der reguläre Buchhandel hier sonst in den etwas diffusen Regalkategorien *Self Help* oder *New Age* ablegt: Krisenberatung (*When Things Fall Apart*), fernöstliche Weisheit (*Tao te Ching*), alternative Religion (*The Gospel of Mary Magdalene*), Lebenshilfe (*How to Get Out of Debt And Stay Out of Debt*).

Im Hauptsaal sind Aluminium-Klappstühle aufgereiht, die fast bis auf den letzten Platz besetzt sind. Das Publikum ist entschieden eklektisch: eine sorglose Mischung aus jung und alt, konservativ und progressiv, schwarz und weiß, schwul und hetero. Ältere Damen mit Wollhüten. Eine Familie samt quietschendem Baby. Ein Muskelmann mit Irokesenschnitt.

Vorne auf der Bühne steht Reverend August Gold. Der Name täuscht: „Reverend August", wie ihre Fans sie kurz nennen, ist eine Frau. Sie ist nicht besonders groß, hat eine brünette Kurzhaarfrisur und trägt einen schwarzen Hosenanzug. Ihr dezent geschminktes Gesicht strahlt Wärme und Zuversicht aus, aber auch eine gewissen Schelmenhaftigkeit, das Versprechen eines baldigen Zwinkerns. Keine Minute vergeht, ohne dass sie laut lacht oder zumindest lächelt.

„Befehlige dein eigenes Leben!", ruft sie in den Saal. „Sei der Meister deines Lebens, nicht bloß ein Opfer der Umstände!" Ein paar der Anwesenden springen begeistert auf die Füße.

August Gold, 50, ist die Mitbegründerin und „spirituelle Direktorin" des *Sacred Center New York*, einer rapide expandierenden, überkonfessionellen Glaubensgemeinschaft, die zur Zeit noch, mangels eigener Räumlichkeiten, für ihren Sonntagsgottesdienst den Versammlungssaal einer New-Age-Gruppe im Garment Disctrict untermietet. Gold, eine in ihrer Lebensfreude ansteckende Persönlichkeit, lehrte früher an der *Unity Church*, die wiederum Teil der rund 150 Jahre alten Neugeist-Bewegung ist, einer philosophisch angehauchten und gerade wieder sehr populären Glaubensbewegung.

Vor fünf Jahren hatte Gold, so beschreibt sie es jedenfalls, eine Art göttliche Eingebung mit dem Auftrag, ihre eigene „Kirche" zu gründen – oder vielmehr ein Bündnis Gleichgesinnter, die eine Alternative suchten zu den verkalkten, etablierten Religionsinstitutionen. Und so folgten ihr damals, an einem strahlenden Sonntagmorgen, eine Handvoll Inspirierte zum ersten *service* der neuen Gebetsgruppe, der provisorisch in einem Yoga-Zentrum in SoHo stattfand.

Das Datum jenes ersten Sonntags: 9. September 2001.

Das mit der göttlichen Eingebung klingt im Nachhinein also gar nicht mehr so abstrus. Zwei Tage später brach die Welt zusammen, und die New Yorker begannen nach Antworten zu suchen auf den Sinn des Lebens. Seither ist das *Sacred Center* von gut einem Dutzend wackerer Jünger auf mehr als 1800 Anhänger explodiert und musste aus Platznot bereits dreimal wieder umziehen, und auch die jetzige Zwischenunterkunft im Garment District wird bald zu klein sein.

Der Gottesdienst dort beginnt mit einem poppigen Eröffnungssong, zu dem das Publikum klatschend hin- und herwippt – ein geistlicher Gassenhauer, mit dem sie sich hier jedes Mal als erstes in Stimmung singen.

„Ich befreie mich und lasse los. /
Ich lasse den Geist mein Leben steuern. /
Und mein Herz ist weit offen. /
Ja, ich bin nur für Gott hier."

Danach gibt es erst mal eine Reihe von Hausmitteilungen, die eine zierliche Mitarbeiterin namens Reverend Betsy vom Blatt liest: Am Montag beginnt das nächste Prosperitätsseminar, ab Februar bietet Reverend Gold einen Crash-Kurs in „Vollkommenheitslehre" an, das Sekretariat sucht ehrenamtliche Helfer, bitte vorne im Foyer melden.

Darauf folgen etwas transzendentales Chanting, eine Meditation und eine Zeit der Stille, in die nur das Baby hineinkräht.

Nach einer flotten Darbietung des fünfköpfigen Chors tritt Gold auf die Bühne. An ihrem linken Ohr klemmt ein fast unsichtbarer Mikrofonbügel, der mit einem dünnen Kabel zum Verstärker an ihrem Hosenbund führt. Ihre braunen Augen funkeln ansteckend.

Kirchliche Predigten wirken in der Regel herablassend und belehrend, zumindest aber besserwisserisch, selbst wenn sie sich mit Demut tarnen. Golds *message* dagegen ist ein höchst unterhaltsames, erbauendes Motivationsseminar, ein Parforceritt durch die seelischen und spirituellen Härten des Lebens in New York City – eine süffige Melange aus selbstironischen Alltagsanekdoten, buddhistischen Weisheiten, taoistischen Sprüchen, biblischen Lehren, esoterischer Pop-Psychologie und ergötzlichen Kalauern, alles in perfekter Dialektik zu einer übergreifenden, glasklaren Heilsbotschaft verstrickt.

Alles ist gut.

Gold redet, ruft, lacht, wispert, gestikuliert, tigert auf und ab, stemmt die Hände in die Hüften, schließt die Augen, reißt sie wieder auf, wirft den Kopf zurück, atmet schwer, summt laut, pausiert, sucht den Augenkontakt. Eine One-Woman-Show, die ebenso in die Tiefe geht wie in die Breite: Sie zitiert das Neue Testament, Jesus Christus und das Gleichnis von der verlorenen Münze, sie zitiert den *Tao te Ching* (ihre Lieblingslehre, eine antik-chinesische Schrift, die fast so oft übersetzt wurde wie die Bibel), eine sozialwissenschaftliche Studie der Harvard University sowie einen namenlosen Bekannten, „der 50 Jahre seines Lebens ein Prediger war und jetzt Seemann ist".

Sie erzählt die Geschichte von der erfolgreichen, gestressten Managerin, eine ihrer beliebten Standardstorys. Die Frau, Vizepräsidentin eines großen Konzerns, „konnte nicht die Straße entlanglaufen, an keiner Sitzung teilnehmen, ihre Leben nicht leben", ohne Angst vor einem Panikanfall haben zu müssen. Doch erst als sie sich „nach innen wandte", habe sie die Ursache ihrer ewigen Furcht erkannt – ein Vorfall aus ihrer Kindheit, der ihr das Gefühl gegeben hatte, das Leben sei „nicht und niemals sicher".

Sie erzählt von typischen New Yorker Ängsten, alten (wildgewordene Taxifahrer) und neuen (Terroranschläge in der U-Bahn). Vom Alltag hier, der unfair sein kann, gefährlich und gnadenlos materialistisch. Von den Methoden „der anderen", die, um damit fertigzuwerden, „einfach eine Pille nehmen". Und von der Alternative: „Das Leben ist nicht *gegen* mich, es ist *für* mich. Egal, was geschieht. In jedem Ereignis liegt ein positiver Nutzen verborgen, selbst in Schrecken und Grauen, Krankheit und Leid."

Eine Binsenweisheit in den Ohren gottloser Zyniker. Golds Zuhörer aber hängen ihr an den Lippen. „You go girl!", ruft ihr eine Schwarze zu.

Im Sommer 2001 wusste August Gold nicht, was sie anfangen sollte mit ihrem Leben. 1981 war sie zur Priesterin geweiht worden, danach hatte sie jahrelang an der *Unity Church* unter anderem die Vollkommenheitslehre (*Science of Mind*) des *New-Thought*-Gurus Ernest Holmes unterrichtet, die christliche Motive mit östlichem Karmaglauben und metaphysischen Ansätzen verknüpft. Schließlich hatte sie die *Unity Church* – eine Gemeinschaft von weltweit rund zwei Millionen Mitgliedern – verlassen; ihr Seminar, das jeden Sonntag stattfand, war zu beliebt und zu groß geworden und den Kirchenoberen ein Dorn im Auge.

Ende Juli 2001 saß Gold, auf einer buddhistischen Klausur unterwegs, in tiefer Meditation, als sie plötzlich, „wie ein Blitz", ein bizarrer, doch zweifelsfreier Gedanke durchfuhr.

„Du musst deine eigene Kirche namens *Sacred Center* eröffnen, und zwar am 9. September 2001."

Dieses Datum.

„Es war eindeutig und unmissverständlich. Ich weiß noch, wie ich mich fragte, warum der 9. September 2001? Warum ausgerechnet?"

Gold sitzt in einem beigefarbenen Polstersessel im Unterrichtssaal des *Sacred Centers*, einem großen, lichtdurchfluteten Loft im 7. Stock eines Bürohauses unweit der Versammlungsaula. Anders als auf der Bühne ist ihre Stimme im privaten Gespräch warm, sanft, doch nicht minder eindringlich.

Der Unterrichtssaal ist weitgehend leer, abgesehen von einer Sitzecke, ein paar Klappstühlen und einer Staffelei mit einer Schautafel. Keine Räucherkerzen, keine Glockenspiele, keinerlei New-Age-Brimborium. Unter den riesigen, alten Fenstern öffnet sich die Dachlandschaft des Garment Districts: Feuertreppen, Schornsteine, Wassertürme.

„Als ich meine Erleuchtung hatte", erinnert sich Gold, „da blieben uns nur noch sechs Wochen bis zum 9. September 2001. Wir haben geschuftet wie die Wilden, um das hinzukriegen." Man fand eine Lokalität, ein Yoga-Studio am Lower Broadway in SoHo, „alles kam irgendwie zusammen", und pünktlich zum bestimmten Datum eröffnete das Sacred Center seine Pforten. Knapp ein Dutzend Leute kamen, darunter ein paar Touristen, die von dem Pappschild auf dem Broadway angelockt worden waren.

„Ein Gedanke ging mir nicht aus dem Kopf", sagt Gold. „9/9 – warum bloß die Eile?"

Dann, zwei Tage später, kam der schwarze Dienstag.

9/11.

„Und auf einmal wurde mir alles klar. Wir mussten da sein, damit die Leute einen Ort hatten, um die innere Lehre zu erfahren, die innere Bedeutung der Ereignisse."

Gold selbst war an jenem Dienstag in East Hampton auf

Long Island, etwa zwei Autostunden östlich von New York, wo sie ein Haus hat. Sie hätte eigentlich in der City sein sollen, doch ihre Pläne hatten sich im letzten Moment geändert.

Der erste Anruf, den sie nach den Anschlägen bekam, war von ihrem jüngeren Bruder Mark. Beide sorgten sich um den älteren Bruder Ed, der ein ziviler Optiker im Pentagon war, bis sie erfuhren, dass er bei dem Anschlag aufs US-Verteidigungsministerium unversehrt geblieben war. Sie machten etwas durch, was alle New Yorker an jenem Tag erlebten: Jeder kannte jemanden, der von den Anschlägen betroffen war.

Und der erste Gedanke, den Gold hatte, war: „Ich wollte wissen, was Gott dazu zu sagen hatte." Sie griff ihr Gebetsbuch, eine kleine, abgewetzte Kladde, in der sie 100 Gebete „von allen Religionen und Philosophien" gesammelt hat, und fragte nach Beistand.

Sie schlug ein Gebet der indischen Jain-Tradition auf.

„Ich vergebe allen Lebewesen /
Lasse alle Lebewesen mir vergeben. /
Jeder in der Welt /
Ist mein Freund. /
Ich habe keine Feinde."

Am darauf folgenden Sonntag, dem Sonntag nach den Anschlägen, waren alle 125 Stühle des *Sacred Centers* besetzt. Dahinter standen die Leute in Dreierreihen bis an die Wand und quollen sogar bis in den mit Blumen, Schilfgras und Bambus dekorierten Vorraum des Yoga-Centers, in dem leise eine Espressomaschine zischte. Durch die Fenster schien die Septembersonne, gemildert durch einen sanften Wind, der die Vorhänge wehen ließ. August Gold stand nicht auf einer Bühne, sondern wanderte im Publikum auf und ab.

Es war, als entluden sich an diesem ersten Sonntag nach 9/11 all die aufgestauten, tagelang in der Trümmersuche verdrängten Gefühle der Stadt: Schmerz, Trauer, Wut, Verzweiflung, Angst, Rufe nach Rache. Auch alle anderen Gotteshäuser Manhattans waren rappelvoll. In der katholischen *St. Francis Xavier Church* an der 16th Street, die zahlreiche Feuerwehrleute verloren hatte, spielte die Orgel *God Bless America*, in der episkopalischen Grace Church im West Village begann die Pastorin ihre Predigt mit dem Ausruf: „Wo war Gott am Dienstag?"

Im *Sacred Center* jedoch bekamen die Leute eine andere Botschaft zu hören – die Botschaft von Vergebung und Verständnis. „Unser erster Gedanke darf nicht Vergeltung sein", sagte Gold. „In Gottes Welt gibt es keine Feinde. Gott war im World Trade Center. Gott war in den Flugzeugen. Gott war in euch, in uns allen, in jedem."

Eine Frau im Publikum stand auf. Sie war aus San Francisco zu Besuch und außer sich. Sie müsse morgen zurückfliegen, sagte sie, und sie frage sich: „Soll ich mich fürchten?" Gold steuerte sie behutsam auf die Antwort zu: „Entweder, ich komme morgen gut zu Hause an und bin in Sicherheit. Oder ich komme nicht an – und bin dann aber auch in Sicherheit."

Mit der bewussten Verleugnung der Politik der Angst, des Mantras „wir gegen die anderen", das in jenen Tagen von Washington aus das Land erfüllte, mit ihrem Ghandi-ähnlichen Aufruf zu Sanftmut statt Hass steuerte Golds neue Gemeinde gegen den Strom – und traf offenbar einen Nerv. Ein Sechs-Stunden-Workshop zum Thema „Radikale Vergebung" musste wiederholt werden, so groß war der Andrang. *Sacred Center* wuchs und wuchs, es zog von SoHo in einen kalten, angemieteten Büroraum in Chelsea, von Chelsea auf die Upper East Side, ins etwas düstere Auditorium einer Blindengemeinschaft, und schließlich von der Upper East Side in den Garment Disctrict. Inzwischen gehören ihm außer Gold zehn weitere Priester an, prominente Gastredner kommen zu Besuch, es gibt einen zusätzlichen Mittwochsgottesdienst, Gebetsgruppen und regelmäßige Seminare.

Und Gold selbst hat zwei Kinderbücher geschrieben (*Wo wohnt Gott?* heißt eines) und gerade eine Art spirituellen Historienroman fertiggestellt, durch den, so hofft sie, „die Popularität des *Sacred Centers* exponentiell wachsen" wird.

Haben die Terroranschläge in New York tatsächlich zu einer spirituellen Renaissance geführt?

Glaube, Spiritualität und Religiosität sind immer subjektive, statistisch schwer messbare Größen. Meinungsumfragen zum Kirchgang und zur Kirchenzugehörigkeit sind notorisch unzuverlässig, gerade bei traditionellen Glaubensrichtungen, da die Befragten ihre Frömmigkeit gerne aus schlechtem Gewissen übertreiben.

In den Tagen und Wochen nach 9/11 vermeldete das größte US-Umfrageinstitut Gallup jedenfalls eine generelle „Zunahme von Religiosität" bei den Amerikanern: Drei Viertel der Befragten gaben an, sie beteten jetzt häufiger und inbrünstiger als vorher. Vor allem in New York stieg die Zahl der Kirchgänger damals offenbar dramatisch an, wenn genaue Zahlen auch schwankten, je nachdem, welchen Pastor, Pfarrer oder Rabbi man gerade fragte.

Eine gemeinsame sozialwissenschaftliche Studie der University of Washington und der University of Michigan kam zu einem ähnlichen Ergebnis. „Nach den Terroranschlägen von 9/11 fühlten die Amerikaner ein starkes Verlangen nach spiritueller Unterstützung und einer positiven Lebenseinstellung, um mit den Ereignissen fertigzuwerden", hieß es darin. Fast zwei Drittel der Befragten griffen demnach zum Gebet als Instant-Therapie. „Sie fanden eine starke, neue Identität als Amerikaner auf spiritueller Ebene", erklärte die Soziologin Amy Ai, eine Co-Autorin der Untersuchung.

So erfreute sich plötzlich auch die *World Changers Church* des schwarzen Wanderpredigers Reverend Creflo Dollar vor allem in New York ungeahnten Zulaufs. Die Jünger spenden zehn Prozent ihres Einkommens an Dollars Kirche; der Kirchenchef selbst lebt derweil auf einem Anwesen in Atlanta und in einem 2,5-Millionen-Dollar-Penthouse in Manhattan.

Das Phänomen ist nicht neu: „Die wahrgenommene Bedeutung von Religion scheint nach Krisen in die Höhe zu schnellen", berichtet George Gallup, der Sohn des gleichnamigen, legendären Demoskopen. Die historischen Beispiele, die er dazu anführt, sind aber auffälligerweise allesamt Kriegssituationen: Japans Attacke auf Pearl Harbor 1941, der erste Golfkrieg 1991.

Bis heute ist die St. Paul's Chapel gegenüber von Ground Zero, deren fast 250-jähriger Friedhof am 11. September 2001 von Trümmern verschüttet wurde, ein Wallfahrtsort. Hier schliefen die Räumarbeiter und Helfer zwischen ihren Zwölf-Stunden-Schichten auf den harten Bänken, versanken im Gebet, bekamen kostenlose Massagen oder konnten spontanen Musikdarbietungen lauschen. Seither ist die Kirche ein Museum für spirituelle Aufopferung, mit einer herzergreifenden Dauerausstellung von 9/11-Mementos (Decken, Quilts, Ausrüstung, Bauhelme), die den Touristen oft Tränen in die Augen treibt.

„Manche Leute haben darüber absolut ihren Glauben verloren", erinnert sich Reverend Dan Matthews, der Rektor von St. Paul's, an jene Zeit unmittelbar nach 9/11. „Andere haben ihren Glauben durch die Erfahrung der Selbstaufgabe neu entdeckt."

„Solche Wahrnehmungen", warnt Gallup dagegen, „sind oft nur kurzlebig." In der Tat: Schon im Dezember 2001 registrierte Gallup in den USA eine Rückkehr der Zahl der aktiven Glaubensbekundung zu früheren Werten. „Es scheint wenig Indizien für ein religiöses Revival zu geben", schrieb das Institut Anfang 2002.

Etwas diffuser ist die Situation im nicht-organisierten Glauben – spirituelle Bewegungen, Alternativreligionen, esoterische Lehren, New-Age-Gruppen. Die *New York Times,* die sich gerne als Stil- und Geschmacksbarometer der Stadt sieht, hat in Manhattan einen alternativen „Heilungsboom nach 9/11" beobachtet. Kabbala- und Meditationszentren, Reiki-„Meister" und buddhistische Laienseminare verzeichneten eine Welle des Interesses. Aktienbroker und Taxifahrer, Sekretärinnen und Ärzte begaben sich gleichermaßen auf die ganzheitliche Reise. Und wer wirklich etwas auf sich hielt, der trug plötzlich den roten Kabbala-Faden am Handgelenk.

„Seit dem 11. September scheinen sich die Prioritäten verändert zu haben", behauptet Mark Becker, der Produzent der *NewLife Expo*, einer New-Age-Messe, die nach seinen Angaben jedes Jahr immer größer wird. „Jeder wendet sich seitdem mehr nach innen und sucht nach Frieden und nach neuen Möglichkeiten."

John Griffith hatte schon im Frühsommer 2001 mit dem Gedanken gespielt, sein Leben um eine spirituelle Ebene zu bereichern. Der 46-jährige VIP-Friseur aus Manhattan, bekannt als „John Gerard", wollte sich, den luftleeren Stress seines Jobs leid, bei der *One Spirit Learning Alliance* anmelden, einem modernen, glaubensübergreifenden Priesterseminar in Midtown. Das unterrichtet seine Mitglieder in mehreren verschiedenen, westlichen wie fernöstlichen Religionen gleichzeitig, als „neue Vision für das interspirituelle Zeitalter".

Doch *One Spirit* war für das Herbsemester 2001 bereits voll, und Griffith legte seine Pläne wieder auf Eis.

Dann kam 9/11.

Griffith bemühte sich an jenem Morgen sofort, seine Mutter auf Long Island anzurufen. Doch im Kommunikationschaos gerieten die Telefonleitungen überkreuz, und plötzlich hatte er eine unbekannte Frau am anderen Ende seines Handys. Es entspann sich eine Unterhaltung zwischen zwei Fremden, an die sich Griffith heute noch erinnert, Wort für Wort.

„Wer ist denn da?"

„Ich heiße Rose, und du?"
„John. Wo bist du denn?"
„Im Village, und du?"
„In Chelsea."
„Siehst du, was passiert?"
„Ja, ich stehe auf der Straße, und du?"
„Ich stehe auf meinem Dach. Oh Gott."
„Bis du okay?"
„Ja, mir geht's okay, und dir?"
„Auch. Ich versuche meine Mutter zu erreichen."
„Viel Glück, und pass auf dich auf."
„Ja, du auch."

Ein kurzes Gespräch zwischen zwei Menschen, die nichts verband außer einer zufälligen Funkleitung und dem gemeinsamen Schock über die Ereignisse. Tausendfach ereigneten sie sich, überall in der City, als nähmen sich alle einander fest in den Arm.

Und doch war es für Griffith ein sehr privates, tiefes Erlebnis: „Dieser Moment veränderte mein Leben. Ich fühlte eine Wärme für die Menschen, die ich vorher so nicht gekannt hatte. Und ich merkte, dass ich auf meine Fragen neue Antworten brauchte."

Noch wochenlang heulte er „vier-, fünfmal am Tag". Im Januar 2002 machte er einen erneuten Anlauf und schrieb sich bei *One Spirit* ein.

„9/11 hatte meine Zweifel daran, was mein Weg sein würde, endgültig beseitigt. Es änderte völlig, wie ich das Leben sehe."

Griffith, ein kräftiger, sommersprossiger Kerl, sitzt auf seiner Wohnzimmercouch in Chelsea. Er lebt in einem kleinen, sonnigen Zweizimmer-Apartment an der West 15th Street; in den Regalen stehen gerahmte Familienfotos, spirituelle Bücher und CDs von Donna Summer, die er früher für ihre Auftritte frisierte. Die winzige Küche hat, wie die meisten Altbauwohnungen in

Manhattan, nicht mal eine Spülmaschine. Im Schlafzimmer steht ein voller Wäschesack, bereit zum Abtransport in den Waschsalon.

Heute noch kann Griffith die Tränen kaum zurückhalten, wenn er von damals redet. Seine Augen schimmern, die Worte bleiben ihm im Hals stecken. Er nimmt verlegen einen tiefen Schluck Diet Coke.

Als Priester zu enden war das Allerletzte, was Griffith auf seinem Lebensweg erwartet hatte. Geboren und aufgewachsen in der Bronx, hatte er sich nach einem traumatischen, persönlichen Erlebnis völlig von der katholischen Kirche abgewandt. Stattdessen zog er mit seiner kleinen Gang um die Häuser. Als Teenager war er Stammgast im *Studio 54*, im *Xenon*, im *Paradise Garage*, schlug sich mit *Studio*-Besitzer Steve Rubbell, Calvin Klein „und wer sonst noch gerade da war" die Nächte um die Ohren.

Jahrelang versank er, wie es damals in New York angesagt war, in Räuschen verschiedenster Provenienz, berappelte sich schließlich und machte sich einen Namen als Hairstylist.

„An 9/11 wurde New York auf bemerkenswerte Weise erwachsen", sagt Griffith.

Das merkte er selbst spätestens, als die Stadt zwei Jahre nach den Anschlägen in einem Blackout versank – und das übliche Chaos ausblieb. „Alle waren so ruhig und gelassen, alle halfen einander. Ein Gefühl der Geborgenheit hüllte New York ein."

In jenem Sommer 2003 wurde John Gerard Griffith mit Hunderten anderen bei einer feierlichen Messe in der mächtigen Kathedrale *St. John the Divine* auf der Upper West Side zum Priester geweiht. Die atemberaubende Kirche – der episkopalische Bischofssitz New Yorks und seit 114 Jahren im Bau, doch erst zu zwei Dritteln fertig – war bis auf den letzten Platz gefüllt; sie mussten sogar zusätzliche Stühle heranschaffen. Es war ein flirrend heißer Tag. Durch die Glasfenster fielen farbige

Strahlen ins dunkle, kühle Kirchenschiff und auf die Prozession der Jungpriester aller Konfessionen, die von der Seite hereinkamen. Griffith lud alle seine Freunde ein, selbst ein paar alte Kumpel vom *Studio 54* kamen, und anschließend gingen sie alle zum Brunch.

Griffith schneidet weiter Haare, irgendwo muss die Miete ja herkommen. Seinen Prominenten-Kundinnen gönnt er dabei die eine oder andere Mini-Predigt, und ihr Beichtvater ist er sowieso immer schon gewesen. Sie nennen ihn den „predigenden Hairstylisten". Doch nebenher engagiert er sich auch immer mehr im *Sacred Center*, wo er manchmal den Mittwochsgottesdienst leitet und eine Studiengruppe und ein spirituelles Seminar für gesundende Alkoholiker betreut.

„Ich will alle Glaubensrichtungen verstehen", sagt er. „Auch die derjenigen, die für 9/11 verantwortlich sind. Im Prinzip laufen doch alle auf die gleiche Wahrheit hinaus, oder? Nur werden sie oft im Namen der Religion für radikale Zwecke verdreht. Wer ist mein Freund? Wer ist mein Feind? Heute weiß ich: Niemand ist mein Feind."

„Ich habe die Menschen noch nie so hungrig nach geistiger Lehre erlebt wie jetzt", hat August Gold in ihrer eigenen Gemeinde festgestellt. „Die Qualität meiner Schüler, ihr Appetit auf Wissen, die bohrenden Fragen, die sie stellen – als hinge ihr Leben davon ab. So etwas sah man früher nur, wenn Leute einen Herzinfarkt gehabt hatten an oder Krebs erkrankt waren. Heute kommen junge Leute zu mir und wollen, dass ich ihnen das Beten beibringe."

Ist das nicht paradox, ausgerechnet in New York City, dieser ach so gottlosen Stadt der Sünde?

Gold lacht laut. „Die meisten Menschen, die nach New York kommen, kommen hierher, weil sie nach etwas suchen, das ihr Leben transformiert. Sie suchen nach etwas, das ihr wahres Ich herauskitzelt, auch wenn sie das gerne mit materiellem Streben tarnen. Sie wollen aufgerüttelt werden, wollen Faulheit, Kleinigkeit und Verlorenheit abschütteln. Jeder, der nach New York kommt, ist auf einer inneren Reise. Für ein Ereignis wie 9/11 war New York geradezu prädestiniert."

Eine Dreiviertelstunde lang spricht August Gold vor ihrer Gemeinde. Dann schließlich findet sie zum Ende ihrer *message* – mit einem ziemlich unheiligen Witz:

„Was wäre, wenn die Wissenschaftler auf einmal herausfänden, dass Spiritualität nichts als Quatsch ist? Dass da gar nichts dahinter steckt?" Sie lacht aus vollem Hals, und alle lachen nervös mit. „Na, dann müssen wir wohl nach Hause gehen und uns mit Drogen zudröhnen!"

Das Publikum detoniert, wie jeden Sonntag, in einer stehenden Ovation.

Danach gehen die Kollektenkörbe herum, den Programmblättern liegen vorgedruckte Spendenumschläge bei („Visa, Mastercard, Amex, Discover, zu 100 Prozent absetzbar").

Ein paar Lieder, ein paar Gebete, dann ist der Gottesdienst zu Ende, und die Leute strömen lachend und schnatternd nach draußen.

Im Foyer des *Sacred Center* gibt es Golds aufputschende Rede bereits zu kaufen, entweder als schnellproduzierte Kassette (sechs Dollar) oder als digitale CD (zehn Dollar), im Dreierpack billiger. Die Schlange reicht bis fast auf die Straße hinaus.

Für einige jedoch kommt die Botschaft der Hoffnung zu spät.

8. Die vergessenen Opfer

Stockend kommt die kleine Prozession auf der Hügelkuppe zum Stehen. Fünf blitzende Harley-Davidson des Police Departments eskortieren den Zug vorweg. Dahinter folgen der Leichenwagen, ein Truck, dessen Ladefläche mit Kränzen und Gestecken gefüllt ist, die Limousine der Familie und einige Dutzend Privatautos. Mehrere Streifenwagen beschließen die triste Parade, mit still blinkendem Blaulicht.

Das eisgraue Friedhofsfeld des *Holy Cross Cemetery* zieht sich zu allen Seiten hin, ein Meer aus Marmorsteinen und Mausoleen, fast bis zum Horizont reicht es. Auf vielen Gräbern stehen frische Blumen in Plastikvasen, an anderen stecken winzige Sternenbanner. Hinter kahlen Baumgerippen steigen die Silhouetten Manhattans aus dem blassen Frühnebel: zur Linken das Empire State Building und die Türme Midtowns, zur Rechten der Financial District und die Lücke von Ground Zero.

Ein Frachtjet dröhnt über die dürren Wipfel, im Landeanflug auf den Newark Airport. Krähen flattern schimpfend hoch.

Die Trauergäste steigen aus ihren Wagen und gehen vorsichtig über den feuchten Boden.

James Zadroga starb jung. Er wurde 34 Jahre alt. Sein Tod wurde in New York City und auch in den Vororten wie hier im tristen North Arlington nur beiläufig registriert, für einen kurzen Moment, wie Wellenringe, die ein Kiesel in einem Weiher schlägt, bevor sich das Wasser dann schnell wieder glättet. Einen Tag lang geisterte sein Name durch die Nachrichten, wie ein Phantom aus einer vergessenen Zeit, über die man heute nicht mehr gerne nachdenkt. Die Lokalpresse widmete ihm kurze Einspalter. Bürgermeister Bloomberg und Polizeichef Kelly, sonst auf jedem NYPD-Begräbnis zugegen, hatten Wichtigeres zu tun. Dann war die Pietätminute auch schon vorüber, und das Interesse versiegte.

Zadroga, der ein Drittel seines kurzen Lebens bei der NYPD verbrachte, ist das bisher letzte Opfer der Terroranschläge vom 11. September. Er trug winzige Reste von Ground Zero in sich bis hierher herüber, auf die andere Seite des Hudson Rivers, und starb einen langen, qualvollen Tod – 1575 Tage später.

Sechs Sargträger, frühere Polizeikameraden des Verstorbenen, heben den Mahagonisarg aus dem Leichenwagen und legen ihn auf ein Aluminiumgerüst über dem offenen Grab. Zadrogas Mutter Linda, eine große, grauhaarige Frau in einem langen, schwarzen Mantel, sitzt leise schluchzend auf einem Stuhl am Grab. Neben ihr sitzt Zadrogas Vater Joe, der pensionierte Polizeichef von North Arlington. Statt Schwarz trägt er, wie zum Trotz, einen beigen Trenchcoat über einem hellen Anzug.

Auf Joes Schoß hockt Zadrogas vierjährige Tochter Tylerann. Sie ist jetzt eine Vollwaise und wird von den Großeltern betreut; Zadrogas Ehefrau Ronda starb Ende 2004 im Alter von 29 Jahren an Krebs.

Auf der anderen Seite des Grabs hat sich eine Ehrenabordnung der Polizei aufgebaut. Sie stehen in drei Reihen und tragen Ausgehuniformen, Mützen mit blank polierten Schirmen und Waffen im Holster. Jeder hält eine einzelne, rote Rose in der Hand.

Der Pfarrer beginnt das Vaterunser. Die Cops senken den Kopf.

James Zadroga – zuletzt ein Kriminalbeamter in der *Manhattan South Homicide Task* Force, einer ruhmreichen Eliteeinheit zur Mordaufklärung – war am 11. September 2001 gerade auf dem Heimweg von der Nachtschicht, als das erste Flugzeug ins World Trade Center jagte. Zadroga, den alle nur Jim nannten, machte sofort kehrt zum schlug sich zurück bis nach Ground Zero durch.

Dort half Zadroga, Überlebende aus dem Chaos zu retten und auch den brennenden Wolkenkratzer 7 World Trade Center zu evakuieren, den zerstörten Zwillingstürmen gegenüber. Aber auch 7 WTC war verloren, am späten Nachmittag stürzte es als letztes Gebäude an Ground Zero ein. Zadroga konnte sich mit einem Sprint gerade noch in Sicherheit bringen.

„Er sprang dem Tod von der Schippe", erinnert sich sein Kollege Mike Palladino, der Präsident der Polizeigewerkschaft *Detectives' Endowment Association*, deren aktives Mitglied Zadroga war.

Zadroga war ein fülliger, bärtiger Kerl, der eine schwere, goldene Halskette trug, die oft unter seinem Polizeihemd hervorschaute, und der ein ansteckendes Lachen hatte. Trotz seines jungen Alters war er bereits ein NYPD-Veteran, mit einem ganzen Jahrzehnt Dienst auf dem Buckel. Er war Straßenstreife in Greenwich Village gefahren, hatte in der Bronx Kriminelle gejagt und in Harlem mit dem *25th Detective Squad* Drogendealern aufgelauert.

Jeden Tag fuhr Zadroga von North Arlington durch den Lincoln Tunnel zu seiner Wache in Manhattan, und jeden Abend fuhr er durch den Tunnel wieder zurück.

Im Juni 1994 druckte die *New York Times* eine lange Reportage über die Arbeit der Straßenpolizisten und ihren Kampf gegen randalierende Teenager. Eine Szene beschrieb, wie zwei Beamte im Village auf offener Straße einem betrunkenen 15-Jährigen nachsetzten, ihn in Handschellen legten und in ihrem Patrouillenwagen nach Hause zurückbrachten.

Einer der beiden Beamte war Jim Zadroga, damals gerade 23 Jahre alt.

Am 11. September 2001 blieb Zadroga auch nach dem Einsturz von 7 WTC noch lange am Ort des Grauens. Er räumte Tonnen von Schutt beiseite. Er grub mit bloßen Händen Kollegen, Freunde und Fremde aus. Allein im ersten Monat nach den

Anschlägen verbrachte er fast 500 Stunden in der Trümmerwüste von Ground Zero, manchmal bis zu 16 Stunden am Tag und nur von kurzen Schlafpausen unterbrochen. „Er stellte seine Gesundheit und sein Leben hintan, um andere zu retten", sagt Palladino.

Dann kehrte Zadroga unauffällig in seinen normalen Dienst zurück, als wäre nichts gewesen.

Doch nach wenigen Monaten begann er über kurzen Atem zu klagen. Er bekam nur noch schwer Luft. Er musste dauernd husten und hatte starke Halsschmerzen.

Ärztliche Ultraschalluntersuchungen ergaben eine drastische Diagnose: Staublunge. In Zadrogas Lungen hatten sich unter anderem Fiberglas und Knochensplitter festgesetzt – ganz offenbar Reste des Leichen-, Gift- und Trümmerregens von Ground Zero, den er wochenlang eingeatmet hatte.

Medikamente halfen nicht. Der Stadt ringsum begann es langsam besser zu gehen, Zadroga ging es immer schlechter.

Dann fand der Doktor auch noch Spuren des hochgiftigen Schwermetalls Quecksilber in seinem Gehirn, ebenfalls eine Spätfolge von 9/11.

Zadroga versank in Depressionen. Vom NYPD fühlte er sich allein gelassen. „Welchen Dank bekomme ich nun, da ich krank bin?", schrieb er ein Jahr nach 9/11 in einem bitteren Brief. „Keiner auf der Arbeit kümmert sich um mich. Sie sagen, dir geht's doch gut, geh doch zur Arbeit. In Wahrheit habe ich mich in meinem Leben noch nie so schlecht gefühlt."

Schließlich musste er sich im Juni 2004 aus Gesundheitsgründen frühpensionieren lassen. Das NYPD verabschiedete ihn als hochdekorierten Beamten – in 13 Dienstjahren hatte Zadroga insgesamt 38 Orden für „ausgezeichnetes Verhalten" und „verdienstvolle Pflichterfüllung" bekommen – und bewilligte ihm eine steuerfreie Invalidenrente, die knapp zwei Drittel seines letzten Gehalts ausmachte.

Für seine Krankenkosten wollte das NYPD jedoch nicht länger aufkommen. „Das Department hat ihm jede mögliche medizinische Option gewährt", wiegelte die Behörde eiskalt ab. Das NYPD weigerte sich auch, einen offiziellen Zusammenhang zwischen Zadrogas selbstlosem Einsatz an Ground Zero und seiner Lungenerkrankung herzustellen.

„Sie haben ihn nicht gut behandelt", beklagte sich sein Vater bei einem Lokalreporter. „Sie haben ihn hängen lassen."

Kurz nach seiner Pensionierung verlor Zadroga dann seine Ehefrau. Er selbst wurde so krank, dass er zu seinen Eltern ziehen musste. Seine Tochter Tylerann wich nicht mehr von seinem Bett und spielte Krankenschwester. Sie fühlte seine Stirn auf Fieber und half ihm mit der Sauerstoffflasche.

„Daddy's little nurse", schrieb die Zeitung *Daily News*.

Zadroga stirbt nur wenige Tage, nachdem Bürgermeister Bloomberg bei seiner zweiten Amtsvereidigung vor der City Hall ein neues, sorgenfreies Zeitalter ausrief und das Ende der 9/11-Depression beschwor. Der NYPD-Veteran hinterlässt seiner Familie unbezahlte Medikamenten- und Krankenhausrechnungen in Höhe von mindestens 50 000 Dollar.

Eine Autopsie wird angeordnet. Bis zu deren Ergebnis, erklärt das NYPD, werde man sich weder zur Todesursache äußern noch finanzielle Verantwortung dafür übernehmen.

North Arlington ist ein deprimierender Ort. Nur Minuten vom abgasverpesteten Ausgang des Lincoln Tunnels entfernt, liegt die Arbeitervorstadt von 15 000 Einwohnern in den Marschen zwischen dem maroden Footballstadion der *New York Giants* und den Werften von Bayonne. Industriebrachen, verrottende Gleisanlagen, schummrige Kneipen, in denen der Alltag gnädig im Suff versinkt, dazu die höchste Bevölkerungsdichte der USA – und das höchste Krebsrisiko.

Die Skyline Manhattans, jenseits des Hudsons aus ewigem

Dunst ragend, wirkt wie ein zusätzlicher, hämischer Fingerzeig auf die Tristesse derer, die hier leben, weil es drüben zu teuer ist, und die jeden Tag durch den Tunnel zur Arbeit pendeln müssen. Für die meisten eingefleischten Manhattaner wiederum sind Vorstädte wie North Arlington *terra incognita*. Hier braucht man ja ein Auto!

Zwei 9/11-Todesopfer, die in den Trümmern des World Trade Centers starben, hatte diese Ortschaft bisher zu beklagen gehabt: Adel Agayby Zakhary, 50, ein Rechnungsprüfer beim Investmenthaus Carr, der 17 Jahre zuvor aus Angst vor Terrorismus aus Ägypten geflohen war, und der polnische Immigrant Joseph Pskadlo, 48, ein Schreiner, der hier für seine Frau Rosemary eigenhändig ein Haus gebaut hatte.

Jim Zadroga dürfte nicht der Letzte sein, der sich dieser Liste nun anschließt.

Mindestens eine Million Tonnen Trümmerstaub, Asche und Chemikalien setzte der Einsturz des World Trade Centers frei. Einen Tag nach 9/11 drehte der Wind, und die Giftwolke wälzte sich wie ein stiller Blizzard nordwärts, über den gesamten Südteil Manhattans. Auf Abertausenden Häusern hinterließ sie einen feinen Film. Selbst in Chelsea verschwanden Fensterbänke und Blumenkästen noch unter einem grauen Schnee.

Wochenlang roch und schmeckte die Luft anders.

Später identifizierten Wissenschaftler und Umweltforscher die Zusammensetzung dieses grauen Schnees. Er bestand (unter anderem) aus Asbest, Aluminium, Barium, Blei, Chrom, Magnesium, Mangan, Titan, Quecksilber, Freon, Kerosin, Isolierwolle, Zement, Glas, Glasfasern, Holz, Plastik, PCB, Dioxin, Papier und aus etwas, was sie respektvoll „organische Komponenten" nannten.

Leichenteile.

Trotzdem versicherte das US-Umweltamt EPA in Washington den New Yorkern schon wenige Tage nach den Anschlägen, es sei „unwahrscheinlich", dass die Giftwolke „signifikante Gesundheitsfolgen" habe. Der Aufenthalt im Freien – auch im Financial District und an Ground Zero – sei „gefahrlos".

„Die New Yorker brauchen sich nicht zu sorgen", erklärte die damalige EPA-Chefin Christie Whitman am 21. September 2001. Ein Gericht würde später befinden, sie habe die Öffentlichkeit damit „irregeführt".

Es war zu jener Zeit, dass Jim Zadroga zu husten begann.

Warnungen unabhängiger Experten verhallten ungehört. Die meisten Anwohner dachten, während die Trümmer des World Trade Centers noch qualmten, nicht weiter über die Luftqualität nach. New York City hatte andere Dinge im Kopf. Die Vermissten. Die Trauer. Die ersten Gedenkfeiern.

Insgesamt 50 000 freiwillige Helfer rackerten an Ground Zero. Die Downtown wurde oberflächlich gefegt, geputzt und gesaugt, die Leute kehrten in ihre Wohnungen und Büros zurück, das Leben ging weiter.

Erst zwei Jahre später, im September 2003, legte das städtische Gesundheitsamt ein *Health Registry* an – ein Krankheitskataster, in dem sich alle eintragen konnten, die über Gesundheitsbeschwerden klagten und diese auf die 9/11-Staubwalze zurückführten: Atembeschwerden, Hustenanfälle, Augenbrennen.

Bis 2005 schrieben sich dort 71 437 New Yorker ein. Der US-Rechnungshof kritisierte inzwischen jedoch, dass das Programm „wenig" gebracht habe.

Erste Bürgerinitiativen begannen sich zu gründen. Im Mai 2004 verklagten zwölf Anwohner die EPA wegen unterlassener Hilfeleistung und fahrlässiger Körperverletzung. (Der Fall ist bis heute am Bundesgericht für Manhattan anhängig.) „Der Staub von den Anschlägen auf das World Trade Center", warnte die Biologin Stacey Lloyd, „könnte bei Tausenden Menschen dauerhafte oder tödliche Lungenschäden verursacht haben."

Fachleute glauben inzwischen, das mikroskopisch feine Reste des 9/11-Staubs auch heute noch überall im New Yorker Stadtbild nisten, nicht nur im Umfeld von Ground Zero, sondern überall – in Fassadenritzen, im Asphalt, in Ventilatoren, in Klimaanlagen, hinter Wohnungstapeten, in der Erde.

Manche Krankheitsfolgen der 9/11-Giftwolke, so fürchtet das New Yorker Gesundheitsamt mittlerweile, „dürften erst nach 15 Jahren auftreten".

Seit 9/11 mussten sich Dutzende Cops, Feuerwehrleute, Rettungsarbeiter und Räumungshelfer aus gesundheitlichen Gründen frühpensionieren lassen. Jim Zadroga war jedoch der erste, der starb. Er trug den schleichenden Tod in seinen Lungen von Ground Zero bis hinüber nach North Arlington.

„Leider glaube ich", sagt Polizeigewerkschafter Palladino, „dass er nicht der letzte sein wird."

Jim Zadrogas Totenmesse findet in der *Queen of Peace Church* statt, einem Sandsteinbau mit weißem Neuengland-Türmchen. Der katholische Pastor der Kirche, William Fadrowski, hatte noch im letzten Pfarrbrief alle Gemeindemitglieder aufgefordert, für Zadrogas baldige Genesung zu beten.

Das Sternenbanner vor der Kirche weht auf Halbmast. Entlang der abgesperrten Straße hat sich schon in der frühen Morgensonne eine Hundertschaft verschiedenster Polizeieinheiten aus New York und New Jersey zur uniformierten Ehrengarde postiert: Streifenbeamte, Sheriffs, Highway-Patrol-Cops, Park Ranger. Auch Zivilbeamte sind darunter, mit getönten Sonnenbrillen. Die Dudelsack- und Schlagzeugkompanie der *Police Pipes and Drums Bergen County* ist angetreten, sie haben Schottenröcke und grün-rote Wollstrümpfe an und weiße Gamaschen über ihren Stiefeln.

Die kühle Luft kondensiert den Atem zu weißen Wölkchen. Nur das Rauschen von Walkie-Talkies stört die Stille. Dann beginnt eine Glocke zu läuten.

Die Leichenprozession nähert sich, angeführt von einem Bataillon Motorräder, deren Fahrer schwarze Lederjacken und kniehohe Lederstiefel tragen. Zadrogas Sarg ist in die weiß-grüne Flagge des NYPD gehüllt; langsam balancieren ihn die Cops auf den Schultern durchs Ehrenspalier und die Stufen hinauf ins Kirchenschiff, gefolgt von der Trauergemeinde, die langsam aus ihren Autos quillt. Linda Zadroga stützt sich auf die Seite ihres Mannes.

Drinnen ist die Kirche schlicht, fast schmucklos. Keine Blumen, keine Kränze, nur ein goldenes Kreuz vor einem goldenen Vorhang. Drei Kristallleuchter erhellen den Raum. Auf dem Balkon steht ein Chor und singt. „Pax vobis", steht über dem Haupteingang gemalt. Die Trauernden defilieren schweigend in die Bänke, sie füllen etwa ein Viertel der Sitze.

Pfarrer Fadrowski versucht die Hinterbliebenen mit passenden Bibelzitaten über den unzeitigen Tod hinwegzutrösten. Wie immer in solchen Fällen.

„Der Gerechte aber, kommt auch sein Ende früh, geht in Gottes Reich ein."

„Die Hoffnung aber lässt nicht zugrunde gehen."

„Christus ist schon zu der Zeit, da wir noch schwach und gottlos waren, für uns gestorben."

Anschließend spricht er ein paar persönliche Worte, redet davon, wie 9/11 die Menschen hier auch heute noch berühre, wie nicht nur die Toten Helden seien, sondern auch die Hinterbliebenen – und Menschen wie Jim Zadroga, die „das äußerste Opfer" gebracht hätten, „um zu schützen und zu dienen".

Dann schaut der Pfarrer traurig auf Linda Zadroga und seufzt. „Ich weiß", sagt er, „Worte sind unzulänglich."

Die Dudelsackspieler marschieren ein und spielen ein ohrenbetäubendes „Amazing Grace", das durch das Kirchengewölbe hallt und einem Schauer über den Rücken jagt. Die verstimmte Orgel beschließt die Messe mit „God Bless America", während der Sarg wieder nach draußen getragen wird.

Über die Ridge Street schleppt sich die Prozession zum Friedhof. Vorbei an Danielle's *Hair Design Studio*, am örtlichen *Dunkin Donuts*, vor dem die Angestellten neugierig glotzen, an dem *North Arlington Pub* und den Schülern der *North Arlington High School* in ihren weiß-blauen Uniformjacken, die sich salutierend auf dem Gehweg aufgereiht haben. Die Feuerwehr hat zwei Leitern über der Straße gekreuzt und daran ein riesiges Sternenbanner aufgehängt.

Das Grab auf der Hügelkuppe ist noch namenlos und ohne Grabstein. Nachdem alle Anwesenden ihre Rosen auf den Sarg geworfen haben, lädt der Pfarrer zum Leichenschmaus ins italienische Restaurant *Roma*.

Speis und Trank helfen bekanntlich über manchen Schmerz hinweg. Das kann einem, am anderen Ufer des Hudson Rivers, zum Beispiel auch Fekkak Mamdouh bestätigen.

9. Multikulti zum Essen

Die Eröffnung eines neuen Restaurants in Manhattan vollzieht sich genauso wie die Premiere eines neuen Broadway-Musicals. Erst gibt es endlose, nervenaufreibende und meist unbefriedigende Proben, dann eine Generalprobe, einen Testlauf für arglose Gäste, eine offizielle Vorpremiere für Kritiker und Presse – und danach erst die *Opening Night*.

So was zehrt an der besten Kondition. Fekkak Mamdouh, eigentlich ein ziemlich kräftiger Kerl, lehnt erschöpft am Bartresen. Seine schwarze Hose ist mit Soßenflecken verschmiert, sein Haar ungekämmt. Trotz seiner olivbraunen Haut sieht man die Ringe unter seinen Augen, seine Wangen sind eingefallen, sein Blick ist müde. Seit Wochen hat er nicht mehr ordentlich geschlafen. Und das Schlimmste kommt ja erst noch.

Heute Abend.

Opening Night.

Nur Stunden vor dem festlichen Debüt des Restaurants *Colors*, dessen Teilhaber und Co-Manager Mamdouh ist, ist natürlich nichts fertig. In der kleinen Küche und im Treppenhaus zum Weinkeller hängen überall Warnschilder: „Frisch gestrichen." Hobelspäne übersäen den Parkettboden, Kreissägen kreischen, Hammerschläge pochen durch den langgestreckten Speisesaal, an dessen weiß gedeckten Tischen heute Abend schon bis zu 120 Gäste Platz haben sollen.

Der Hauptraum ist im Art-déco-Stil dekoriert: Wände aus dunklem Holz und Jerusalemmarmor, Bänke mit Mohair-Polstern, Original-Lampen von der New Yorker Weltausstellung 1939. Eine Skulptur aus Glas, Spiegeln und Metall nimmt die gesamte rechte Wand ein – eine Weltkarte nach der Peters-Projektion, die jeden Erdteil in seiner tatsächlichen Größe abbildet und nicht nach dem westlichen Zerrbild. Teile der Dekoration wackeln noch.

Doch diese Restaurantpremiere ist sowieso anders als jede andere. Sie ist, im wahrsten Sinne des Wortes, durch Blut, Schweiß und Tränen zustande gekommen.

Colors ist aus der Asche von 9/11 entstanden.

Ein Koch hetzt vorbei, auf der Hand einen Servierteller mit einer der zehn Vorspeisen, die die Speisekarte zu bieten hat: philippinische Hummerröllchen mit Minzkartoffeln und Tamarinde-Basilikum-Sauce.

Mamdouh hält den Koch an, bietet ein Röllchen an, probiert selbst eines, runzelt die Stirn, schluckt und leckt sich dann erleichtert die Finger.

„Perfect."

Aber das Essen ist ja nur einer der Gründe, weshalb die Leute ab diesem Abend ins *Colors* kommen sollen – und weshalb die Belegschaft so viele schlaflose Nächte gehabt hat. Für alle Beteiligten ist die Einweihung dieses Lokals in NoHo, dem stillen In-Viertel zwischen Greenwich Village und East Village, ein hochdramatischer, emotionaler Moment – Neubeginn ebenso wie Schlusspunkt eines langen Traumas.

Colors gehört überlebenden Angestellten von *Windows of the World*, dem untergegangenen Nobelrestaurant auf der Spitze des World Trade Centers.

73 der 423 *Windows*-Mitarbeiter – die gesamte Frühschicht jenes Morgens – kamen am 11. September 2001 um. Die meisten waren arme Immigranten aus Lateinamerika und Südostasien. Viele der Überlebenden haben sich seither wieder in alle Welt zerstreut. Eine Gruppe jedoch ist in New York geblieben – und in ständigem Kontakt miteinander als eine verschworene 9/11-Brüderschaft.

Und jetzt, nach mehr als vier Jahren, nach vielen Fehlstarts und vergeblichen Anläufen, ist ihnen endlich gelungen, was der gebürtige Marokkaner Mamdouh die „Erfüllung eines Traumes" nennt: Sie haben, im Andenken an die toten Freunde und Kollegen, gemeinsam ihr erstes, eigenes Restaurant aufgemacht – mit eigenem Kapital, eigener Arbeitskraft und eigener kulinarischer Kreativität.

Mehr noch: Sie alle sind hier nicht nur angestellt. Jeder ist auch ein Teilhaber von *Colors* – selbst der ärmste Tellerwäscher. Für New York City, wo Gastronomiearbeiter sonst auf der Wohlstandsleiter ganz unten darben, ist das eine doppelte Sensation.

Besser lässt sich die neue, optimistische Vision New Yorks wohl kaum realisieren: 60 Einwanderer aus 22 Ländern, vereint in einem sozial-bewussten Projekt, das Hoffnungslosigkeit in neue Hoffnung verwandelt.

„Aus all dem Leid ist etwas Wundervolles entstanden", sagt Mamdouh. „Aus Tod wird Leben."

Patricio Valencio, einer der Barkeeper, gesellt sich dazu. Auch ihm sieht man die Anspannung an, trotzdem strahlt er übers ganze Gesicht. „Alles hat am Ende seinen Sinn, selbst die schlimmste Tragödie", sagt der hochgewachsene Ecuadorianer. „Ich weine manchmal immer noch. Aber das hier" – er blickt stolz um sich – „macht es leichter. Viel leichter."

Fekkak Mamdouh lebt noch, weil es sein Dienstplan so wollte. Am 11. September sollte seine Schicht als Kellner im *Windows of the World* erst um 14 Uhr beginnen. „Ich lag noch im Bett, als mich meine Schwester aus Italien anrief", sagt er. „Sie schrie, ich sollte den Fernseher anmachen. Ich sah, wie das Gebäude, in dem ich arbeitete, in Flammen stand."

Mamdouh war 1988 aus Marokko nach New York gekommen. 27 Jahre alt war er da. Obwohl er aus Casablanca einen Universitätsabschluss in Physik mitgebracht hatte, blieb ihm als Neueinwanderer wenig anderes übrig, als in Restaurants zu jobben – erst als Hilfskraft bei einem Franzosen im East Village, später als Kellner im *Madison Square Garden* und im *Hudson River Club* und schließlich seit 1996 im *Windows of the World*.

Die fast 5000 Quadratmeter große Lokalität war damals nicht nur das höchstgelegene, sondern mit zuletzt 37,5 Millionen Dollar Umsatz im Jahr auch das rentabelste Restaurant der USA. Das Interieur war modern, doch edel, mit unvergleichlichem Ausblick alle Himmelsrichtungen. Die Speisekarte bot feinste *American fare* wie glasierte Ente oder Taube in Salzkruste, an der Bar gab es 16 Sorten Cognac und 27 Sorten Whiskey. Einen besseren Platz zum Essen und zum Feiern war in ganz Manhattan nicht zu finden.

Doch Mamdouh hatte im *Windows* immer schon Angst. „Ich habe damals oft gescherzt, dass die uns Gefahrenzulage zahlen sollten, wegen der Höhe", sagt er. „Doch sie sagten uns, die Towers seien absolut sicher. Selbst wenn ein Flugzeug sie treffe."

Das wurde tatsächlich offen diskutiert? Schon vor 9/11?

„Aber ja, klar, darüber haben wir uns alle Gedanken gemacht. Wir konnten von da oben doch zwei Flughäfen sehen und wie die Flugzeuge starteten und landeten. Viele von uns haben sich gefürchtet."

Nachdem das Unfassbare geschehen war, hoffte Mamdouh noch eine Zeit lang, dass *Windows* mit der verbliebenen Belegschaft andernorts wiedereröffnet würde. Das zumindest versprach Besitzer David Emil ihnen kurz nach den Anschlägen auf einer emotionalen Betriebsversammlung. Doch dann löste er den Laden unvermittelt auf. Alle Überlebenden verloren ihre Jobs, auch Mamdouh. Für viele war das die zweite Katastrophe: Sie hatten Verwandte in ihren Heimatländern, die auf die monatlichen Geldüberweisungen aus New York angewiesen waren.

Neue Stellen zu finden war nach 9/11 schier unmöglich. New Yorks Gastronomie- und Tourismusbranche war zusammengebrochen; allein bis Ende 2001 verloren in der Stadt 13 000 Restaurant-Angestellte ihren Arbeitsplatz.

Am meisten litten darunter die Immigranten, ungelernt und kaum des Englischen mächtig. An ihnen verlor man schnell das Interesse. Ein paar Rührbeiträge im Fernsehen, ein paar sentimentale *Portraits of Grief* in der *New York Times*, dann wurde es wieder still um sie. Zumal viele von ihnen ja aus dem Nahen Osten stammten, und wer hier in jenen Tagen auch nur ein bisschen nach al-Qaida aussah, der hatte wenig zu lachen.

Es war eine harte Zeit für Mamdouh und seine Freunde. Barkeeper Patricio Valencio, der eine Frau und drei Kinder zu versorgen hatte, fand in den Wochen nach 9/11 nur an zwei Tagen Gelegenheitsarbeit. An dem einen Tag verdiente er 35, an dem anderen 30 Dollar.

„In diesem Land werden wir nicht gut behandelt", erkannte Mamdouh. „Wir sind nur Arbeitsmaschinen." Er schaut sein Gegenüber direkt an. „Blaue Augen", sagt er, als wolle er einem sein Los erklären. „Blaue Augen brauchen keine Teller zu spülen. Du hast das Privileg des Weißen."

Alles, was Mamdouh nach 9/11 blieb, waren Arbeitslosigkeit, Depression, Resignation.

David Emil, der Ex-Chef von *Windows*, richtete zwar einen wohltätigen Spendenfonds ein, der zweistellige Millionensummen an die Hinterbliebenen seiner verstorbenen Mitarbeiter ausschüttete. Die Überlebenden aber gingen leer aus.

Als Emil dann im Sommer 2002 unter großem Medienrummel selbst einen neuen Betrieb eröffnete – *Noche*, ein lateinamerikanisches Mega-Restaurant samt Nachtclub am Times Square – stellte er anfangs nur 16 Leute seines früheren Teams ein, und das auch nur widerwillig, denn eigentlich, so sagte er, wollte er die Vergangenheit hinter sich lassen. Erst auf Protest der Gastronomiegewerkschaft verdoppelte er diese Zahl später. Doch auch *Noche* hielt sich nicht lange.

Bittere Ironie: 9/11 öffnete ihnen die Augen über die Stadt ihrer Träume. Der Schock über den Terror wich der deprimierenden Einsicht, dass selbst New York City im Stande war, seine Schwächsten allein zu lassen – obwohl die Freiheitsstatue auf ihrer Kupferblechtafel doch verspricht, den Müden, Armen und „geknechteten Massen" ein neues Leben zu bieten.

Die Stunden vergehen, und immer noch kriechen überall Bauarbeiter in Overalls herum. Essensgeruch kriecht durch die Räumlichkeiten und vermischt sich mit dem Gestank des Dieselmotors einer Kreissäge. Zur *Opening Night* gibt es draußen nicht mal ein ordentliches Namensschild. Stattdessen haben sie einfach Papierzettel an die Türen geklebt.

„Es macht mir Angst, dass nichts fertig ist", schaudert Chefkoch Mohan, der in der weiß gekachelten Küche rotiert. „Alles auf die letzte Minute." Er verzieht gequält das Gesicht.

„Ach, es kann einfach nicht schief gehen", winkt Fekkak Mamdouh ab. „Wie nach 9/11. Das haben wir überstanden, weil wir aneinander geglaubt haben."

In der Tat weigerten sich Mamdouh und eine Handvoll seiner alten *Windows*-Kollegen damals, aufzugeben und wieder fortzuziehen. Stattdessen griffen sie zur Selbsthilfe.

Gemeinsam mit der jungen Arbeiteranwältin Saru Jayaraman, einer kleinen, quirligen, lauten Aktivistin, gründeten sie die Initiative *Restaurant Opportunities Cooperative* (ROC), um für bessere Arbeitsbedingungen in New Yorks Gastronomiebranche zu kämpfen. So standen sie – während sie sich selbst mit Hungerjobs durchschlugen – entrechteten Kollegen bei, trommelten die Medien wach, organisierten Proteste gegen ein halbes Dutzend Restaurants. Etwa die Nobeletablissements *Cité* und *Park Avenue Café*, die sie dazu brachten, zwei Dutzend Mitarbeitern schuldige Überstunden im Wert von insgesamt 164 000 Dollar nachzuzahlen. Einem anderen Restaurant zwangen sie 19 500 Dollar ab, weil es drei Mexikanern die Anstellung als Kellner verweigert hatte: Sie seien „zu fett, zu hässlich und zu dunkel".

Und so verstrich die Zeit. New Yorks Restaurantbranche berappelte sich langsam wieder. Es war eine zwiespältige Wiedergeburt. „Die Industrie holte all ihr verlorenes Geld wieder auf", sagt Saru Jayaraman erbittert, „aber den Arbeitern ging es immer schlechter – schlechter sogar als vor 9/11."

Eine Studie von ROC und der *New York City Restaurant Industry Coalition* bestätigte 2005: Die kulinarische Glamourbranche macht ihr Geld auf dem Rücken der Armen. 73 Prozent der 165 000 Restaurantmitarbeiter in der Stadt hatten keine Krankenversicherung, 84 Prozent wurden im Krankheitsfall nicht bezahlt, 59 Prozent bekamen kein Überstundenentgelt, 33 Prozent beklagten Diskriminierung wegen Hautfarbe und Rasse, 36 Prozent waren illegale Einwanderer, ohne Papiere und Rechte, was den Arbeitgebern nur passte. Die meisten verdienten weniger als 20 000 Dollar im Jahr. 44 Prozent fristeten ihr Leben unterhalb der Armutsgrenze – auch viele aus der *Windows*-Crew.

Sie trafen sich jeden Montag im dritten Stock eines alten Bürohauses an der Hudson Street, nur wenige Blocks von Ground Zero entfernt, unter Postern von Mahatma Gandhi und Che Guevara. „Wir hielten zusammen und kämpften um jeden Zoll", erinnert sich Mamdouh. Sie schwelgten in den alten Zeiten, schimpften über die neuen und nährten ihren größten Traum – ein eigenes Restaurant aufzumachen.

Doch der Weg dorthin war voller Schlaglöcher. Niemand wollte einer Gruppe mittelloser Einwanderer Kredit geben. Die Banken machten einen großen Bogen um sie, Privatleute ebenso. Die *Lower Manhattan Development Corporation* (LMDC), die nach 9/11 zum Wiederaufbau von Ground Zero und zur wirtschaftlichen Renaissance Downtowns gegründete staatliche Entwicklungsgesellschaft, verweigerte ihnen jegliche Fördergelder. Zwei potentielle Standorte zerschlugen sich im letzten Moment, weil die Vermieter kalte Füße bekamen.

Dank ROC, das inzwischen zu einer einflussreichen Aktivistengruppe gewachsen war, brachten sie es aber schließlich doch noch zu Stande. Im Januar 2005 unterschrieben sie einen 15-jährigen Pachtvertrag für ein ganzes Gebäude in der Lafayette Street, in direkter Nachbarschaft des populären Public Theaters. Der charaktervolle Industriebau aus dem 19. Jahrhundert mit seiner gusseisernen Fassade schien ihnen ideal für ein Restaurant.

Mit Hilfe einer italienischen Lebensmittel-Kooperative und einer Reihe kleiner Geldgeber – darunter katholische Wohlfahrtsverbände und eine Gruppe Dominikaner-Nonnen – brachten sie das Startkapital auf: 2,2 Millionen Dollar.

Doch nach all ihren bitteren Erfahrungen wollten sie nicht in die gleiche Falle tappen wie andere Restaurantbesitzer. Ihr Geschäft sollte garantiert fair und gerecht sein, sozialverträglich und immigrantenfreundlich.

Also ersannen sie eine für New York wirklich unerhörte Unternehmensstruktur. Die beteiligt alle, von der Putzfrau über den Busboy bis hin zum Chefkoch und Manager, gleichermaßen zu insgesamt 20 Prozent an dem Projekt. Gegenleistung: 100 „Schweißstunden" pro Kopf, also Arbeitseinsatz beim Aufbau des Restaurants. Dazu war jeder gerne bereit: „Ich arbeite ja für mich selbst", strahlt Mamdouh.

Außerdem wurde ein Mindestlohn für alle ausgemacht: 13,50 Dollar – doppelt so viel wie der Branchendurchschnitt. Und fürs körperliche Wohlbefinden engagierten sie sogar einen Ergonomen vom *Mount Sinai Medical Center*, der Design und Auslegung der Küche und des Speisesaals entwarf, damit sich Kellner und Köche nicht kaputt schinden.

Weil sie aber natürlich auch knallharte Gastronomieprofis brauchten, heuerten sie einen erfahrenen Restaurantmanager an, den Schwarzen Stefan Mailvaganam aus Kanada, der früher einen Nobel-Inder im Flatiron District unter sich hatte. Als Chefkoch stieß der Guyaner Raymond Mohan hinzu, vormals, ausgerechnet, im *Park Avenue Café*. Die meisten anderen sind jedoch *Windows*-Veteranen, darunter Sous-Chef Jean Pierre, der denselben Posten schon im World Trade Center innehatte, und der Chefbarkeeper Victor Rojas.

Im Sinne der Demokratie durfte jeder einen Namen für die Unternehmung vorschlagen. Am Ende wurde abgestimmt, und heraus kam der Name *Colors*. Wegen ihrer kunterbunten Hautfarben (die über 50-köpfige Belegschaft kommt unter anderem aus Haiti, Jamaika, Mexiko, Kolumbien, Italien, Ägypten, Bangladesh, Thailand und China). Und, so Fekkak Mamdouh, „wegen der vielen Farben der Lebensmittel".

Jeder Mitarbeiter durfte außerdem ein Rezept seiner Familie oder seines Heimatlandes für die Speisekarte beisteuern – globale Cuisine im wahrsten Sinne des Wortes. Da gibt es nun „langsam geröstetes Schwein" mit Reis, Bohnen und Kochbananen (Kolumbien), einen Salat mit Rettich, Limettenblättern und Muschelstreifen (Haiti) und ein Kürbis- und Pilzrisotto mit Parmesan (Italien). Die philippinischen Hummerröllchen stammen von Barkeeper Silverio Moog; auch der erfüllt sich hier, wie er sagt, „meinen Lebenstraum: Mitinhaber eines Unternehmen zu sein, das von Immigranten geführt wird".

Eine Idee verwarfen sie jedoch schnell wieder: *Colors* mit Memorabilien von *Windows of the World* zu dekorieren. (Ihr Ex-Chef David Emil hatte sein *Noche* noch mit Teppichbodenresten vom *Windows* auslegen lassen.) Dies fanden sie dann doch zu makaber – und einem sorgenlosen Essvergnügen eher abträglich.

Wird das Experiment glücken? New Yorks Küchenkosmos, ein Megageschäft mit über acht Milliarden Dollar Jahresumsatz, ist berüchtigt für seine erbarmungslose Konkurrenz. Über die Hälfte der rund 18 000 Restaurants hier machen innerhalb der ersten drei Jahre wieder dicht. Ausgekocht.

Das Hauen und Stechen ist dieser Tage sogar noch schlimmer geworden. Schuld daran ist ausgerechnet ein ungeliebter

Tourist – der Michelin-Gourmetführer aus Frankreich, der 2005 die erste New-York-Ausgabe in seiner 105-jährigen Geschichte herausbrachte. Die rote Geschmacksbibel hat manchen Köchen in Manhattan seither gründlich den Appetit verdorben.

Der Michelin machte aus der New Yorker Gastronomieszene gallisches Geschnetzeltes. Von den tausenden Restaurants befand er überhaupt nur 507 einer Erwähnung für würdig. Und davon nur 39 eines Sterns (knapp halb so viele wie in Paris). Gerade mal vier Nobel-Schänken erkochten sich die Höchstnote, also drei Sterne, drei davon sind französisch, eins hat einen frankophilen Starkoch und eine franko-amerikanische Menü-Melange. „Man sollte die Franzosen aus der UNO werfen", kochte Julian Niccolini, der gedemütigte Besitzer des legendären *Four Seasons*, das keinen einzigen Stern abbekam. „Sie sollten besser in Frankreich bleiben."

Auf Michelin-Lorbeeren haben sie es im *Colors* aber ohnehin nicht abgesehen. „Wir sind doch nur ein bescheidenes Restaurant", sagt Manager Mailvaganam. Vielmehr geht es ihnen ums Prinzip, ums Zusammensein, um Fairness und Gleichheit und die Heilung alter Wunden. Das Elend nach 9/11 hat nicht nur ihre damalige Welt zerstört, sondern auch ihre sozialen Instinkte geschärft, und *Colors* ist dessen kulinarische Essenz. „Ich bin so stolz", sagt Bartender Patricio Valencio mit rotem Kopf.

Kurz vor dem großen Moment versammelt sich das gesamte *Colors*-Team noch einmal zum Gruppenfoto im Speisesaal. Und plötzlich ist es, als löse sich die ganze Spannung der letzten Jahre, als fielen alle Sorgen von ihnen ab, wenn auch nur für wenige Sekunden: Sie lachen, albern und balgen sich wie kleine Kinder auf dem Spielplatz.

Es ist ein anrührendes Bild dessen, was New York City wirklich ausmachen kann, fünf Jahre nach der Stunde Null. Sie sind alle unterschiedlich groß, sie haben alle unterschiedliche Hautfarben und jeder scheint eine andere Sprache zu sprechen. Doch irgendwie kommen sie alle miteinander aus.

Eine Multikulti-Idylle, auf die andere in New York allerdings noch lange warten müssen.

10. Osamas Doppelgänger

Amardeep Singh hat sich längst daran gewöhnt. „Es gehört zu unserem Alltag", sagt der junge Rechtsanwalt lakonisch. „Wir hören es jeden Tag, wenn wir über die Straße gehen."
Terrorist!
Mullah!
Verschwinde dahin, wo du hergekommen bist!
Nur eine ganz spezielle Schmähung, die geht ihm bis heute an die Nieren. Da stehen ihm die Nackenhaare zu Berge. Weil sie allem widerspricht, wofür er steht, als gebürtiger Amerikaner, als Jurist, als religiöser Mann.
Osama!
„Seit dem 11. September 2001 habe ich das bestimmt schon dreißig-, vierzigmal gehört", sagt Amardeep. „Osama!" Er spuckt den Namen verächtlich aus. „Dabei bin ich doch nur ein einfacher Mann, der sich hier durchschlägt wie jeder andere."

Amardeep Singh ist ein Sikh. Er trägt, wie es seine Religion gebietet, einen Bart und einen Turban. Damit erfüllt er, in einer von Angst, Wut, Vorurteilen und gelegentlichen Idioten erfüllten Welt, einen Schlüsselreiz des neuen Terror-Zeitalters.

Obwohl er mit den Terroristen von al-Qaida kaum weniger gemeinsam haben könnte. Sikhs glauben an Karma und Reinkarnation, ihre Lehre – die viertgrößte Religion der Welt – fußt auf Güte, Großzügigkeit und Gleichheit, trotz oft anderslautender Stereotypen. Weltweit gibt es rund 23 Millionen Sikhs, die meisten von ihnen leben auf dem indischen Halbkontinent. Rund 40 000 leben in New York City.

Und seit dem 11. September 2001 ist ihr Leben hier nicht gerade leichter geworden.

Amardeep, von Beruf Rechtsanwalt, ist von schmaler Statur

und hat ein feines, friedliches Gesicht mit großen, braunen Augen. Er trägt ein schwarzes Hemd, Gabardinehose und spricht mit einer sanften Stimme, so dass man sich manchmal vorbeugen muss, um ihn zu verstehen. Sein Turban ist lavendelfarben und eng gewickelt.

Er begrüßt einen an seinem Schreibtisch in einem alten, Zwanzigerjahre-Bürohaus am Lower Broadway, an der kaum fassbaren Demarkationslinie zwischen dem Filmemacher-Kneipen-Gastronomieviertel Tribeca und Chinatown, das sich, in einer Art Metapher für die neue Globalmacht China, immer mehr nach Westen ausdehnt. Der Blick aus dem Fenster geht über die Höfe und Dächer zum verhangenen Horizont, wo sich die Skyline in der Dämmerung verliert. Amardeep teilt sich die Etage mit einem chinesischen Immobilienmakler, einem koreanischen Notar und der *Mom Mom Wong Bright Trading* Company, durch deren offene Tür eine runzlige Oma lugt, offenbar Mom Mom Wong Bright höchstselbst.

Er ist ein waschechter New Yorker: Hier geboren und aufgewachsen, jenseits des Rivers in Richmond Hill im Stadtteil Queens, wo die meisten Sikhs New Yorks leben. Nichtsdestotrotz hatte Amardeep eine typisch amerikanische Kindheit: Seine Mutter war eine „Hausfrau und Soccer-Mom", sein Vater „ein knallharter Yankees-Fan", und er selbst spielte Baseball in der Little League.

Nur in einem Unterschied sich Amardeep von seinen Klassenkameraden. Er trug einen Turban. Was jahrelang zu den üblichen Sticheleien in der Schule führte, auch als er seine Heimat Queens verließ, um Jura zu studieren. Sticheleien, betont Amardeep, mehr nicht.

„Es war einfach so, man nahm es hin, wir kannten es ja nicht anders." New Yorks Sikh-Gemeinde zog die Stille vor, sie engagierten sich selten politisch und machten um sich selbst wenig Aufhebens. „Unser Motto war: Hart arbeiten, den Kopf ducken, den Mund halten. Dann passiert uns schon nichts."

Die Terroranschläge von 2001 änderten alles – und sie änderten Amardeeps gesamten Lebensweg. „Ich wäre heute nicht, wer ich bin, und würde heute nicht tun, was ich tue", sagt er und lächelt. „Insofern hat das alles auch eine gute Seite, oder?"

Um von Manhattan nach Richmond Hill zu kommen, nimmt man den A-Train bis fast zur Endstation, Richtung Queens. Über eine Stunde dauert die Reise. Die U-Bahn fährt hier draußen überirdisch, hoch über dem Verkehr, auf rostigen, stählernen Stelzen, die gescheckte Schatten aufs Straßenpflaster werfen. Kreischend kurven die Waggons die Liberty Avenue entlang. Lange, löchrige Treppen führen von den Bahnhöfen hinab auf den Gehweg.

Auf den ersten Blick wirkt Richmond Hill wie jede andere Vorstadt auch. Einfamilienhäuser mit überdachten Veranden, Backsteinmauern, kleine, geharkte Vorgärten, in denen Gartenzwerge stehen und steinerne Löwen mit gold lackierten Mähnen. Vögelgezwitscher erfüllt die Luft. In einem Fenster hängt ein Schild: *God Bless America*.

Dann schaut man in die Auslagen und merkt, man ist in einer anderen Welt gelandet. Das Geschäft *Punjabi Bride* bietet elegante Saris und indische Brautkleider in allen möglichen Zuckerwattefarben an, die so genannten *lehngas*. Am Supermarkt *Subzi Mandi* liefert ein Truck gerade Dutzende Kisten Assam-Tee aus. Ein Filmposter mit einem halbnackten, lasziv lockenden Pärchen wirbt für das jüngste Bollywood-Musicaldrama *Aksar*. „Verführung, Skandal, Spannung!" Der frische Seifengeruch eines 24-Stunden-Waschsalons mischt sich mit dem Duft von Koriander, Curry, Zimt und zahllosen anderen, indischen Gewürzen, deren Name kein Amerikaner kennt.

An der Ecke der 101st Avenue und der 114th Street findet sich das *Makhan Shah Lobana Sikh Centre*, eine der zwei Gurdwaras (Kultur- und Gebetsstätten) hier, in denen die Sikhs ihren

Glauben praktizieren. Das Erdgeschoss ist mit Marmor verkleidet, der Rest des Gebäudes rostrot getüncht, der Name des Hauses in goldenen Lettern daran angebracht. Eine Lichterkette buchstabiert „*Happy New Year*" – für Sikhs beginnt des neue Jahr im März. Auf dem Dach weht die dreieckige, safranfarbene Sikh-Flagge.

Willkommen in *Little Punjab* – eine von Hunderten Enklaven, in der die weite Welt sich hier ein Zuhause gemacht hat.

New York City ist die ethnisch und religiös am stärksten durchwirkte Stadt der Erde. „Mein Kiosk allein führt Zeitungen in 14 Sprachen", berichtet der Soziologe Tony Carnes in seinem Standardwerk *New York Glory: Religions in the City*. Die Immigrationsbehörde bescheinigt im Jahr rund 200 verschiedenen Nationalitäten die Einreise. Hier leben mehr Katholiken, Moslems, Hindus, Griechisch-Orthodoxe, orthodoxe Juden, Rastafaris und Zeugen Jehovas als irgendwo sonst in einer Stadt.

Historisch hat das natürlich immer schon zu Konflikten geführt. Vor den Rassenunruhen der 60er Jahre war Religion das brenzligste Reizthema der New Yorker Kommunalpolitik. Dann nahm das tiefe, oft zu handgreiflichem Hass eskalierende Misstrauen zwischen Schwarz und Weiß alle Energie in Anspruch.

Bis zum 11. September 2001.

Die Anschläge rissen alte, gesellschaftliche Nähte neu auf und verschoben den sozialen Brennpunkt New Yorks – von Rasse zurück zu Religion. In den Wochen nach den Anschlägen wurden der *New York Commission of Human Rights* 1224 Vorfälle religiöser Diskriminierung und Belästigung von Moslems, Arabern und Asiaten gemeldet.

Vieles davon geschah direkt unter den Augen des Staates und der Stadt.

Dutzende New Yorker Moslems landeten unmittelbar nach den Anschlägen im *Metropolitan Detention Center* (MDC), einem wegen seiner rauen Sitten berüchtigten Gefängnis in Brooklyn.

Sie waren Teil einer landesweiten Verhaftungswelle gegen Moslems und Araber.

Offiziell einkassiert wegen Verletzung der Einwanderungsbestimmungen, wurden die Männer in Brooklyn monatelang unter Terrorismusverdacht festgehalten. Einige von ihnen wurden misshandelt. Selbst der Generalinspekteur im US-Justizministerium, Glenn Fine, stellte später in einer offiziellen Untersuchung „ein Muster physischen und verbalen Missbrauchs" der Männer durch ihre Aufseher fest. Einer berichtete Fine, er sei im MDC mit den Worten begrüßt worden: „Willkommen in der Hölle."

Beteiligt an der Aktion waren das NYPD, das FBI und die Immigrationsbehörde INS.

„Die Grundrechte dieser Menschen wurden mit Füßen getreten", schimpft Matthew Strugar. „Es galt das Prinzip: Schuldig bis zum Beweis der Unschuld."

Strugar, ein schlanker Mann mit dünnem, blondem Haar, arbeitet als Anwalt am *New Yorker Center for Constitutional Rights* (CCR) und vertritt die Betroffenen jetzt in einer Schadensersatzklage gegen den damaligen Justizminister John Ashcroft. 2003 ist er mit einem Stipendium von Kalifornien nach Manhattan gekommen, um sich am CCR vornehmlich für die Moslems zu engagieren.

Seine Kollegin beim CCR ist Rachel Meeropol. Ihre Großeltern waren Julius und Ethel Rosenberg, die 1953, auf dem Höhepunkt des Kalten Krieges, wegen Spionage für die Sowjetunion hingerichtet wurden – ein Fall, dem bis heute der Ruch der politischen Rachejustiz anhängt.

Heute beschäftigt die beiden jungen Aktivisten eine moderne Version ähnlicher, politischer Rachejustiz. Es ist eine unbequeme, dunkle Seite ihrer Wiedergeburt, über die die Leute in New York ungern nachdenken.

Zwei Berichte Fines detaillieren die Missbräuche im Brooklyner Gefängnis nach 9/11. Ein moslemischer Häftling habe sein Hemd ausziehen müssen, damit sich ein Wärter damit die Schuhe habe putzen können. Einem anderen sei eine geladene Pistole an den Kopf gehalten worden. Ein Haftarzt habe den Häftlingen gedroht: „Wenn's nach mir ginge, würde ich jeden von euch exekutieren." Im Dezember 2003 tauchten hunderte Videobänder auf, auf denen viele Misshandlungen festgehalten worden waren.

„Sie wurden teils in Einzelhaft gesteckt, misshandelt, mit Fußketten aneinander gekettet", sagt Strugar. „Als sie in dem Brooklyner Gefängnis ankamen, rammten die Wachen erstmal ihre Köpfe gegen eine Wand."

Strugar sitzt in der Bibliothek des CCR, einem engen, bis zur Decke mit Jurabüchern vollgestopften Raum im Universitätsviertel des West Village. An einem Regal hängt eine Plakette: „Gewidmet dem Kampf des philippinischen Volkes gegen Diktatur und für Menschenrechte."

Da alle Moslems im Brooklyner MDC im Jahr nach den Attentaten von jedem Terrorverdacht freigesprochen und in den Nahen Osten oder Kanada abgeschoben wurden, sind die jungen, teils ehrenamtlich arbeitenden Anwälte der Bürgerrechtsgruppe CCR heute ihre einzige Stimme und oft auch einzige Hoffnung, hier ihren Namen reinzuwaschen. „Hängt dir einmal das Etikett ‚Unter Terrorverdacht' an, dann wirst du das in unserem Justizsystem nicht mehr los", seufzt Strugar. Viele der Moslems waren überdies von Nachbarn oder Vermietern anonym angezeigt worden.

Es waren hässliche Wochen, auf die New York City nicht stolz sein kann.

Das war damals. Und heute?

Zwei Klagen misshandelter Moslems dümpeln seit nunmehr drei Jahren an einem New Yorker Gericht unbearbeitet dahin. Der Richter hat noch nicht mal entschieden, ob er die Klagen überhaupt zum Prozess zulässt.

„Wir wollen doch nur eines", sagt Strugar. „Unseren Tag vor Gericht. Selbst wenn wir verlieren. Doch wir warten und warten und warten. Währenddessen bleibt eine gesamte Religionsgemeinschaft als kriminell diskriminiert. Selbst die Medien interessieren sich nicht mehr. Alle sind zum Alltag übergangen, als sei nichts gewesen."

Auch die Moslems in New York schwiegen lange über die Ungerechtigkeiten. „Viele haben Angst", so Strugar. „Sie haben Angst, dass sie Probleme bekommen, wenn sie den Mund aufmachen. Sie haben Angst, dass sich das alles wiederholt."

Dabei blieben die Ereignisse im Brooklyner Gefängnis kein Einzelfall. Selbst vier Jahre nach 9/11 lagen die Nerven noch blank. So wollten im September 2005 fünf junge, bärtige Moslems ein Footballspiel im Giants Stadium besuchen, ein Benefiz für die Opfer des Hurrikans *Katrina*. Vor dem Spiel knieten sie vor dem Stadion zum Gebet nieder. Ein nervöser Fan hielt sie für Terroristen, die einen nahen Ventilationsschacht ausspähen wollten, und rief die Polizei. FBI-Beamte zerrten die Männer später von ihren Sitzen, die Sitznachbarn beschimpften sie als Terroristen. Stundenlang wurden sie verhört.

Erst Anfang 2006 begannen Moslems zu protestieren, im Kielwasser des weltweiten Aufruhrs um die dänischen Mohammed-Karikaturen. Über 1000 demonstrierten vor dem Konsulat Dänemarks in Manhattan, doch schnell wurde der Protest auch zu einem Protest gegen die Behandlung hier in den USA und in New York nach 9/11. „Wir sind es leid, dämonisiert zu werden", riefen sie.

Bei einer Befragung von Moslems und Arabern in New York gaben neulich 79 Prozent der Befragten an, sie fürchteten sich mehr um ihr Wohlergehen als früher, vermieden den Kontakt mit der Öffentlichkeit und hängten ihren Glauben nicht mehr an die große Glocke. Eine Frau aus Pakistan wurde mit den Worten zitiert: „Ich lebe in Angst im Land der Freiheit."

Amardeep Singh war am 11. September 2001 in Washington, um sich auf seinen Universitätsabschluss vorzubereiten. Noch am selben Vormittag fuhr er nach New York zurück, am frühen Abend kam er in der blutenden Stadt an. „Ich wollte bei meiner Familie sein", sagt er. „Ich fühlte mich alleine nicht sicher."

Denn er ahnte, was auf sie zukommen würde. Die Stimmung in der City war aufgeheizt. „Überall im Fernsehen liefen Bilder von den Taliban, von Osama bin Laden, von Terroristen mit Bärten und Turbanen. Wir wussten, das würde sich schnell gegen uns richten." Dabei verbietet der Sikhismus jegliche Art von Gewalt. „Wir haben drei Glaubensprinzipen: Sei dir bei allem, was du tust, Gottes bewusst. Gebe ab, was du übrig hast. Arbeite hart und ehrlich."

Doch manche New Yorker machten damals solche feinen Unterschiede nicht. Bart war für sie Bart, Turban war Turban. „Irgendwie verstehe ich es ja", seufzt Amardeep. „Der Schmerz, der Schock. Die Angst vor dem Fremden, Unbekannten."

Noch am Tag der Anschläge wurde in Richmond Hill ein 66-jähriger Sikh, ein Einwanderer aus dem Punjab, von Unbekannten so brutal mit einem Baseballschläger verprügelt, dass er ins Krankenhaus musste; der Mann war auf dem Heimweg von einer Gebetsstunde für die Opfer von 9/11. Zwei weitere Sikhs wurden mit einer Paintball-Pistole beschossen. Der Angreifer, ein Teenager, wurde erst im Sommer 2005 geschnappt, als er einem Schwarzen in Howard Beach den Schädel einschlug.

Ein Finanzberater aus Lower Manhattan fand sich auf der Flucht vor dem Einsturz des World Trade Centers plötzlich zugleich von drei Männern verfolgt, die ihn als Terroristen beschimpften; als er schließlich gehetzt in Brooklyn landete, versteckte er seinen Turban aus Angst in seiner Aktentasche, seine religiöse Vorschrift brechend.

Amardeep und seine Freunde – darunter Banker, Consultants und PR-Manager – merkten, dass sie handeln mussten, damit die Dinge nicht eskalierten. „Wir fühlten uns doppelt angegriffen", sagt Amardeep. „Einmal von den Terroristen in unserem Land, und dann ein zweites Mal von unseren Landsleuten."

Über Nacht verfassten sie eine öffentliche Erklärung, in der sie das NYPD um Schutz baten, ihre bisher im Stillen lebenden Glaubensgefährten zu Wachsamkeit „mobilisierten" und die Missverständnisse und Vorteile über Sikhs vor allem auch in den US-Medien zurechtzurücken versuchten. (Selbst die *New York Times* hatte noch im Jahr 2000 über die Sikhs berichtet, sie seien „eine Hindu-Sekte, die vor 1500 Jahren in Indien gegründet wurde".) Gleichzeitig richteten sie bereits am 12. September 2001 eine zentrale Website ein, auf der Sikhs Diskriminierungs- und Gewaltfälle melden konnten; allein im ersten Monat gab es 140 Eintragungen.

„Die Wochen nach den Anschlägen waren unglaublich", sagt Amardeep. „Abends fiel ich vom Computer ins Bett, und morgens ging ich direkt vom Bett zurück an den Computer."

Amardeep und seine Freunde gaben sich einen Namen: Sikh Coalition. Und so war der 11. September 2001 zugleich auch die Geburtsstunde der ersten politischen Lobbygruppe für Sikhs in der Geschichte New York Citys.

Am zweiten Jahrestag der Anschläge stellten sie ihre erste feste Arbeitskraft ein. Heute sind es vier, und die Sikh Coalition hat Dutzende Dependancen in den USA. Mitbegründer Amardeep fungiert auch weiter im Hauptbüro am Lower Broadway als kommissarischer Leiter, bis er einen Vollzeit-Exekutivdirektor gefunden hat.

Die Website zur Registrierung von Angriffen gibt es noch. Sie zählt inzwischen 402 Eintragungen. Ihre Zahl hat spürbar nachgelassen. Was dabei aber auffällt: Jedes Mal, wenn es einen neuen Terror-Alarm gibt, wenn ein Jahrestag ansteht oder wenn Terroristen in den Schlagzeilen sind, häufen sich die Übergriffe.

So wurde am vierten Jahrestag der Anschläge im September

2005 eine junge, bengalische Frau in Queens von einem Mann auf offener Straße brutal geschlagen – aus, wie er sagte, Rache für 9/11. Der Mann habe gerufen: „Du Hure, du hast meinen Bruder umgebracht." Nach den Attentaten von London im Juli 2005 riss ein Sondereinsatzkommando der New Yorker Polizei fünf britische Sikhs aus einem Sightseeing-Bus am Broadway und zwang sie, mit hinter dem Rücken gefesselten Händen auf dem Gehweg zu knien. Bürgermeister Bloomberg entschuldigte sich später bei den harmlosen Touristen.

Amardeep steht auf und nimmt ein gerahmtes Foto von der Wand. Es zeigt ihn Arm in Arm mit einem blonden, verlegen grinsenden Mann in Jeans und Sweatshirt.

Der blonde Mann heißt Thomas Brand. Der New Yorker hatte im März 2003, in schwer angetrunkenem Zustand, einen Sikh an Bord der Long Island Rail Road angerempelt, ihn laut beschimpft und ihn an der nächsten Haltestelle zum Aussteigen zu zwingen versucht, weil er nicht mit einem Terroristenfreund im selben Zug sitzen wolle. Ein Gericht sprach Brand der schweren Belästigung schuldig, doch der Geschädigte bat darum, von einer Geld- oder Haftstrafe abzusehen; die Sikhs glaubten nicht an das amerikanische Justizprinzip „Auge um Auge". Der Richter willigte ein und verurteilte Brand stattdessen zum Gemeinschaftsdienst bei den Sikhs.

Brand – der, wie sogar Amardeep fast entschuldigend ergänzt, am 11. September 2001 Freunde verloren hatte – half insgesamt 350 Stunden lang in mehreren Gurdwaras aus, darunter der an der 101st Avenue in Richmond Hill, leistete Büroarbeit in Amardeeps Büro, entschuldigte sich mehrfach öffentlich und erklärte anschließend: „Ich habe viel über eure Kultur und euren Glauben gelernt. Das hat sich für mich im Nachhinein als ein Segen erwiesen."

Darüber berichteten die New Yorker Zeitungen kein Wort.

„Die Zahl der direkten körperlichen Angriffe ist seit 9/11 zurückgegangen", sagt Amardeep. „Die subtile Diskriminierung dagegen, die ist stärker geworden. Vor allem am Arbeitsplatz."

Sathari Singh kann davon ein Lied singen. Der U-Bahn-Fahrer aus der Bronx, ein hochgewachsener Mann mit dünnem, weißem Bart, ist ein konvertierter Sikh: Er stammt eigentlich aus einer irisch-katholischen Einwandererfamilie, seine Eltern kamen aus Kerry und Cork, seine Großeltern sprachen noch Gälisch und sein Geburtsname ist Kevin Harrington. Den Sikh-Glauben hat er in den 60er Jahren angenommen, auf der Suche nach „innerem, spirituellem Leben".

Seit 1981 arbeitet Sathari, 54, für die New Yorker Verkehrsgesellschaft MTA, erst als Reinigungsmann für Busse, dann seit 1984 als U-Bahn-Fahrer. Im Dienst hat er immer schon einen Turban getragen, selbst damals bei seinem allerersten Einstellungsgespräch. Er hat seinen Turban sogar blau eingefärbt, in der Kennfarbe der MTA. Gestört hat sich daran lange niemand – bis jetzt, Jahre nach 9/11.

Den 11. September 2001 erlebte Sathari buchstäblich hautnah. An jenem Vormittag steuerte er seinen Zug, den aus Brooklyn kommenden Number 4 Train, gerade in die Fulton Street Station, als plötzlich ein „mächtiger Luftstoß" durch den Bahnhof unweit des World Trade Centers ging und sich alles mit Rauch und Trümmern zu füllen begann.

Kurzentschlossen legte Sathari den Rückwärtsgang ein und ruckelte – ohne sichtbare Signalsteuerung und mit automatisch alle paar Sekunden anspringenden Notbremsen – zurück zum vorherigen Bahnhof, der Wall Street Station. Dort half er persönlich, noch während der zweite WTC-Tower einstürzte, hunderte Fahrgäste zu evakuieren.

Das MTA-Mitarbeitermagazin *Running Times* porträtierte ihn später als einen der „stillen Heldinnen und Helden" von 9/11. Am ersten Jahrestag der Anschläge im September 2002 wurde er auf einer feierlichen Zeremonie zusammen mit seinen Kollegen geehrt und bekam eine nette Andenkenplakette. MTA-Präsident Lawrence Reuter bekundete „Dank und Bewunderung". Man sang *God Bless America*.

Doch der Dank währte nicht lange.

Im Juni 2004 wurde Sathari ohne Vorwarnung aus dem Liniendienst abgezogen und auf einen Wartungsjob in einem entlegenen Gleisbahnhof versetzt – eine De-facto-Degradierung. Begründung: Sein Turban verstoße gegen die MTA-Uniformvorschrift; er müsse eine Kappe tragen, andernfalls dürfe er ab sofort keine U-Bahnen mehr fahren.

Nach einem Aufschrei in der immer gerne mit dem Underdog solidarischen New Yorker Lokalpresse (die Sathari trotzdem konsequent bei seinem Nicht-Sikh-Namen Kevin Harrington nennt) machte MTA-Präsident Reuter die Versetzung zunächst zwar rückgängig, setzte im September 2004 aber mit einem Ultimatum nach: Entweder Sathari verzichte auf einen Turban oder er müsse sich mit einem Posten „außerhalb der öffentlichen Zone" zufrieden geben.

Sathari wandte sich über seine Gewerkschaft ans US-Justizministerium. Das stellte sich ihm zur Seite und verklagte die MTA wegen Diskriminierung am Arbeitsplatz. Der Fall ist bis heute anhängig.

Einstweilen hat sich Sathari – „unter schwerem Protest!" – bereit erklärt, einen städtischen Behelfsturban zu tragen, der vorne das MTA-Abzeichen trägt; die MTA lässt ihn damit vorerst weiterfahren.

„Also noch viel zu tun", sagt Amardeep. „Es ist sehr frustrierend. Wir wollen doch als Menschen und produktive Mitglieder der Gesellschaft anerkannt werden."

Bis dahin wird wohl noch viel Zeit vergehen, selbst im polyglotten New York City. Zu tief sitzen die Wunden von 9/11 bei vielen Leuten noch. So laden die Sikhs ihren Bürgermeister

Bloomberg seit schon Jahren immer wieder ein, bei ihrer Sikh Day Parade im April mit über den Broadway zu marschieren. Doch bisher hat Bloomberg – der sonst noch am kleinsten, ethnischen Umzug teilnimmt – immer wieder dankend abgesagt.

Offenbar zeigt sich der Bürgermeister nicht gerne mit Osama-Doppelgängern.

Amardeep gibt zu, dass die Sikhs selbst stärker die Initiative ergreifen müssten. „Wir müssen mehr tun, um ein positives zu Bild vermitteln." Dabei fallen ihm spontan drei Ideen ein, wie sie sich als gute Amerikaner empfehlen könnten: „Im Fernsehen auftreten, uns um öffentliche Ämter bewerben und als gute Sportler bekannt werden."

Und so erlebt auch diese Glaubensgemeinschaft, die es gewöhnt ist, still, zurückhaltend und bescheiden zu leben, auf unerwartete Weise ihre Neugeburt – ihr ganz eigenes *new normal*.

„Wir haben uns doch noch nie vorher politisch engagiert", sagt Amardeep und grinst etwas hilflos. „Ich meine, vor 9/11."

Die einen, wie Amardeep Singh, bewältigen ihre verzwickte Situation also mit ernstem, politischem Aktivismus. Andere dagegen, etwa eine junge Palästinenserin namens Maysoon Zayid, greifen zu Methoden, die heutzutage viel gewagter, wenn nicht revolutionärer sind – Lachen und Humor.

11. Die palästinensische Jungfrau

Es ist einer dieser Abende, die Comedians fürchten. Ein Abend, an dem selbst die besten Witze wie bleierne Kanonenkugeln im Publikum landen, mit einem dumpfen Rumms, dem unüberhörbare Stille folgt. Und an dem niemand auch nur mit den Schultern zuckt, geschweige denn applaudiert. Steinern sitzen sie stattdessen da, unerheitert, ungerührt, mit kritischem Stirnrunzeln, Augenbraue gelupft, Martiniglas gelangweilt zwischen den Fingern.

„Verdammt noch mal", ruft Erin Foley schließlich frustriert von der kleinen Bühne herab, nachdem ein weiteres ihrer Aperçus – über Frauen im Sportstudio – gnadenlos verpufft. „Das ist doch verdammt komisch. *This is fucking funny!* Lacht doch mal! Ha! Ha! Ha!"

Widerwilliges Klatschen. Hüsteln. Irgendwo dudelt ein Handy mit dem neuesten Hip-Hop-Ringtone.

„*Oh, come on!* Ich bin extra aus dem Bett aufgestanden und habe mir das Haar gebürstet!"

Das also nennen sie eine „*tough crowd*", ein knallhartes Publikum. Kommt schon mal vor, ist zu hören. Vor allem an einem Dienstagabend. Vor allem, wenn sie auf jemand anderen warten, der erst später dran ist – die witzereißende Araberin.

Der dunkle Saal des Gotham Comedy Clubs ist etwa zu zwei Dritteln gefüllt. Der Gotham Comedy Club in Chelsea gehört zu den bekanntesten Unterhaltungs-Etablissements New Yorks, hier haben sich schon viele Lachkünstler ihre Sporen verdient, die später eigene TV-Sitcoms oder Talk Shows bekamen, zu *Saturday Night Live* aufstiegen oder sich gar die gelegentliche Filmrolle schnappten. Jerry Seinfeld, Roseanne Barr, Ellen DeGeneres.

Doch heute sind keine prominenten Namen da. Heute ist „Nachwuchsabend": ein Kessel Buntes aus der New Yorker Comedy-Szene, moderiert von Erin Foley, einer jungen, fluchenden Frau in Jeans und grünem T-Shirt, die strähniges, brünettes Haar hat und auch unter dem Alias „Funny Ladee" auftritt. Ladee mit zwei „e".

Die Leute heute Abend finden sie nicht so *funny*, und eine Lady ist sie erst recht nicht. Foley flucht, schwimmt, fischt im Smalltalk nach Pointen, doch ihre sonst so flotte „Alltagskomik" kommt nicht an.

„Dienstag, was? Gott sei Dank nicht *fucking* Montag!"

Selbst die erste Tischreihe, die mit im Rampenlicht sitzt, springt nicht an, reagiert auch auf direktes Ansprechen nicht. Sonst ist das immer ein zuverlässiger Notnagel.

„Also, wo seid ihr her?"

„Hallo?"

„Haaaaaallo?"

Standup Comedy ist eine alte New Yorker Tradition. Manhattan wimmelt vor Hinterzimmern, Kneipenecken und Improvisationstheatern, in denen solche Abende täglich stattfinden, manche sind qualvoll, manche die Geburt eines Stars. *Standup*, weil der Comedian dabei auf einer Bühne vor seinem Publikum am Mikrofon steht, live, ohne Netz und doppelten Boden, *unplugged*. Eine Art Karaoke ohne Musik. Das sieht meistens leicht aus, ist aber ein enorm schweres Geschäft, insbesondere hier, wo die Comedy-Konkurrenz größer ist als sonst wo und die Kritik härter. Man kann sich die beste Witzfolge zurechtgelegt haben. Die besten Gags, *observations*, Anekdoten, und New York City ist beileibe voll davon, man braucht nur über die Straße zu gehen. Doch der kleinste Misston kann einen rettungslos aus dem Konzept bringen, kann alles zerstören. Der Comedian *bombs*, wie es in der Branche heißt. Er explodiert. Oder implodiert, um genau zu sein.

Erin Foley *bombs*.

Das mag auch damit zu tun haben, dass der Gotham Comedy Club seine jetzigen Räumlichkeiten in der West 23rd Street – den Saal eines früheren Nightclubs gleich neben dem legendären Chelsea Hotel – gerade erst bezogen hat. Die 23rd ist eine belebte Durchgangsstraße, hier herrscht ein Dauerverkehr, den man auch drinnen oft hören kann, vor allem, wenn wieder mal ein Feuerwehrwagen der nahen Wache mit ohrenbetäubender Sirene vorbeirast.

Früher war *Gotham* eine Straße weiter, in enger, geradezu intimer Atmosphäre. Doch Erfolg hat seinen Preis. Der neue Saal ist größer, unpersönlich, und obendrein hallt es wie in einem leeren Wohnzimmer. Die Bühne hat einen quittengelben Hintergrund, der den Augen schmerzt, die Tische, von lautlosen Kellnerinnen ganz in Schwarz betreut, sind im Halbrund darum gruppiert, dahinter erhebt sich hinter einer Balustrade eine Art erster Rang, der an diesem Abend weitgehend leer bleibt. Kalte Luft kriecht vom Boden hoch. Drinks kosten im Schnitt fünf Dollar, Minimalbestellung zwei Getränke pro Person.

An den Tischen sitzen weitgehend gemischte Grüppchen, Touristen, die eine oder andere Junggesellenparty, eine laute Freundesclique, Latinos, einige Paare. Corona scheint das Bier des Abends zu sein, mit Limonenkeil im Flaschenhals.

Erin Foley zog 1996 von Rhode Island nach New York, um, wie Abertausende andere, „eine Karriere in Theater und Comedy zu verfolgen". Sie verfolgt sie immer noch, doch irgendwie scheint die Karriere immer schneller zu sein als sie. Sie hatte einige winzige Nebenrollen in Fernsehserien und in Cameron Crowes Groupie-Film *Almost Famous*. Ansonsten moderiert sie ab und zu für die Kollegen im Gotham Comedy Club, jobbt in einem Café-Restaurant in Gramercy Park und verbringt ihr Leben damit, „auf den nächste Scheck zu warten". Was sie nicht weiter stört: „Ich kenne niemanden in der Stadt, der ein Sparkonto hat. Vielleicht Leute nördlich der 23rd Street." Foley wohnt in der 20th Street.

Sie erzählt ihren Lieblingswitz von dem Mann auf dem U-Bahnsteig, der, als der Zug einfuhr, den Daumen hochhielt wie ein Anhalter. „Mein Lieblingsmoment, den ich in Manhattan erlebt habe."

Höflicher Applaus. Jemand rülpst.

Sie kalauert über Lesben (sie darf das, „ich bin selbst eine"), rüde Passanten und die mitternächtliche Müllabfuhr, beleidigt zwischendurch ihr Publikum, fummelt an ihren Strähnen herum und sagt häufig „*fuck*".

Doch Foley ist sowieso nur die Aufwärmerin. Wie gesagt, die meisten sind wegen jemand anderem hier.

Die ersten Comedians, die Foley ansagt, sind allesamt vom klassischen Kaliber: Harmloser Umgangshumor, oft politisch unkorrekt, doch selten politisch.

Ein hübscher Mann namens Tim zieht über den New Yorker Verkehr her, über Inline-Skater, Starbucks, iPods und Internet-Pornografie. Sein einziges politisches Wagnis: „Ich bin so wütend auf Bush, ich glaub', ich werd' einen Kerl heiraten." Ein anderer, Eric heißt er und hat, wie es scheint, seinen gesamten grölenden Freundeskreis mitgebracht, lässt sich über „hässliche Schwule" und schlechten Sex aus: „Schlechter Sex ist wie ein schlechter Haarschnitt, man merkt's auf halbem Wege, doch sagt trotzdem lieber nichts." Sein Kollege Lee nimmt „jüdische Hinterwäldler" aufs Korn. Judenwitze sind hier durchaus erlaubt, sofern sie von anderen Juden gemacht werden.

Dann kommt sie endlich. Das erste, was einem an Maysoon Zayid auffällt, sind ihre ausdrucksvollen, tiefen Augen. Das zweite ist ihre interessante Figur: schmal an den Schultern, breit an den Hüften. Das dritte ist, dass sie leicht nuschelt und, statt zu stehen, sich vorsichtig auf einen Barhocker setzt (sie nennt das „*Sitdown Standup*"). Warum, das erläutert sie gleich zur Begrüßung.

„Hi, ich bin eine moslemisch-palästinensische Jungfrau aus New Jersey mit Kinderlähmung."

Da lachen sie plötzlich alle laut. Übertrieben laut, wie man lacht, wenn man beklommen ist oder unsicher, oder damit einem das Lachen nicht im Halse stecken bleibt. Dabei ist das, was Zayid gesagt hat, ja nicht mal ein Witz. Es ist der bittere Ernst.

Sie ist Moslemin.

Sie ist Palästinenserin.

Sie ist, sagt sie, noch Jungfrau.

Sie ist in New Jersey geboren.

Und sie hat Kinderlähmung.

„Fotografen nennen mich die Verwackelte. Weil ich dauernd so zittere."

„Ich hasse Fliegen. Wenn die mich an der Sicherheitskontrolle sehen, sehen sie nur eine zitternde Araberin und denken sofort: Die hat eine Bombe im Koffer."

Sie kennt kein Erbarmen. Weder vor sich noch vor den Edikten politischer *correctness*.

„Ich bin die dreifache Diskriminierung. Ich bin eine Frau, ich bin eine Moslemin, ich bin behindert. Wie ich's auch drehe, ich bin diskriminiert."

Behinderte Komiker gibt es längst. Doch Maysoon Zayid, 30, ist darüber hinaus die erste offen moslemische *Standup*-Comedian der USA – und übrigens erste die überhaupt, die *Standup*-Auftritte in den palästinensischen Gebieten gewagt hat, und das auch noch während der letzten Intifada. Sie ist in Nazareth, Haifa, Bethlehem, Ramallah und Jerusalem aufgetreten.

Doch ihr härtester Gig bleibt ihre Heimatstadt, die 9/11-Stadt.

Auch die Dienstagskunden im Gotham Comedy Club müssen sich, nach dem Schock ihrer *opening line*, erstmal erwärmen für ihre furchtlose Art von Humor.

Ihr Kommentar zu Steven Spielbergs cineastischer Terror-Bewältigung *München*: „Was ist schlimmer, als eine Olympiamannschaft umzubringen? Eine Mannschaft der Behindertenolympiade umzubringen!"

Ihr Familienproblem: „Mein Vater sieht aus wie Saddam Hussein. Aber er heißt Moses. Ein Araber namens Moses. Das bringt Juden zur Weißglut."

Ihre Meinung zur First Lady Laura Bush: „Ich möchte die Pillen kriegen, die die kriegt. Die ist immer so ein *happy motherfucker*!"

Über Araber: „Araber kommen überall zu spät. Selbst auf ihren eigenen Beerdigungen. Woran allerdings die Zionisten Schuld haben."

Inzwischen biegt sich das Publikum im *Gotham*. In dem übrigens Araber *und* Juden sitzen.

Dass so etwas zur allgemeinen Erheiterung hier gesagt werden kann, erst recht in einem Mainstream-Etablissement wie dem *Gotham* und nicht in einem der experimentell-progressiven Downtown-Clubs im East Village, das will was heißen. Hier in dieser Stadt, wo Massenmord und Nahostkonflikt in lange unvorstellbarer Weise aufeinander prallten, wo Fotos der Vermissten von Ground Zero heute noch an den Häusermauern kleben, wo der Dreitagebart-Look seit 9/11 eine ganz neue Bedeutung hat.

Das will was heißen.

Der 11. September 2001, so hieß es damals, markiere „das Ende der Ironie" – immer schon mal beschworen, doch diesmal ein für alle Mal. Das Ende von Witz und Satire, Häme und Schadenfreude, Entertainment und Pop-Kultur. Comedy Clubs schlossen, *Standup*-Tourneen wurden abgesagt, die Late-Night-Joker David Letterman (in New York) und Jay Leno (im kalifornischen Burbank) machten Pietätspause. Selbst die New Yorker Satirezeitung *Onion* stellt ihr Erscheinen vorübergehend ein.

„Was tust du am 12. September 2001", erinnert sich der Komiker Omar Gallaga, „wenn sich dein Mikrofon auf einmal wie ein gelichteter Anker anfühlt?"

Das galt vor allem für die New Yorker Comedy-Szene. „In New York zu leben und aufzutreten macht es ja noch härter", sagt die Comedienne Megan Mooney. „Jeden Tag wirst zu mit 9/11-Zeugs bombardiert. Wenn du auf der Bühne stehst und Leute im Publikum haben jemanden verloren, dann sollten die zu einer Comedy Show kommen können und den Schmerz nicht jedes Mal, wenn einer davon redet, neu durchleiden müssen."

Langsam kamen die Komiker zurück – aber erst mit dem Segen der Politik. „Ich gebe euch hiermit Erlaubnis, zu lachen", sagte Bürgermeister Giuliani. „Wenn ihr nicht lacht, lasse ich euch einsperren."

Doch etwas war anders als früher. Letterman und Leno waren bedacht, fast sinnig. Viele Themen waren tabu: Militär, Polizei, World Trade Center, New York generell, Bush.

Selbst im East Village, wo nach 9/11 eine ganz neue, schräge und vor allem kritische Comedy-Szene entstand, war der Krieg lange humoristischer Treibsand. Nur die *Onion* preschte vor. „Amerika schwört, wen auch immer zu besiegen, mit dem wir im Krieg stehen", spottete das Blatt. Und: „Erboster Gott stellt Nicht-Töten-Gebot klar."

„Viele Dinge in Amerika änderten sich, aber Humor kannst du nicht killen", erklärt *Onion*-Chefredakteur Robert Siegel. „Oder Trauer oder Furcht oder Freude. Die Leute werden immer lachen, sarkastisch sein, ironisch und unernst. Das ist ein Zeichen der Rückkehr zur Normalität."

Moslemische Comedians, die über Terroristen Witze machten, waren freilich eine ganz andere Frage. Erst langsam wagten sich ein paar an Flughafenwitze, polizeiliche Diskriminierung, die neuen Antiterrorgesetze. Guantánamo blieb Spaß-Niemandsland.

Doch Humor, so eine Branchenweisheit, ist nichts anderes als Tragödie plus Zeit.

Und so begann eines Tages eine Comedy-Tournee durch 30 US-Städte zu tingeln, die den provokanten Titel trug: *Allah Made Me Funny – The Official Muslim Comedy Tour.* „Ich bin ein Amerikaner", rief der Komiker Ashar Usman da. „Aber ich bin ein moslemischer Amerikaner. Ein sehr patriotischer moslemischer Amerikaner. Das heißt, dass ich für dieses Land sterben würde ... indem ich mich in die Luft jage ... in einem Dunkin' Donuts."

Und in New York City fand das erste *New York Arab American Comedy Festival* statt. Dessen Mitbegründerin: Maysoon Zayid.

Auch anderswo kehrte das Lachen wieder zurück. Der Broadway berappelte sich wieder, nach einer elenden Saison. 2005 bescherte den Theatern dann mit fast zwölf Millionen Menschen die höchsten Besucherzahlen seit 1985. Das führte zu Rekordumsätzen bei den 39 offiziellen Broadway-Bühnen – insgesamt 825 Millionen Dollar.

Wegen ihrer Kinderlähmung kann Zayid nicht lange stehen. Sie balanciert auf einem Hocker mit niedriger Rückenlehne, an der sie sich mit der linken Hand hinter dem Rücken stabilisiert, während die rechte Hand das Mikrofon hält. Ihre Arme und Beine zittern leicht. Ihre Stimme ist unscharf und verschwommen, manchmal verschluckt sie ganze Silben, doch sie ist nicht im Geringsten befangen oder unsicher. Ihre Witze gleiten dahin, wie ein Eistänzer auf etwas stumpfen Kufen, und nach ein paar Minuten hat man sich an ihren synkopischen Rhythmus gewöhnt. Der Rhythmus wird eins mit ihrem *Act*.

„Nichts ist mir heilig", grinst Zayid nach ihrer Vorstellung. „Ich will, dass wir aus dem politisch korrekten Alcatraz unserer Gedanken ausbrechen. Ich will zeigen, dass Araber in den USA wie jede andere ethnische Gruppe sind."

Wie jede andere – und doch natürlich nicht.

„Wie können sich arabische Männer für all das revanchieren,

das Bush ihnen angetan hat? Sie sollten es sich zu ihrem einzigen Ziel machen, eine der Bush-Zwillinge zu heiraten. Oder besser: beide Zwillinge auf einmal zu heiraten."

Und von wegen Guantánamo: „Das ist der Wunschtraum jeder alleinstehenden Araberin: So viele arabische Singles an einem Ort!"

Humor als Ausdruck von Wut und Trauer – dass sich in New York ausgerechnet eine Araberin, eine Palästinenserin, als erste daran wagt, auch das ist bezeichnend.

Sie lästert, natürlich, über Palästinenser und Israelis, über Bush, über den Irak-Krieg, über Vorurteile und Benachteiligung. Themen, die die Medien – auch die New Yorker Medien – mit Glacéhandschuhen anfassen. „Comedy", findet sie, „ist unsere letzte Bastion der freien Meinungsäußerung. Ich schreibe und sage, was ich will."

Ärger hat sie deshalb in New York noch keinen bekommen. Sie hat in allen Clubs gespielt, im *Gotham*, im *Caroline's*, im *Stand Up New York*. „Kein einziger hat mich bisher gebeten, zurückzudrehen." Nur einmal musste eine ihrer Shows abgesagt werden – in Gaza, weil die Israelis einen Checkpoint schlossen.

Dabei war Comedy für sie anfangs nur eine Notlösung. Begonnen hat Zayid als Schauspielerin. Da hat sie sogar einen richtigen College-Abschluss. Zweieinhalb Jahre lang trat sie in der Soap Opera *As the World Turns* auf, als „ein glorifiziertes Möbelstück", wie sie sagt, aber immerhin, die erste behinderte US-Schauspielerin überhaupt, die eine regelmäßige, wenn auch stumme TV-Serienrolle hatte. Doch sie kam nicht weiter. „Es ging nirgendwo hin. Behindert und ethnisch – niemand wollte mich besetzen."

Sie kam zu dem Schluss: „Der beste Weg ins Fernsehen für eine unkonventionelle Schauspielerin, die nicht blond, blauäugig und ein Supermodel ist, ist über Comedy."

Ihr größtes Vorbild ist Richard Pryor, der Pionier der schwarzen Comedy. „Comedy ist Schmerz plus Timing", sagt sie, den alten Spruch abwandelnd. „Der Schmerz, unterdrückt zu werden. Zu wissen, dass du und dein Volk wie Zweite-Klasse-Bürger behandelt werden. Wege zu finden, sich darüber lustig zu machen."

Doch für Zayid, die manchmal in der Moschee an der East 96th Street betet, ist nicht alles nur Spaß. Drei Monate im Jahr verbringt sie in Palästina, wo sie rund 800 behinderten, verwundeten oder verwaisten Flüchtlingskindern das Schauspielen beibringt. Den Großteil des Erlöses aus ihren Shows spendet sie außerdem für Medikamente und Schuhe in den Flüchtlingslagern.

Und wie jeder guter Performer führt sie neuerdings auch einen Internet-Blog, in dem sie zwischen ernst und sarkastisch schwankt und am liebsten andere Araber und Moslems aufs Korn nimmt. „Araber hassen jeden Fortschritt", schreibt sie. „Außer, wenn er mit Mobiltelefonen zu tun hat." Oder: „Araber sind nicht nett zu anderen Arabern." Oder: „An alle arabischen Männer: Knöpft euer Hemd zu, wenn ihr wollt, dass ich mit euch essen gehe."

Eine Viertelstunde dauert Zayids Show, dann schließt sie mit einem lauten „George W. Bush schert sich nicht um Araber!" Der Rest des Abends verläuft wie der Anfang: konventionell. Witze über Schwule, Lesben, Kinder in Restaurants, Antidepressiva. „Ich brauche die allein wegen heute Abend", kräht eine füllige Comedienne namens Marianne.

Zayid sitzt noch eine Weile im Dunkeln auf einer Bank und hört den anderen zu. Dann macht sie sich auf den Weg, schnappt sich auf der Straße ein Taxi nach Hause. Denn schon in ein paar Stunden muss die „zitternde Araberin" wieder zum Newark Airport – sie fliegt nach Gaza.

Draußen auf der 23rd Street herrscht reger Betrieb. Die Restaurants sind voll, die Kneipen auch, Menschentrauben quellen lachend aus den Türen auf die Straße. Zwei Blocks weiter östlich vom *Gotham*, in einem großen, weißen Haus mit Gusseisenfassade, brennt in ein paar oberen Büroetagen noch Licht.

Marc Gecko arbeitet noch.

12. Der Graffiti-Millionär

Marc *who?*

Wer auf der Straße vorbeihetzt, auf dem Weg vom Elektronikmarkt zur U-Bahn, ahnt kaum, was sich hinter der langen, weißen Gusseisenfassade an der 23rd Street verbirgt. Die untersten zwei Stockwerke sind vom Baugroßhandel *Home Depot* belegt, Bretter, Lampen, Schraubenzieher.

Doch darüber?

Mit dem Aufzug erreicht man eine enorme Empfangslobby – eine innenarchitektonische Orgie aus unbehandelten Edelhölzern, rohem Backstein und feinen Ledergarnituren. Offene Fenster gehen auf einen Innenhof, Videospiele flimmern über gigantische Plasma-Fernseher. Eine Wand wird von einer hochmodernen Edelstahl-Küchenzeile eingenommen. Da können sich nicht nur die Angestellten ihr Mittagessen kochen, sondern sich auch die Besucher frei bedienen – zum Beispiel an einem bis zum Rand mit Coke und Diet Coke gefüllten Kühlschrank oder an gigantischen Weckgläsern voller bunter Bonbons.

„Greift zu", ermuntert Eckos „Kommunikationsdirektor" Clint Cantwell, ein schlaksiger Typ mit nass gegeltem Haar, der höchstens 25 Jahre alt sein kann. Auch er hat eine halb leere Coke in der Hand, und in seiner hinteren Hosentasche steckt eine Flasche *Poland Spring*.

Langsam wird einem klar: Kindliche Coolness ist hier offenbar das Wort der Stunde.

Cool sein ist schließlich Marc Eckos Markenzeichen. Die härtesten Rapper verehren ihn, aber auch die pickligen Kids, die nachmittags in der Paramus Mall herumlungern. Das Männermagazin *Men's Fitness* nennt ihn einen „Meister individualistischer Authentizität". Die gerne als Barometer aller Coolness agierende Zeitschrift *Details* kürte ihn zu einem der „50 mächtigsten Männer unter 50", weil er „Hip Hop in Haute Couture verwandelt". Das Modeblatt *Stuff* hält ihn für eine „Stil-Ikone", *Develop* für einen „Tycoon der Straße", *In Touch* für „angesagt". Selbst der Rap-Pate Russell Simmons findet ihn „alternativer" und „schärfer als andere". Und Eckos Logo, das Rhinozeros („Rhino"), hat hier längst höheren Kultwert als früher mal das Lacoste-Krokodil im *Studio 54*.

Eigentlich heißt er ja Marc Milecofsky. Aber das ist lange her, 13 Jahre, um genau zu sein. Da war er noch ein 20-jähriger Lümmel, der hinterm ShopRite-Supermarkt Graffitis an die Mauern sprühte und in der Garage seiner Eltern T-Shirts bemalte. Mittlerweile ist er 33, hat sich einen neuen und, klar doch, coolen Nachnamen ausgedacht und ist Herr über ein Mode- und Lifestyle-Imperium mitten in Manhattan, das im Jahr 2005, glaubt man ihm, 1,2 Milliarden Dollar Umsatz gemacht hat.

Eckos Aufstieg ist eine bemerkenswerte Ausnahme in der Bekleidungsbranche New Yorks, die nach dem 11. September 2001, Hand in Hand mit der restlichen kommunalen Wirtschaft, fast in den Ruin geschlittert wäre.

„Hey", sagt Ecko. „Willkommen in meiner Organisation."

Er sieht auch heute noch aus wie ein Graffitisprayer und nicht, wie man sich einen der erfolgreichsten Nachwuchs-Fashionistas New Yorks vorstellt. Er ist mittelgroß, etwas rundlich und versteckt sein schmollmündiges, glatt rasiertes Bubigesicht unter einer beigen Baseballmütze. Zur weiten, kunstvoll semigebleichten Denim-Jeans trägt er ein blau-grünes *track jacket* (früher, bevor die Designer es entdeckten, sagte man dazu Trainingsjacke). Beim Sprechen hat er stets eine Hand in der Hosentasche und wippt auf seinen Turnschuhen leicht hin und her. Die Finger der andere Hand tippen auf einem metallic-roten BlackBerry herum. Seine Sätze sind durchwirkt vom Slang der amerikanischen Pop-Kultur, von Worten wie *hip*, *urban* und *spirituality* – aber auch vom Vokabular des Massenmarketings („Konsumententoleranz", „Kernmission", „Markenpräsenz", „Diversifizierung").

„Ich bin der lebende Beweis für den amerikanischen Traum", sagt Ecko und grinst verlegen, als sei ihm das selbst immer noch etwas unheimlich.

The American Dream, Version 2.0.

Ecko hält in einem seiner Showrooms Hof. Der riesige Saal wirkt wie ein schicker Nachtclub bei Tag: Disco-Scheinwerfer unter der Decke, an der Wand Mosaike aus Jeanshosen, in einer Ecke ein aus Holz geschnitztes Motorrad. In der Mitte ist ein kreisförmiger Bartresen aus poliertem Holz aufgebaut, dahinter stehen Weingläser und Flaschen mit Curaçao. Am Fenster wartet ein Billardtisch mit zum Spiel ausgerichteten Kugeln.

Der kindliche König. *Ecko Enterprises,* so hat er sein Königreich genannt, und es umfasst bereits sechs Unternehmen. Fünf davon sind Modefirmen – Hip-Hop-Mode für die MTV-Kids, Skateboarder- und Surfer-Klamotten, eine Linie in Zusammenarbeit mit dem Rap-Star 50 Cent, eine andere für „erwachsenere" Kunden und die Traditionsmarke Avirex mit ihren Flieger- und Bomberjacken, die sich Ecko 2005 einverleibte. Hinzu kommen das Lifestyle-Magazin *Complex,* das, allein das ein Kunststück, bereits im ersten Jahr profitabel sein soll, und neuerdings Eckos erstes Videospiel.

Nicht schlecht für einen „weißen Judenjungen aus New Jersey", konstatiert er, und ein Teil von ihm meint das ernst.

Der Junge hat eine Nase für Show-Effekt, für den richtigen Mix zwischen Mainstream und Underground. Etwa seine frisch eingeweihte Firmenzentrale im Flatiron District, zwischen Chelsea und der Fifth Avenue, für die allein Ecko ungerührt eine Jahresmiete von 9,5 Millionen Dollar hinblättert: Fast 28 000 Quadratmeter ist seine neue Fabrik des Anti-Stils groß, auf fünf Etagen des früheren, weltberühmten Kaufhauses *Stern Brothers.*

Überall stehen Bataillone von Kleiderständern herum, daran T-Shirts, Hosen, Blusen, Röcke – die Kollektion des kommenden Herbstes schon, in der offenbar auch kitschgoldene, palettenbesetzte Handtaschen wieder ein Revival genießen. Lange Flure sind mit postergroßen Schwarzweißfotos von Hip-Hop-Stars dekoriert. Die Marke G-Unit, Eckos Kooperation mit dem Rapper 50 Cent, sei mit einem Umsatz von 110 Millionen Dollar bereits im ersten Jahr der „erfolgreichste Launch der Modegeschichte", prahlt Cantwell.

Eine trefflichere Ecke hätte Ecko für sein spätpubertäres Coolness-Konglomerat kaum wählen können. Ende des 19. Jahrhunderts war dieses Viertel, das später nach dem Flatiron Building benannt wurde, das Herz des New Yorker Geschäftslebens, mit eleganten Hotels, Nachtclubs, den Department Stores entlang der *„Ladies' Mile"*. Hier stand einst der Madison Square Garden, bevor er nach Nordwesten verlegt wurde, und zuvor an gleicher Stelle das *Hippodrome*, P. T. Barnums Zirkusbau, der am Tag vor Heiligabend 1873 in Flammen aufging (nur ein Kamel und zwei Elefanten überlebten, der Rest der Tiere sei „lebendig geröstet" worden, berichtete der *Brooklyn Eagle*).

Stern Brothers war ein für damalige Verhältnisse gigantomanisches Einkaufsparadies im Stil eines italienischen Renaissance-Palazzos. Die Damen der New Yorker Gesellschaft rollten in Pferdekutschen vor. Über dem Säulenportal prangen heute noch die Intitialen SB. Im Verkehrsgewühl achtet aber längst keiner mehr darauf.

Heute herrschen hier die *new kids on the block*.

„Ich will mir meine Jugendlichkeit bewahren", sagt Ecko. „Ich will spielen und Spaß haben." Dabei ist der Mann bereits glücklich verheiratet und zweifacher Vater.

Durch eine Fenstertrennwand geht der Blick nach nebenan in Eckos neues Büro, das er demnächst bezieht. Das Büro – eine Art Arbeitsaquarium, von dem Ecko alles ringsum überblicken kann – entpuppt sich bei näherem Hinsehen als ein Basketball-Court mit zwei Körben an jedem Ende. Eine Wendeltreppe führt, so Cantwell, hoch in „die Bibliothek".

So sieht es also aus, das neue New Yorker Unternehmertum. Die nächste Generation, für die 9/11 zwar auch schlimm war, aber nicht welterschütternd, die mit jungem Überschwang und pietätlosem Optimismus in die Zukunft prescht und nicht in der Vergangenheit stecken bleibt.

„Ich habe immer wieder neue Träume", sagt Ecko. Was sonst, wo er sich doch die alten Träume eines Jersey-Jungen längst alle erfüllt hat.

Der 11. September 2001 ist für Marc Ecko kein Thema. „Sicher, jeder war irgendwie betroffen", sagt er, wenn auch fast widerstrebend. „Aber für uns hatte das rein technisch keine Auswirkungen."

Ende der Diskussion. Nächste Frage.

Rein technisch: Damit meint er bilanztechnisch, finanztechnisch, umsatztechnisch. Aber auf gewisse Weise doch auch gefühlstechnisch. Was man unter anderem daran merkt, dass ihn die Frage nach 9/11 nicht im Geringsten aus der nonchalanten Fassung bringt. Fast jeder, den man in New York auf die Terroranschläge anspricht, hat auch heute noch eine Geschichte zu erzählen, von sich selbst, von Angehörigen, Freunden oder Bekannten, hat leicht abrufbare Gefühle in irgendeiner Hirnecke gespeichert. Doch Ecko zeigt keinerlei Gemütsregung, nicht mal ein leichtes Stutzen.

In der Woche des 11. September 2001 sollte in New York eigentlich die *Fashion Week* beginnen, das alljährliche Kleiderspektakel, das den Schauen von Paris und Mailand den Rang abzulaufen versucht. Die *Fashion Week 2001* wurde verständlicherweise abgesagt, und die Festzelte im Bryant Park hinter der Public Library an der Fifth Avenue standen leer, unbeachtet, während 50 Blocks weiter südlich noch wochenlang der Tod glomm.

Im folgenden Jahr war die *Fashion Week* nur noch ein Schatten einstigen Glamours. Wegen des ersten Jahrestags der Anschläge wurden die Runway-Shows verschoben, ihre Zahl um gut die Hälfte gekürzt. Das Publikum war dünn, die Stimmung gedrückt, die Models staksten durch luftleeren Raum. Mode war das Letzte, was die Leute im Kopf hatten, zu haben wagten.

Die Rezession gab der New Yorker Modeszene den Rest. Budgets wurden gekürzt, Werbung gestrichen, die Käufer blieben aus.

Erst im Jahr darauf fasste die Branche langsam wieder Fuß. Doch etwas hatte sich geändert. Irgendwo zwischen 9/11 und der Gegenwart verlor die New Yorker Mode ihren Pfiff und New York City seinen Ruf als stilistischer Vorreiter. „Wer hat die Coolness gekillt?", fragte die *New York Times* Ende 2003 irritiert. Fashion als Produkt von Kultur und – vor allem in New York – von Gegenkultur verdorrte in einer Zeit, da auch die Kultur zum Mainstream verdorrte, da Widerspruch und Rebellion unterdrückt wurden zu Diensten des immerwährenden Krieges. Supermodels wurden aalglatte Werbeträger, Isaac Mizrahi entwarf für den Billig-Einzelhändler Target und Patricia Field, die Ex-Königin des Schrillen, für den TV-Serienhit *Sex and the City*.

Nur Marc Ecko, so schien es, zuckte in den Jahren nach 9/11 nicht mit der Wimper. Im Gegenteil: Er blieb unabhängig und kreativ, und sein Geschäft explodierte.

Schließlich hatte er, beruflich jedenfalls, schon viel Schlimmeres mitgemacht – und überstanden.

Aufgewachsen ist Ecko in Lakewood in New Jersey, einer Ortschaft knapp eineinhalb Autostunden südlich von Manhattan, die sich ihrer typisch amerikanischen Kleinstadtidylle rühmt. Hier treffen sich die Leute am Unabhängigkeitstag zum Feuerwerksspektakel im *All Wars Memorial* Amphitheater, paddeln im Sommer auf dem Lake Carasaljo herum oder spielen Little League Baseball im Ocean County Park.

Mit anderen Worten: für Kinder todlangweilig. New Jersey, korrigiert Ecko die Idylle grinsend, sei außerdem nicht nur „die Heimat von Jon Bon Jovi, den *Sopranos* und des ersten schwulen Gouverneurs", sondern auch eine bekannte Brutstätte für „Typen mit schlechter Frisur und schlechtem Benehmen".

Eigentlich sollte er Apotheker werden, wie sein Vater. Doch nach drei Jahren Pharma-College fragte er sich, was das sollte. Sein Dekan gab ihm recht: „Du willst nicht 40 sein und dein Leben bedauern."

Was ihn aber interessierte, waren Graffiti und Hip-Hop-Musik – die zwei Dinge, mit denen sich er und seine Buddys in Lakewood die Ödnis vertrieben. Seine Jugendidole waren nicht Madonna oder *Miami Vice*, sondern die Sugarhill Gang, Run DMC und das Buch *Subway Art* von 1984, die legendäre Graffiti-Bibel der Fotografen Martha Cooper und Henry Chalfant. „Das waren meine Superhelden", sagt er.

Ecko hatte ein Sketchbook, das er mit lauter ähnlichen Skizzen und Zeichnungen füllte. Nebenher verdiente er sich Taschengeld, indem er T-Shirts besprühte und an die Nachbarn verkaufte. Eines Tages lernte er über ein paar verwickelte Hip-Hop-Connections den Filmemacher Spike Lee kennen. Der fand Gefallen an seinen Entwürfen und begann, seine T-Shirts in der Öffentlichkeit zu tragen.

Das wäre doch was, dachte sich Ecko: Eine Kombo-Karriere in Mode, Rap und Lifestyle. Sein Freund Seth Gerszberg hatte 5000 Dollar auf der hohen Kante, Ecko entwarf schnell sechs neue T-Shirts, und gemeinsam mit Eckos Zwillingsschwester Marci, die im Team als eine Art Mädchen für alles fungierte, starteten sie 1993 ihre eigene Firma mit dem hochtrabenden Namen *Ecko Unlimited* – Ecko ohne Grenzen.

„Von da an haben wir nicht mehr zurückgeschaut."

Ecko – warum Ecko?

Da lacht er. Ecko ist immer schon sein Spitzname gewesen.

Als seine Mutter schwanger war, wusste sie nämlich nicht, dass ihr Zwillinge bevorstanden. Erwartet wurde nur Marci. Marc, der ein paar Minuten später zur Welt kam, war bis dahin nicht mehr als ein Ultraschall-„Echo" gewesen. *The echo.*

Das Trio war ideenreich, doch nicht gerade geschäftstüchtig. Ecko trampte mit seiner Freundin – und heutigen Frau – Allison bis nach Hongkong, um mehr über Textilien und Importe zu erfahren. Seine an szenebekannte Graffiti-„*Tags*" angelehnten Designs trafen einen Zeitgeist, und bald machten sie siebenstellige Umsätze. Doch leider hatten sie keine Ahnung, wie man ein großes Unternehmen führt. Sie waren naiv und gutgläubig und verstanden nichts von Vertrieb, Lagerführung, Großproduktion. Ihr Ausflug in den komplizierten Kosmos der Denim-Jeans war ein finanzielles Desaster. Fünf Jahre später waren sie über beide Ohren verschuldet.

Genauer gesagt: um sechs Millionen Dollar.

1998 stand Ecko vor dem Konkurs. Sie konnten Löhne und Nebenkosten nicht mehr bezahlen. Der Strom wurde ihnen abgestellt. „Ich betrat einen Raum mit Leuten und konnte wetten, dass da immer jemand dabei war, dem ich Geld schuldete", erinnert er sich. „Ich habe gebetet, dass die sechs Millionen einfach verschwanden."

Was sie natürlich nicht taten. Also sah Ecko nur noch einen Ausweg: Er begann, nach einem Käufer für die Firma zu suchen. Demütig zog er von einem Modekonzern zum nächsten, auf der Suche nach einem kräftigen „Partner": Levi's, Perri Ellis, Nautica.

Niemand war interessiert. Stattdessen hielten ihnen die Konkurrenten genussvoll betriebswirtschaftliche Gardinenpredigten.

„Wir waren eine lausige Investition", gibt Ecko zu. „Es war eine schreckliche Zeit. Ein Canossa-Gang nach dem anderen."

Dieser lange Canossa-Gang entpuppte sich schließlich als hilfreiches Schnellseminar in Unternehmensführung. Ecko und sein Team lernten bei ihren Gesprächen, welche Fehler sie bisher gemacht hatten, und gewannen neues Selbstvertrauen. Sie überredeten ihren größten Gläubiger, ihnen einen letzten Kredit zu geben, für einen letzten Versuch.

Und sie entdeckten ihr Logo: eine kitschige Rhinozeros-Statuette im Arbeitszimmer von Eckos Vater.

Das Timing war perfekt. Die Hip-Hop-Kultur begann gerade zum Mainstream-Milliardengeschäft zu wuchern: CDs, DVDs, Mode, Schmuck, Filme, Bücher, Energy Drinks, Broadway-Shows. Wer will, kann heute sogar mit dem alten Rap-Paten Grandmaster Caz eine „Hip Hop Culture Reality Sightseeing Tour" durch Manhattan machen – vier Stunden für 70 Dollar.

Der Rest, sagen sie hier, ist Geschichte. Eineinhalb Jahre später waren alle Schulden abgezahlt.

Als der 11. September kam, war Ecko längst so stark und etabliert, dass ihm die Folgen des Terrors wenig ausmachten. „Unsere demographische Basis", sagt er, nahtlos in geschliffene PR-Sprache wechselnd, „ist jung und hat entbehrliches Einkommen, denen machte das nichts aus." 2001 kommt in Eckos Firmenchronik stattdessen nur beiläufig vor – als das Jahr, in dem man die Surfer- und Skateboarder-Marke Zoo York übernahm.

Eine selten erzählte Geschichte: Nicht alle wurden von 9/11 in die Düsternis gerissen. An manchen scheint das Trauma spurlos vorbeigegangen zu sein.

Heute wohnt Ecko mit Frau und Kindern in einem burgähnlichen Anwesen vor den Toren der Stadt, vor dessen Säulenportiko und steinernen Löwen er gerne schon mal in selbstironischer Rapper-Haltung für die Fotografen posiert. Er hat eine enorme, private Graffiti-Kollektion, Skulpturen, Fotos, *street art*. Er sammelt Kunstbücher. Er spendet hunderttausende Dollar für gemeinnützige Projekte, etwa an ein Waisenheim im ukrainischen Tikva. Er unterrichtet bedürftige Kinder nach der Schule in Modedesign. Und der Zoo von San Diego hat ein Rhinozeros nach ihm benannt.

Selbst vor der Politik hat er da keine Angst mehr. Im August 2005 etwa, da wollte er in West Chelsea eine Graffiti-Straßenparty geben, bei der die alten Stars der Szene U-Bahn-Attrappen aus Metall besprühen sollten. Doch Bürgermeister Bloomberg, in bewährter Spielverderbermanier, verbot den Spaß: „U-Bahn-Waggons zu verschandeln ist kaum ein Witz", erklärte er miesepeterisch.

Ecko zog prompt vor Gericht, pochte auf seine Meinungs- und Versammlungsfreiheit. Und das gab ihm Recht: Ginge es nach Bloomberg, urteilte der Bezirksrichter Jed Rakoff spitz, dann käme ja wohl auch eine Straßenvorführung von *Hamlet* „einer Aufforderung zum Mord" gleich und müsste verboten werden. Die Graffiti-Fete fand statt – und der Zank wurde zum grandiosen PR-Clou für Ecko. Denn nicht umsonst ist das ja auch der Inhalt seines neuen Videospiels: Der Spieler muss sich als Graffiti-Künstler gegen „die Unterdrückung einer tyrannischen Stadtverwaltung" durchsetzen.

Auch mit der Konkurrenz legt er sich dazu gerne an; das Image als unkonventioneller Rebell will schließlich gepflegt werden. So wehrt er sich in Essays und Interviews immer wieder lauthals gegen stilistische Gleichmacherei und die „Epidemie der Idiotie", die er Konzernen wie Gap und Abercrombie & Fitch vorwirft.

Dabei steuert sein eigenes Haus ja selbst langsam in diese Richtung. Ecko hat heute längst 800 Angestellte, seine Produkte sind in über 5000 US-Geschäften sowie 45 weiteren Ländern erhältlich. Ein Ecko für alle: T-Shirts, Jeans, Sportswear, Sakkos, Business-Mode, Schuhe, Hüte, Gürtel, Uhren, Accessoires, Zeitschriften. Seine Camden Denim Jeans kostet 68 Dollar, sein Track Jacket 60 Dollar, sein Ecko-Hundepullover aus rotem Satin 60 Dollar. Hollywood-Stars stehen ihm Modell. Die Filmrechte an seinem Videospiel hat er an MTV verkauft.

Anfang 2007 will er sein bisher ehrgeizigstes Projekt eröffnen: einen gigantischen *Flagship Store* an der 42nd Street, direkt am Times Square, gegenüber von Disneys *Lion King*. Dazu will er ein historisches Musical-Theater mit viel Glas und Stahl aufwändig-modern renovieren; der Megastore soll unter anderem auch ein Tattoo-Studio und ein „iPod-Ladedeck" anbieten. Ein weiß lackiertes Modell des Baus steht bereits hier im Showroom ausgestellt.

Marc Eckos BlackBerry piepst. Das Gespräch ist plötzlich zu Ende, das Wunderkind hat zu tun.

Derweil liegt, am anderen Ende Manhattans, auch die älteste Generation längst nicht auf der faulen Haut.

13. Die Rache der alten Damen

Die Sängerin und Songwriterin Joan Wile lebt auf der Upper West Side, im vierten Stock eines großen, von einem Pförtner bewachten Backsteinhauses an der West End Avenue. Ihr Apartment ist relativ bescheiden, klassische Manhattan-Mittelklasse. Von der Eingangstür tritt man direkt in ein einfaches Wohnzimmer, in dem sich ein Sofa, zwei abgewetzte Sessel und ein mit einer ausgebleichten Stoffdecke geschütztes Tagesbett um einen Couchtisch gruppieren. In der Ecke steht ein Arbeitstisch mit einem antiquarischen, klobigen Computer und Stapeln von Papieren. Überall quellen Bücher, Zeitschriften und Kassetten aus den Regalen. Durch eine abgenutzte Kochnische geht es ins Schlafzimmer, das kaum mehr fasst als ein Bett und das faltbare Keyboard, auf dem Wile ihre Musik komponiert, hauptsächlich Protestsongs und sozialkritische Lieder.

Trotz der knappen Platzverhältnisse haben es sich heute Abend elf Ladys fortgeschrittenen Alters im Wohnzimmer gemütlich gemacht. Die jüngste von ihnen ist 57, die älteste 87 Jahre. Gastgeberin Wile selbst ist 74, was man ihr nicht ansieht. Sie ist aufrecht und hochgewachsen, ihre klaren, zwinkernden Augen und die rötlichen Haare geben ihr etwas Freches. Um den Hals hat sie an Silberketten zwei Lesebrillen baumeln. Ihre Lachsalven erschüttern den Raum.

Fröhlich schwatzend sitzen die Frauen zusammen und haben sich auch noch ein paar extra Hocker herangezogen, um so einen Kreis um den Couchtisch zu bilden. Der biegt sich unter Bergen mit Snacks: Kekse, Erdnüsse, Chips, frisches Obst. Es gibt Wasser und Preiselbeersaft.

Doch dies ist kein normaler Kaffeeklatsch.

Dies ist ein Kriegsrat. Besser gesagt: ein Antikriegsrat.

„Ich habe gestern einen Brief von Hillary bekommen."
„Wer hat die Stoßstangenaufkleber bestellt?"
„Hillary? Was will die denn jetzt?"
„Kommt ihr am Mittwochabend zur Mahnwache?"
„Sie plant eine Anhörung zur Gesundheitsreform, sollten wir da hin?"
„Ich habe Fotos und Videos von unserem Tag im Knast dabei!"

Da jubeln und lachen sie und klatschen in die Hände, als habe jemand Bilder von den Enkelkindern mitgebracht.

Ach ja, der Tag im Knast. 17. Oktober 2005. Ein Datum, von dem sie alle heute immer noch reden. Da wanderten die alten Damen geschlossen ins Gefängnis, für mehrere Stunden, mit echten Handschellen und allem Drum und Dran.

Ihr Vergehen: Aus Protest gegen den Irak-Krieg hatten sie versucht, sich zum Militärdienst einschreiben zu lassen, und dann, als ihnen das verwehrt wurde, mitten auf dem nachmittäglichen Times Square ein Sit-In abgehalten. „Kein Gefecht für kampfeslustige Großmütter", hatte sich die *New York Times* tags darauf amüsiert.

Dabei ist ihnen, bei aller Juxerei, durchaus nicht zum Spaßen zumute. Im Gegenteil.

„Uns ist es bitterernst", sagt Beverly Rice, eine adrette, pensionierte Krankenschwester, die einen Button am Revers ihres Kostüms trägt: „Liebt die Truppen, bringt sie heim." Früher hat Rice am Vellevue Hospital Aids-Patienten betreut, nebenher engagierte sie sich schon in den 80er Jahren als Atomgegnerin. Jetzt hat sie eine neue Leidenschaft – wie alle anderen im Raum auch.

Wile, Rice und ihre Freundinnen bilden den Kern einer Aktivistengruppe, die ebenso außergewöhnlich ist wie typisch für New York. *Grannies Against War* nennen sie sich: Omis gegen den Krieg. Ein Bataillon Großmütter, die sich nicht mit Häkeln und Stricken zufrieden geben wollen.

„Wir wollen, dass unsere Kinder und Enkelkinder aus dem Krieg heimkommen, und darum wollen wir uns zum Dienst melden, um ihren Platz einzunehmen, denn wir sind alt und wir haben nicht mehr viel zu verlieren", sagt Molly Klopot, eine weißhaarige Ex-Sozialarbeiterin, die in ihrem schwarzen Rolli etwas aussieht wie eine Pariser Existenzialistin aus den sechziger Jahren.

Das mit dem Kriegsdienst ist natürlich nur ein Gag – aber einer, der ihnen am Times Square die Gunst der TV-Kameras sicherte, wenn auch nur kurz, für die größere Sache, um die es ihnen geht.

„Heutzutage muss man dramatische Statements machen, wenn man gehört werden will. Wir sind sehr, sehr kreativ." Molly Klopot grinst, wie ein gewiefter Marketing-Profi.

Ja, mit ihnen ist nicht zu scherzen. Dabei sind sie ja eigentlich auch heute noch nur ein paar ältere Ladys aus den verschiedensten Kreisen und den verschiedensten Stadtteilen New York Citys, die sich vor einiger Zeit nicht mal kannten und selbst politisch wenig miteinander zu tun hatten. Eine Zeichnerin, eine Rechtsanwältin, eine Karriereberaterin, eine UN-Dolmetscherin, eine Schauspielerin, eine Telefonistin, eine Psychotherapeutin.

Doch in einer Stadt, die von der Regierung seit fast fünf Jahren zum Angelpunkt eines Krieges instrumentalisiert wird, führten ihre Wege unweigerlich aufeinander zu. Bis sie sich schließlich kreuzten, hier oben auf der traditionell liberalen Upper West Side, in der kleinen Wohnung einer rothaarigen Songwriterin, zu deren Werken das Film-Musical *The Happy Hooker* (Die fröhliche Hure) von 1975 gehört.

Und so begann auch diese Geschichte, wie so viele in New York, am 11. September 2001.

Judy Lear zum Beispiel, eine Fundraising-Beraterin, die kurz vorher erst zugezogen war. Lear ist eine stets perfekt geschminkte Lady, die, anders als ihre alternativ angehauchten Mitstreiterinnen, meist elegante Couture bevorzugt, vor allem Seidenschals und Hermès-Tücher.

Lear befand sich an jenem Vormittag gerade als Vertreterin der Seniorenorganisation Graue Panther, deren Bezirkschefin sie ist, auf einer Konferenz in der UN-Zentrale. Dort erlebte sie die Anschläge auf den TV-Monitoren live mit, die dort überall auf den Linoleumfluren hängen. Als die UN dann evakuiert wurde, lud Lear „acht weitere Damen, die ich gerade erst kennen gelernt hatte", zu sich auf die Upper East Side ein. Sie bestellten sich chinesisches Essen ins Haus, verbrachten den Rest des Tages entsetzt vor dem Fernseher und erlebten etwas, was in jenen Tagen so viele New Yorker erlebten und die Stadt bis heute verändert hat: Völlig Fremde fanden plötzlich zueinander.

„Alle waren auf einmal so nett", erinnert sich Lear, die an diesem Abend bei Joan Wile ein rotes Kostüm mit einer passenden, roten Seidenschleife trägt, die fast so groß ist wie ihr Gesicht. „Man saß in einem Boot. Nicht einen Moment lang fühlte man sich allein in der ganzen Tragödie. Es veränderte alles. Auch mich."

Es war der Auslöser dafür, dass Lears Aktivismus, der sich bisher nur auf Altenfragen beschränkt hatte, größer und politischer wurde. „Dies", sagt Lear und deutet in die Damenrunde, „ist mein erstes persönliches Erlebnis mit politischem Protest."

Dann kam der Krieg. Afghanistan, Irak. Am anderen Ende New Yorks saßen Joan Wile und ihre Freundin Judith Cartisano, eine Anwältin und Tierschützerin, beisammen und rauften sich die Haare.

„Wir konnten nicht ertragen, was da geschah", sagt Wile. „Die immer höheren Todeszahlen. Die schrecklichen Fotos dieser Kinder, verstümmelt und verkrüppelt."

„Ich sehe sie heute noch vor mir", sagt Cartisano, eine burschikose, knorrige Frau mit struppigem, grauem Haar. Die altgediente Aktivistin – „ich bin seit meinem zwölfen Lebensjahr politisch aktiv" – focht schon an der Seite der Frauenrechtlerin Bella Abzug. „Das erste Mal wurde ich 1971 festgenommen, im East Village. Da hatten wir ein Haus besetzt."

Der Kampf gegen den Irak-Krieg schien da also nur logisch. „Für mich war es eine ganz klare Fortsetzung."

Kampf – doch wie?

Wile war es, die schließlich die Idee hatte. Mitten in der Nacht schrak sie hoch, setzte sich auf und sagte zu sich: *„Grannies Against War."*

Wobei sich die Damen heute über den exakten Gründungsverlauf ihrer Gruppe schon gar nicht mehr so einig sind. „Es scheint, als sei es 100 Jahre her", sagt die Illustratorin Ann Shirazi, die schon der Gedanke eines neuen Präsidenten namens Bush auf die Barrikade getrieben hatte, und rückt ihr Palästinensertuch zurecht. Sofort beginnt eine erhitzte Debatte, wer wann zuerst wo dabei war, es werden verschiedenste Daten genannt, und dann – „Erinnert ihr euch?" – gab es ja auch noch „das erste *meeting* bei Silvia".

Ihre erste ordentliche Demonstration jedenfalls veranstalteten sie im November 2003 im Riverside Park am Hudson River, nur wenige Schritte von Wiles Haus entfernt, unter der grübelnden Statue der früheren First Lady und Emanzipations-Ikone Eleanor Roosevelt. Mehrere Dutzend Leute kamen, um zu sehen, was Sache war. Die Antikriegs-Omis waren geboren.

Sie protestierten in East Harlem gegen ein neues Rekrutierungszentrum, das die Armee direkt an einer Schule eröffnen wollte. Sie begannen wöchentliche Mahnwachen am Rockefeller Center, direkt gegenüber vom Nobelkaufhaus Saks. Sie marschierten mit Spruchbändern durch die Mall in Washington. Sie stürzten sich anlässlich des republikanischen Wahlparteitags im Madison Square Garden im August 2005 ins Demonstrationschaos. Sie belagerten Hillary Clintons Büro auf der East

Side. Und sie führten in einem kleinen Downtown-Theater einen selbstkomponierten Protestsong auf:

Grandmas, get offa your tush /
We've got to get rid of Bush /
Let's go after that lying louse /
And kick him out of our White House.

Omas, rafft euch auf /
Wir müssen Bush loswerden /
Knöpfen wir uns diese lügende Laus vor /
Und schmeißen ihn aus unsrem Weißen Haus.

Nach und nach stießen die anderen dazu. Viele kamen von weiteren Splittergruppen, zum Beispiel *Raging Grannies, Elders for Peace, Justice for the Next Seven Generations*.

Molly Klopot kam „direkt aus der Friedensbewegung", inspiriert von kanadischen Protest-Omas. Die Psychotherapeutin Jenny Heinz – die Neffin des ehemaligen DDR-Intendanten und Schauspielers Wolfgang Heinz – hatte in den Tagen nach dem 11. September als freiwillige Betreuerin an Ground Zero gearbeitet; heute trägt sie einen Button an der Bluse: „Bush War Criminal." Sie und die Illustratorin Ann Shirazi, die schon an den großen Gewerkschaftsdemonstrationen in Detroit teilgenommen hatten und für die „an 9/11 alles zusammenkam", lernten sich unterdessen an einem etwas konspirativeren Ort kennen, wie Jenny kichernd reminisziert: „Wir trafen uns im Knast."

„Es war wie eine Macht der Natur", lacht Vinie Burrows, eine schwarze Broadway-Schauspielerin mit der Aura einer Soul-Diva, und wirft die Hände hoch.

Die organisierte Seniorinnenwut wurzelt in einer rundum neuen Protestkultur in New York City seit 9/11 – eine wachsende

Protestkultur, die durch alle Generationen, Altersgruppen und soziale Schichten reicht und sich, siehe die *Grannies*, längst nicht mehr nur auf die üblichen Anarchozellen im East Village beschränkt. Auch hier lassen sich die Ursachen direkt bis zu den Terroranschlägen zurückverfolgen: Sieht sich die City seither doch unfreiwillig zum militanten Fanal verzerrt, zu einer Kriegsmetapher, die Washington bis zum Gehtnichtmehr instrumentalisiert.

Und das schmeckte beileibe nicht mehr allen in dieser mehrheitlich liberalen Stadt. „9/11 war ein Katalysator", sagt Joan Wile. „Für die, die es für ihre Zwecke ausnutzten – aber auch für uns."

Schamloser Höhepunkt dieser politischen Instrumentalisierung war Bushs Wahlparteitag in Manhattan – eine als Soap Opera inszenierte, hermetisch von allem echten New Yorker Flair abgeschottete Veranstaltung im Madison Square Garden, die die meisten New Yorker selbst mit Missbilligung quittierten.

Da wurden Soldaten, Polizisten und Feuerwehrleute als Statisten und Stimmenfänger aufgefahren, nebst den altbewährten 9/11-Helden: Ex-Feuerwehrchef Tom von Essen, Ex-Polizeichef Bernie Kerik und, natürlich, der unvermeidliche Rudy Giuliani. Selbst drei Terror-Hinterbliebene engagierten die Republikaner, als schweres Gefühlsgeschütz für die TV-Zuschauer daheim. Eine von ihnen, die Feuerwehrwitwe Tara Stackpole, erklärte, ihr Bruder Kevin ziehe in den Irak, um ihren Mann Timmy zu rächen.

„Die Politik der Furcht reicht so tief", klagt Ann Shirazi. „Das erinnert mich an Nazi-Deutschland."

Immer mehr New Yorkern aber stieß – und stößt – diese plumpe Kriegssymbolik sauer auf. 83 Prozent der Leute erklärten den Parteitag in einer Umfrage damals als Affront oder zumindest Ärgernis, das ihren Alltag durcheinander brachte. Bei einer separaten Telefon-Befragung von 9/11-Opfern, so die *New York Times*, „war eine Frau über eine Frage nach Bush so aufgebracht, dass sie zu schreien anfing".

So begannen mit dem Einmarsch der Kriegstreiber auch in New York die Proteste zu gären.

Hunderttausende gingen in jenem August gegen den Präsidenten, Militarismus und den Krieg auf die Straße, mehr als je zuvor in der Geschichte New Yorks. Jugendliche, Mütter, Väter, Geistliche, Behinderte, Aidsaktivisten, Immigranten, Globalisierungsgegner, Tierschützer, Künstler, Transsexuelle, generell Friedensbewegte und, in ihrem Schlepptau, auch die *Grannies* quälten sich über sieben Stunden lang durch die sengende Mittagssonne, füllten 45 Straßenblocks in Midtown mit ihrer hallenden Wut, zu Fuß, auf Rollerskates, auf Stelzen, auf Krücken, mit Fahrrädern, Kinderwagen und Rollstühlen. Sie schlugen Trommeln, ballten Fäuste und rissen sich mitten auf der Seventh Avenue Büstenhalter mit Anti-Bush-Slogans vom Leib – wobei sie darunter züchtige, fleischfarbene Leibchen trugen, um nicht mit dem Sittengesetz zu kollidieren. Selbst die Anarchos zeigten erstaunliche PR-Gewandtheit, luden zu ordentlichen Pressekonferenzen in die St. Mark's Church-in-the-Bowery, einer alten Revoluzzer-Enklave im East Village, und koordinierten ihre Aktionen, typisch für die Google-Generation, per Handy-SMS.

„Am Ende veranstalteten wir ein *Die-In* am Union Square", erinnert sich Beverly Rice. „52 waren wir insgesamt. Sie haben uns festgenommen und 48 Stunden im Pier 57 gefangen gehalten. Ich musste auf dem nackten Betonboden liegen."

Das NYPD hatte den Pier 57, ein ausrangiertes Busdepot, damals zu einem provisorischen Gefangenenlager umfunktioniert, dem „Guantánamo am Hudson", wie die Demonstranten sagten. 1806 Menschen hockten hier bis zu zwei Tage lang „zur Überwachung" eingesperrt, zum Teil unter harschesten Bedingungen und auf dem nackten Boden, glaubt man den Betroffenen, und doppelt so lange, wie es das Gesetz für Untersuchungshäftlinge erlaubt.

Es zeigte sich, dass im New York nach 9/11 nicht nur Moslems, Sikhs oder andere mit arabischem Aussehen unter der Dünnhäutigkeit des NYPD litten.

Und in den Fenstern, in denen Ende 2001 noch Sternenbanner gehangen und Kerzen gestanden hatten, hingen nun auf einmal handgemalte Schilder.

"No more Bush!"

Nach einer Woche reisten die Republikaner ab, und es wurde wieder relativ ruhig in Manhattan. Die *Grannies* aber bekamen zunehmend das Gefühl, dass ihre Aktionen versandeten.

„Die amerikanischen Medien halten die Leute im Dunkeln", glaubt Klopot. „Die sind nicht mehr als ein Propaganda-Arm der Regierung."

Es war Zeit für etwas Drastisches. „Wir brauchten einen telegenen Aufhänger, *human interest*", sagt Wile. Ziviler Ungehorsam. Straßentheater, sozusagen.

Sie wählten den 17. Oktober 2005. Ein Montag. Denn montags, weiß Klopot, „passiert ja sonst nicht viel für die Nachrichten".

Neunzehn von ihnen trafen sich am Times Square vor dem Toys ‚R' Us. „Fanden wir angemessen – Großmütter vor einem Spielzeugladen", erinnert sich die pensionierte Karriereberaterin Carol Husten.

Von dort marschierten sie hinüber zur Verkehrsinsel zwischen dem Broadway und der Seventh Avenue, wo sich in einem kleinen Häuschen die Rekrutierzentrale der Armee befindet, geschmückt mit dem obligatorischen Poster von Uncle Sam: *„I Want You!"*

Die Soldaten dort, stramme, blutjunge Jungs in scharf gebügelten Uniformen, wussten allerdings längst, dass die Omis kamen. Schließlich hatten die vorab eine Pressemitteilung an alle lokalen TV-Sender rausgeschickt.

Die verschreckten Soldaten schlossen die Tür ab. Von innen.

„Die krochen unter ihre Schreibtische", sagt Burrows verächtlich und die ganze Runde bricht in schenkelschlagendes Gelächter aus.

Die *Grannies* hämmerten gegen das Glas. *„We insist, we enlist!"*, skandierten sie zur Belustigung der immer größer werdenden Menge aus Touristen und Schaulustigen: „Wir bestehen darauf, uns einzuschreiben!"

„Macht schon, los hier", rief Mary Runyon, mit 90 Jahren damals die Älteste in der Runde, fast blind und auf zwei Gehstöcken heranstürmend. „Wir wollen uns für den Krieg melden. Was ist los mit euch? Seid ihr schwerhörig?"

Etwas abseits stand der Bürgerrechtsanwalt Norman Siegel, der die Damen betreut, mit leicht verstörter Miene. „Eine von ihnen hat mich gefragt: Was passiert, wenn sie uns tatsächlich nehmen? Ich habe ihr gesagt: Dann seid ihr unterwegs in den Irak."

Dazu kam es nicht. Stattdessen hockten sich die Damen zum Sitzstreik aufs Trottoir. Die Polizei kam und forderte sie auf, „den öffentlichen Platz zu räumen".

Die Damen rückten enger zusammen.

Also legten ihnen die Cops Handschellen an, ganz vorsichtig und, so räumt Burrows ein, „sehr höflich". Die jungen Polizisten, die ihre Söhne oder Enkel hätten sein können, „waren sehr, sehr freundlich, sehr aufmerksam".

Die Verhaftung, sagt Carol Husten amüsiert, sei alles in allem „sehr ordentlich" abgelaufen. Die Cops brachten 18 der Ladys zum Kriminalgericht Midtown an der West 54th Street, wo ihnen Fingerabdrücke abgenommen wurden und sie bis zu elf Stunden lang in winzigen Zweierzellen saßen, mit je einer Metallbank, einer Stahltoilette und einem Waschbecken. „Ein Polizist brachte uns sogar Wasser", sagt Husten. „Wir sangen Lieder." Betty Brassell, die sich „Coqui" nennen lässt, bat den Aufseher, mit ihrer digitalen Kamera ein Gruppenfoto zu machen, was dieser auch tat.

Das Verfahren ist bis heute anhängig, ein Prozesstermin für die „18 Knastschwestern", wie sie sich nennen, noch nicht anberaumt. Nur der Straftatbestand ist bekannt: „öffentliche Ruhestörung und Blockade einer militärischen Einrichtung". Worüber Molly Klopot nur lachen kann: „Wir sind doch alte Ladys!"

Die Aktion hat ihre Gruppe jedenfalls sofort weit bekannt gemacht. Ihre *mailing list* ist von 30 Namen auf inzwischen 150 gewachsen. „Dies ist längst viel größer als wir", sagt Wile.

Ein niedriger, düsterer Himmel berührt die Turmspitzen der St. Patrick's Cathedral an der Fifth Avenue. Auf der anderen Straßenseite, wo sich die Luxusmeile zur Rockefeller Plaza hin öffnet, haben sich gut zwei Dutzend alte Damen auf dem Gehweg aufgereiht, zu einem Protestspalier, durch das die Passanten hasten. Es ist Mittwoch, später Nachmittag, Höhepunkt der Rush Hour, und die *Grannies* sind zu ihrer wöchentlichen Mahnwache angetreten.

Joan Wile ist da, Jenny Heinz, Ann Shirazi und die meisten anderen vom Kaffeeklatsch. Sie haben ein selbstgemaltes Transparent aufgespannt – „Großmütter gegen den Krieg" – und teilen Flugblätter aus: „Vertreibt das Bush-Regime."

Heinz und Shirazi reden wie alte Kampfgenossinnen über ihre gemeinsame Nahostreise, die sie im Sommer 2005 unternommen haben. Da waren sie in den palästinensischen Gebiete unterwegs, um mitzuhelfen, Straßensperren der Israelis abzubauen. Es war, so merkt man, eines der aufregendsten Erlebnisse ihres Lebens.

„Das Thema Naher Osten ...", beginnt Shirazi kochend und bricht ab. „Ich will gar nicht erst davon anfangen."

Der Betrieb auf der Fifth Avenue nimmt zu. Doch nur wenige Leute bleiben stehen. Ein junger Schwarzer umarmt die *Grannies*, eine nach der anderen.

„Anfangs waren die Reaktionen hier ziemlich aggressiv", sagt

Shirazi. „Inzwischen sind die Menschen etwas netter geworden. Sie fragen nach. Sie interessieren sich. Immerhin etwas."

Ihre Freundin Heinz sieht das nicht ganz so optimistisch. „Die meisten scheren sich doch einen feuchten Dreck um das, was im Irak und in diesem Land passiert", schimpft sie. „Die Demonstrationen sind wieder viel kleiner als vor zwei Jahren noch."

Erneut bricht eine Debatte los. Die Damen sind sich in ihrer Mission einig, doch sonst in wenig.

„Die Bewegung wird stärker", widerspricht Carol Husten. „So sind die Menschen nun mal. Manche engagieren sich. Andere sitzen rum. Wie bei Hitler."

„Es muss noch mehr Tote geben, bevor die Leute aufwachen", sagt Beverly Rice.

„Wir müssen mehr das Internet nutzen", schlägt Molly Klopot vor. „Und in die Waschsalons gehen."

„Schweigen ist gefährlich", ruft Heinz.

„Hat doch alles keinen Zweck", behauptet Shirazi resigniert. „Die Wahlen sind sowieso fingiert."

Es wird dunkel und kühl. Eine nach der anderen beginnen die Damen abzuziehen. Drüben im Nobelkaufhaus Saks Fifth Avenue leuchten die Auslagen, ein goldenes Abendkleid von Christian Dior, ein kleines Schwarzes von Giorgio Armani.

Am anderen Ende des Rockefeller Centers flimmern die aktuellen Nachrichten des Abends über das rote Leuchttickerband an den Glasstudios des TV-Senders NBC. *Verteidigungsminister Rumsfeld: Mehr Ausgaben für Spezialtruppen notwendig.*

Pentagon-Studie: Armee restlos überfordert.

Auf dem Gehweg jenseits der Studios rollen befrackte Helfer vor einem Gebäudeeingang einen dicken, roten Teppich aus. Hier wird wenig später eine prunkvolle Veranstaltung beginnen, die jeden lästigen Gedanken an Krieg, Tod und politischen Protest vergessen machen soll.

Für ein paar Stunden zumindest.

14. Kunst und Kaufrausch

Der rote Teppich ist ausgerollt. Daneben haben sich, wie bei einer Filmpremiere, die Paparazzi postiert. Schwarze Limousinen speien Damen und Herren in Abendgarderobe aus, die sich durch eine von Samtkordeln markierte VIP-Trasse zum Eingang bewegen. Sicherheitsbeamte mit dunklen Sonnenbrillen, GI-Joe-Haarschnitten und winzigen Mikrofonknöpfen im Ohr tun unauffällig. Weiter abseits, im Schutz eines Bürohauses, hat sich diskret ein Einsatztrupp des NYPD postiert. Auf der Kunsteisbahn des Rockefeller Centers drehen die Schlittschuhläufer unbeirrbar ihre Runden.

Die US-Zentrale des Auktionshauses Christie's am Rockefeller Center bläst zum gesellschaftlichen Jagdereignis der Sammlersaison – der größten Versteigerung moderner Nachkriegskunst seit Jahrzehnten. Das Gebäude mit seinem Glasportal und der taghellen, mit Skulpturen geschmückten Lobby strahlt wie ein Brillant in der Nacht.

Der Auktionssaal drinnen, ein schlicht-modernes, edelholzgetäfeltes Auditorium, ist schnell bis zum letzten Polstersitz gefüllt. New Yorks gesamter Geldadel hat sich versammelt, aufgeregt schnatternd und Luftküsschen austeilend, als hätten sie sich seit Jahren nicht gesehen. Bis an die Wände hin drängeln sie sich, oft in Viererreihen stehend, denn nur die Wichtigsten von ihnen, sprich: angemeldete Bieter, bekommen einen Platz reserviert. Allein die zur Schau getragenen Accessoires und Schmückstücke sind Millionen wert.

Um kurz vor 19 Uhr betritt Christopher Burge die Bühne, ein hochgeschossener, graumelierter Gentleman mit einem gutmütigen Mondgesicht. Er trägt einen perfekt sitzenden, dunkelgrauen Maßanzug und dazu eine schimmernde Krawatte, die sein britisch angehauchtes Understatement um einen Schuss Koketterie belebt. Sein Haar ist sorgsam nass zurückgekämmt.

Burge ist der Chefauktionator von Christie's, das sich mit seinem ewigen Erzrivalen Sotheby's den New Yorker Kunstauktionsmarkt teilt. Lange Präsident und inzwischen Ehrenvorsitzender von Christie's USA, gilt er bei Kunstsammlern wie Kunstkritikern unbestritten als der beste Auktionator Amerikas, wenn nicht der ganzen Welt. Es soll Christie's-Kunden geben, die sich per Vertragsklausel zusichern lassen, dass sie ihre Stücke von einer Versteigerung zurückziehen dürfen, sollte Mr. Burge unpässlich sein und nicht persönlich den Hammer schwingen können.

Kunstauktionatoren sind eine Spezies für sich. Halb Dompteure, halb Performance-Artisten, schultern sie nicht nur ungeheure Verantwortung, sondern auch ungeheure Macht. Sie choreografieren den Verlauf einer Versteigerung, steuern die Stimmungskurve, locken, reizen, spornen an, fordern heraus. Allein ihre Tonlage kann darüber entscheiden, ob ein Werk liegen bleibt oder ob es verkauft wird und für welche Summe. Ein falsches Wort, eine übereilte Geste, ein missverstandenes Augenzwinkern können hunderttausende Dollar Unterschied ausmachen. Gefragt ist eine perfekte Balance aus Understatement und Überschwang – oft gesucht, doch selten erreicht.

Burge gehört zu den Meistern dieser Kunst. Nicht nur, weil sich der Exilbrite seinen säuselnden Eton-Akzent bis heute bewahrt hat, obwohl er doch schon seit Jahrzehnten in New York City lebt. Nicht nur, weil ihm Adjektive wie „triumphal" oder „ganz außerordentlich" ohne Skrupel über die Lippen kommen und man sie ihm tatsächlich glaubt. Nicht nur, weil die *International Herald Tribune* ihm schier übermenschliches Können zuschreibt – „er habe das unübertroffene Talent, dem zögerlichen Bieter das Extra-Pfund Fleisch abzuluchsen").

Als der Hollywood-Regisseur Oliver Stone 1987 seinen Börsen-Thriller *Wall Street* drehte, diese Parabel auf Geld, Gier und Untergang, da brauchte er für eine Szene auch einen Auktionator. Nach einem überzeugenden Darsteller dieser Rolle brauchte Stone damals nicht lange zu suchen: Er heuerte Christopher Burge an.

Burge war es, der 1990 Vincent van Goghs weltberühmtes *Porträt des Dr. Gachet* unter den Hammer brachte. 82,5 Millionen Dollar schnitt er seinem Höchstbieter dafür aus den Rippen, mit seinem typischen, aufmunternden Lächeln. Ein Preisrekord, der bis heute ungeschlagen steht.

Mit amüsierter Miene blickt Burge über die heutige Runde: sein Publikum, seine Fans, seine Untertanen und Gespielen für die nächsten zwei Stunden. Er winkt nach hier, grüßt nach da, beugt sich vor, schüttelt eine Hand, küsst eine Wange.

„Sooo nice to see you, Ma'am", flötet er.

Sie liegen ihm zu Füßen. Es wird ein erfolgreicher Abend werden.

Alle sind gekommen. Wenn schon nicht, um aktiv mitzubieten, dann doch wenigstens, um zu sehen und gesehen zu werden, um sich gegenseitig zu ihrem Reichtum zu beglückwünschen und zu beneiden, um einzutauchen in diese einmalige, dekadent-elektrisierende Melange aus Geld, Geschmack und Gier. Börsenhaie, CEOs und Hedgefonds-Milliardäre, diskret in den Privatlogen versteckt. Immobilienmagnate, Medienmogule, Studiobosse, Erben, Supermodels, die Herren ganz in schwarz, die Damen in frischer Couture und Schmuck von Stern, Tiffany und Cartier.

Selbst aus Hollywood ist man eingeflogen. Schauspieler und Autor Steve Martin zum Beispiel, dessen schlohweißen Schopf man durch die Menge wippen sieht wie einen frisierten Tennisball. Alt-Agent Michael Ovitz, der Ex-Präsident der Walt Disney Company, der trotz seines Imagesturzes immer noch überall mitmischt, wenn es um Geld geht. Dazu viele namenlose, exquisit gepflegte, ältere Herren mit sichtlich jüngerer Trophäenbegleitung, weiblicher wie männlicher.

„Dies darf doch keiner verpassen", sagt der Aktienhändler Gary Winion, bleich, gestresst, sehr gepflegt, der einen dicken Auktionskatalog unterm Arm trägt.

Recht hat er. Die traditionellen New Yorker Herbstauktionen bei Christie's und Sotheby's, den zwei ewigen Rivalen, sind für die meisten in der Society hier so etwas wie eine Kreuzung aus Sportveranstaltung und Opernpremiere. Für andere dagegen sind sie ein eiskaltes Business, bei dem es um Dollar geht, um Wertanlagen und vor allem um Prestige.

So oder so, die Stimmung knistert. Wer glaubt, New York sei nach 9/11 in sich gegangen, habe Abstand genommen von Luxus, Protz und Exzess, der wird nirgendwo schneller eines Besseren belehrt als hier. Selten lässt sich diese sonst so verschlossene Gesellschaft so offen in die Karten schauen: Wer wie viel Geld übrig hat, wer um welches Stück bietet, wer aufgibt und bei welchen Summen.

Außerdem ist der Katalog des Abends – selbst ein pfundschweres Hochglanz-Sammlerstück, 228 Dollar im Jahresabo – auch diesmal natürlich wieder ausgesprochen eindrucksvoll und lässt schon jetzt bieterische Höhenflüge erwarten. 70 Stücke stehen zum Verkauf, eine ziemliche Menge für eine Abendauktion. Darunter Meisterwerke von Roy Lichtenstein, Andy Warhol, Willem de Kooning, Mark Rothko.

Das billigste, ein kleines Gemälde von Bill Viola, ist mit einem unteren Schätzpreis von 120 000 Dollar verzeichnet. Das teuerste, das Bild *Study for a Pope I* von Francis Bacon, mit sieben Millionen Dollar. Es wird am Ende des Abends nicht Spitzenreiter sein.

„Die Reichen sind sehr anders", erkannte schon F. Scott Fitzgerald im *Großen Gatsby*, seinem Roman über Dekadenz und Untergang. Und Kunstauktionen sind bis heute eine besondere Form dieses Andersseins: seltsame, für Außenstehende kaum begreifbare Rituale, wie hübsch verpackte Reliquien einer archaischen Welt. „Bizarre Kombinationen aus Sklavenmarkt, Börsenparkett, Theater und Bordell", nannte sie der New Yorker Kunstkritiker Jerry Saltz einmal. „Reines Entertainment, bei dem sich Spekulation, Spin und Trophäenjagd vermischen."

Für die Auktionshäuser jedoch geht es jedes Mal um alles oder nichts, sprich: um Geld. Der Erfolg einer Versteigerung bestimmt die nächste Unternehmensbilanz, bestimmt die Aussichten, sich für die kommende Saison die besten Stücke unter den Nagel zu reißen, bestimmt das Image bei Aktionären und Teilhabern. (Christie's wird privat gehalten, Sotheby's ist eine AG.)

Um eine Kollektion oder auch nur ein bestimmtes Kunstwerk für den „Block" zu ergattern, ist den Unternehmen deshalb nichts zu schade. Sie organisieren Kaviar-Dinner für die Besitzer, bezahlen ihnen Flugtickets, spenden für einen guten Zweck, der ihnen am Herzen liegt. Und für potentielle Käufer, mit denen man sein Resümee zieren will, arrangieren sie sogar eigene, semiprivate Hausdarlehen, unter harschen Konditionen natürlich.

Auch die Auktionen selbst sind, obwohl sie für Außenstehende spontan wirken, manchmal sogar wild-chaotisch, in Wahrheit bis ins letzte Detail durchinszeniert. Die Abfolge der Auktionsstücke, ihr Platz auf der Rufliste und ihre jeweiligen Wertschätzungen gehorchen einer strengen Choreografie: In Vorbereitung auf jedes wertvolle Exponat, jedes *showpiece*, werden zuvor gerne mehrere weniger wertvolle aufgereiht, wie ein Crescendo, das zum großen Forte führt, zu einem dramatischen Höhepunkt, der das Publikum erbeben lässt.

„Wie Musik, mit Höhen und Tiefen", hat der New Yorker Kunsthändler Franck Giraud, der ehemalige Christie's-Direktor für Kunst des 19. und 20. Jahrhunderts, diesen Ablauf beschrieben. Eine Art Sinfonie des Geldes also. Und die Auktionatoren, die allmächtigen *master of ceremonies*, sind die Dirigenten.

Christopher Burge tritt an sein Pult auf der rechten Seite der Bühne. Das Schnattern im Saal gerinnt zum Raunen, dann zum Schweigen.

Wie ihre echten Dirigentenkollegen sind auch die Auktionatoren für diverse Schrullen bekannt. Sie beten, um sich vorzubereiten, sie singen, sie verspeisen vor jeder Auktionen abergläubisch einen frischen Apfel, wie Simon de Pury, der Chef des kleineren New Yorker Auktionshauses Phillips, de Pury & Co.

Burges Trick: Er läuft vor jedem Abend wie ein Panther auf und ab, entweder auf den Gängen des Hauses oder draußen auf der 50th Street oder auf der Rockefeller Plaza, und murmelt dabei leise Preise und Zahlen vor sich hin, „wie ein Verrückter", so sagt er selbst. Schließlich sammelt er sich und greift sein Auktionsbuch, in dem er penibel alle Startgebote aufgekritzelt hat, außerdem die niedrigsten Mindestpreise, die der jeweilige Verkäufer akzeptiert, plus welche Stammkunden wahrscheinlich wann, wofür und wie viel bieten werden, wo sie diesen Abend sitzen oder, so sie per Telefon dazugeschaltet sind, wer sie im Saal vertritt.

Im Kopf hat er den Tanz des Abends schon vorgezeichnet: Wo er hinschaut, wen wer reizen muss, wen er nicht übersehen darf.

Er ist bereit.

Burge wird von zwei Assistenten flankiert. Am anderen Ende der Bühne haben sich fünf weitere Christie's-Mitarbeiter postiert, Telefonhörer in der Hand, um fernmündliche Gebote anzunehmen; Burge weiß auswendig, welcher seiner Kollegen welchen VIP-Kunden vertritt, zur Sicherheit hat er sich das alles aber auch vorher noch mal auf seinem Block aufgeschrieben.

Die Mitte der Bühne ist von einer Drehscheibe mit weißer Trennwand eingenommen, auf der ausgesuchte Stücke bei Bedarf zur Beschau herbeigeschoben werden. Zu Burges Linken, entlang der längeren Saalwand, stehen etliche weitere Herrschaften, ebenfalls an Telefone geklemmt: die privaten Vertreter abwesender anonymer Interessenten.

„Nummer 1", sagt Burge, „*Witness* von Bill Viola."

Das Ritual hat begonnen.

Die ersten Kunstwerke kommen, im wahrsten Sinne des Wortes, ohne weitere Aufregung unter den Hammer. Die Preise, quasi zum Warmlaufen.

374 400 Dollar.

284 800 Dollar.

665 600 Dollar.

844 800 Dollar.

1,24 Millionen Dollar.

Alles nur Vorspeisen für das Hauptgericht – ein Rothko, den Burge strategisch exakt in die Mitte seiner heutigen Auktion platziert hat.

Dieser Moment wird nach knapp einer Stunde erreicht, um kurz vor 20 Uhr. Die Spannung im Saal beginnt fühlbar zu steigen. Die Ladys nesteln nervös an ihrem Goldschmuck. Die Herren tupfen sich mit dem Taschentuch die Stirn ab. Burge beugt sich über sein Pult, die Köpfe im Saal beugen sich über ihre Kataloge.

„Nummer 34", spricht Burge bedeutungsvoll ins Mikrofon. „Mark Rothko, *Homage to Matisse*, 1954."

Kunstpause, dann der Startpreis.

„Zehn Millionen Dollar."

Die Zuschauer raunen.

Der Rothko ist der Star des Abends: eine vertikale, etwa vier Quadratmeter große Leinwand in Orange, Blau und Rot, von Christie's als „eines der großartigsten künstlerischen Errungenschaften des 20. Jahrhunderts" annonciert. Schon vorher hatten die Kunstkritiker sich in Rage geredet, während die Laien staunten, wie man nur so viel Geld für ein Stück farbige Leinwand verlangen kann.

Man kann. Binnen Sekunden stacheln sich die Gebote hoch. Zwei anonyme Bieter bekämpfen sich per Telefon, moderiert von Burge, mit genüsslichem Grinsen.

„15,8 Millionen!"
„16,5 Millionen!"
„18 Millionen!"
„19 Millionen! 19 Millionen! 19 Millionen?"

Burge weiß es, die Spannung geschickt zu steigern. Er will es nicht bei 19 Millionen belassen. Er will mehr rausholen, für Christie's, für sich.

„Verkauft an ...", reizt er die per Kopfhörer dazugeschalteten Konkurrenten gedehnt. Und prompt mischt sich ein neuer Bieter ein, ebenfalls via Glasfaserleitung.

„19,7 Millionen!"
„20 Millionen!"

20 Millionen Dollar an einen anonymen Bieter. Ein historischer Rekordpreis für einen Rothko – und für Christie's, das wie üblich noch 2 416 000 Dollar Kommission draufschlägt.

Christie's Kunden wissen, was sie wollen: „Das Beste vom Besten", sagt Brett Gorvy, bei dem Auktionshaus für moderne Kunst zuständig. „Und das sofort."

Oder, wie das *Wall Street Journal* lapidar vermerkt: „Die Reichen werden immer reicher und ihre Wände werden immer besser dekoriert."

Der letzte Hammer fällt. Der Saal stöhnt auf, orgiastischer Applaus bricht aus. „Mein Gott", ächzt eine Dame in schwerem Schmuck.

Fünf Jahre nach dem Schock von 9/11 schwelgt Manhattan wieder im Luxusfieber – unverblümt, schamlos, offen. Die *crème de la crème* hat sich erholt vom Börsencrash, von Rezession und

Terrortrauma. CEOs, Anwälte, Finanzmanager, Broker, Investmentbanker und IT-Spezialisten schwimmen im Geld, und sie geben es mit offenen Händen aus.

Nie zuvor hat es so viele amerikanische Millionäre gegeben wie in diesen Zeiten, und nie zuvor mehr davon in New York City, der Stadt, die von einem Multimilliardär regiert wird. „Die Wohlhabenden sind wieder da angelangt, wo sie vor dem Crash von 2001 waren", sagt Catherine McBreen, die Geschäftsführerin der Marktforschungsfirma Spectrem, die einen regelmäßigen „Millionärsindex" führt.

„Das Midas-Fieber steigt", diagnostiziert auch die *New York Times*.

Das zeigt sich nicht nur bei Christie's.

Es zeigt sich in den Nobelrestaurants von Midtown und Tribeca, in denen die Leute ohne Wimpernzucken wieder 1200 Dollar für eine Flasche Domaine Leroy Chambertin (2001) oder 800 Dollar für einen Chateau Haut-Brion (1982) hinblättern. „Zur Trüffelsaison bezahlen die Leute bis zu 180 Dollar für ein Hauptgericht", staunt selbst Julian Niccolini, der Manager des *Four Seasons*. „So viel Geld haben die Leute noch nie gehabt."

Es zeigt sich im *meatpacking district*, dem zum Schickimickitreff mutierten, früheren Schlachthof- und Sexclubviertel. Dort aalen sich die Reichen über den Dächern Manhattans auf der Penthouse-Terrasse des Privatclubs Soho House, in Hängematten dösend oder durch die geheizte Zehn-Meter-Wasserbahn paddelnd. 1100 Dollar im Jahr kostet dieser Spaß, plus 200 Dollar Aufnahmegebühr, wenn man reinkommt. Wer's noch teurer mag, sprich 2000 Dollar pro Nacht, der kann stattdessen zum Open-Air-Pool auf dem Dach des Design-Hotels Gansevoort ausweichen, gleich vis-à-vis.

Es zeigt sich in der Party- und Nightclub-Szene, die sich, nach kurzen Jahren pietätvoller Askese, längst wieder in dekadenten Nächten verliert. „Unser Geschäft brummt", freut sich

Event-Planer David Adler, der Privatfeste für die Elite organisiert. Das geht von den Ecstasy-Partys im Mega-Club *Crobar* auf der West Side bis zur Kostümgala des Metropolitan Museum of Art, bei der die Gäste, für einen Eintrittspreis von 3500 Dollar, getreu dem Motto „Gefährliche Liebschaften" in Krinolinen, Brokatschleppen und Puderperücken anrauschten.

Es zeigt sich im VIP-Salon der Star-Friseurin Sally Hershberger, im zweiten Stock einer alten Fleischfabrik, wo die Damen der Gesellschaft bis zu zwölf Wochen auf eine Reservierung warten, um sich für 600 Dollar den Schnitt der Saison verpassen zu lassen („sexy, leicht ungekämmt, sehr feminin"). Und wenn sie mal müssen, können sie auf dem Klo einen vermutlich echten Warhol bewundern.

Es zeigt sich in der Shopping-Liste des *New York Magazines*, die der Lady von Welt folgende Attribute empfiehlt: Kleid von Narcisco Rodriguez (3950 Dollar), Schuhe von Geraldine (495 Dollar), Ohrringe von Harry Winston (185 000 Dollar), Bambus-Täschchen von Gucci (1790 Dollar) und Strandsandalen des Juweliers H. Stern, besetzt mit Goldfedern und Diamanten (17 000 Dollar).

Es zeigt sich an der Canal Street, wo den fliegenden Händlern mit ihren ebenso billigen wie falschen Fendis, Chanels und Rolex jetzt gerichtlich der Garaus gemacht werden soll. Die Luxuskonzerne haben, um ihre Umsätze fürchtend, den Imitatoren nämlich den Kampf angesagt und wollen sie vertreiben – nur das Original soll fortan noch zählen.

Zugegeben, nicht alle werfen das Geld für unsinnige Opulenz aus. Tsunami, Katrina, Hunger in Afrika: Mit der Zahl der Millionäre ist auch die Zahl der Philanthropen gestiegen – lange nicht mehr haben so viele New Yorker so viele Dollars für so viele gute, wohltätige Zwecke gespendet. Doch die Reichen spenden meist still, allen voran Bürgermeister Bloomberg, der hunderte Millionen Dollar abzwackt, ohne viel Aufhebens darum zu machen.

Verrückte Zeiten? Oder ein Kampf gegen innere Dämonen? Macht Geld vielleicht doch glücklich(er)?

„Diese Leute", glaubt jedenfalls die Psychotherapeutin Gail Saltz, die auf der Upper East Side schwermütige Millionäre betreut, „wollen mit dem Geldausgeben zugleich auch einem unterbewussten Gefühl der Malaise entfliehen."

Mit anderen Worten: dem Gefühl, dass der nächste Anschlag doch noch kommt.

Zum Schluss seines Auftritts zieht Christopher Burge selbstzufrieden Bilanz. Weitere Rekorde purzeln. 66 Bilder und Skulpturen wechseln insgesamt den Besitzer, nur vier gehen an die Besitzer zurück. Gesamtumsatz der Auktion: 157 441 400 Dollar. Ein Weltrekord, für Christie's, für die gesamte US-Kunstszene – und für Burge. Am Ende, notiert Carol Vogel in der *New York Times*, sind alle Beteiligten vor lauter Bieten „restlos erschöpft".

Selbst das billigste Stück, eine Stahlskulptur des New Yorker Avantgardisten Walter de Maria, erzielt mit 240 000 Dollar einen privaten Bestpreis für den Künstler. „Dies", seufzt Burge, sonst eher ein Freund des Understatements, „war die großartigste Auktion meiner Karriere."

Zeichen der Zeit. Der gesamte New Yorker Auktionsherbst 2005 ist ein Meilenstein – die endgültige Wiederauferstehung des Geldausgebens.

Zu selben Zeit, da Burge als einer der Letzten das Auktionshaus verlässt und zufrieden durch die milde Nacht flaniert, kämpft in Brooklyn ein kleines, verhungerndes Mädchen um sein Leben.

15. Von toten Engeln

Der vereiste Gehweg vor dem Haus ist zum Schrein geworden. Entlang der Backsteinmauer stapeln sich hunderte Kerzen und Grablichter, die der harsche Wind ausgeblasen hat. Dazwischen stecken zahllose Teddybären, viele davon mit roten Schleifen, Nelken- und Rosensträuße, Spielzeugautos, Barbie-Puppen. Luftballons dümpeln an Geschenkbändern dahin, als habe hier neulich erst ein fröhlicher Kindergeburtstag stattgefunden. An der Fassade hängen Fotos, Zeitungsausschnitte, Beileidsbekundungen.

„Nixzmary Brown, deine Seele ist im Himmel, wir lieben dich."

„Gott segne dich, kleiner Engel."

„Ich kannte dich nur aus den tragischen Schlagzeilen, aber ich liebe dich trotzdem."

„Wir vermissen dich fürchterlich. Deine Kabelfernsehen-Installationscrew".

Brooklyn, Stadtteil Bedford-Stuyvesant, besser bekannt als Bed-Stuy. In den 60er Jahren war diese Ecke abseits des A-Trains nach Manhattan der Schauplatz schwerer Rassenunruhen. Heute ist Bed-Stuy – auch wenn die ersten Immobilienhaie selbst hier inzwischen lukratives Potential wittern – eine einfache, arme, stille Gegend, überwiegend bewohnt von Schwarzen und Latinos: Mietsreihenhäuser, Sozialwohnungen, schmale Straßen, an einer Ecke die Heilsarmee.

Das Häuschen mit der Nummer 571 in der Greene Avenue wäre hübsch, wäre es nicht so vernachlässigt. Das dreistöckige Backsteingebäude blickt direkt auf den kargen Tompkins Park, in dessen gefrorenem Gras ein paar Kids in der fahlen Sonne Baseball spielen. Aus einem Fenster hängt eine Klimaanlage heraus, nur notdürftig mit Klebeband befestigt. Vorne an die Fassade hat jemand eine provisorische Markise aus Plastikplanen befestigt, damit der Regen die vielen Devotionalien darunter nicht zerstört; die Planen sind aber über Nacht abgerissen und flattern nun müde im Wind.

Eine Frau nähert sich, geht ächzend in die Knie, legt einen weiteren rosa Teddybär auf den Andenkenberg und schlägt ein Kreuz.

Die Szene erinnert an jene spontanen Kerzenaltare, die nach dem 11. September 2001 zu Tausenden überall in der Stadt auftauchten und ganz New York abends in ein flackerndes Lichtermeer verwandelten.

Doch dies ist nicht 2001. Dies ist 2006. An der Haustür der Nummer 571 klebt ein Warnzettel des NYPD: *„Police Line – Do Not Cross – Crime Scene."*

In diesem Haus, in einer engen, düsteren Wohnung im ersten Stock, wohnte Nixzmary Brown, das Mädchen, dessen ungewöhnlichen Vornamen heute jeder kennt, nicht nur in Bed-Stuy. Sie wohnte hier mit ihrer Mutter Nixzaliz Santiago und ihrem Stiefvater Cesar Rodriguez, beide 27 und selbst der Kindheit gerade erst entwachsen, und vier Geschwistern.

Nixzmary Brown wurde sieben Jahre alt.

Der Tod ist ein täglicher Begleiter der New Yorker. Allein fürs Jahr 2004 zählte das New Yorker Gesundheitsamt hier 57 466 amtlich registrierte Todesfälle. Will heißen: Alle zehn Minuten wurde in dieser Millionenstadt jemand überfahren, erschossen, erstochen oder erschlagen, starb an Alter, Krankheit oder einem Unfall, brachte sich um oder verschwand einfach.

Es passiert überall, in jedem Stadtteil und mit solcher monotonen Regelmäßigkeit, dass man meist kaum mehr drauf achtet. Man ist zu beschäftigt, selbst zu überleben.

Manchmal aber, und vor allem seit dem 11. September 2001, schreckt der Tod die Menschen hier aus ihrer Routine auf. Er wird persönlich, greifbar, zu einer gemeinsamen Sache – vor allem bei Kindern.

Nixzmary Brown ist so ein Fall.

Nixzmary lebte auf der Schattenseite New Yorks – ein Schicksal, das sie hier mit Abertausenden ungenannten Einwanderern, Armen, Senioren und vor allem Kindern teilte. Es war ein Dasein, wie man es leider immer schon gekannt hat in dieser Stadt, als müssten Manhattans Glanz und Glamour irgendwo, irgendwie wieder ausbalanciert werden, damit das Universum sein Gleichgewicht behälte. Man sprach nur ungern darüber, vor allem, wenn Kinder davon betroffen waren, und vor allem nach den hehren Treueschwüren von 9/11, die man den Kindern gegeben hatte.

Nixzmary Brown änderte das. Im Sterben wurde sie zum Fanal für die Kluft zwischen Wunsch und Wirklichkeit, zwischen Reden und Tun in New York seit 9/11. Ihr kurzes Leben ist eine Parabel für Licht und Dunkel in New York, für die beiden Pole, die den emotionalen Spannungsbogen dieser Stadt bilden, heute mehr als je zuvor.

Unverständliches Leid.

Unermessliches Mitgefühl.

Und so offenbart sich hier am Ende doch das Gute im Menschen. Zumindest der Keim des Guten in den oft so vorschnell als kaltherzig verkannten New Yorkern, die angesichts von so viel sinnlos-unbeachtetem Unglück in ihrer Mitte plötzlich wieder zueinander fanden, in Trauer, Scham und Wut – wenn auch Monate zu spät für Nixzmary.

Es begann, wie so vieles hier, als eine klassische Immigrantengeschichte. Nixzmarys Mutter Nixzaliz Santiago, eine kleine, gedrungene Frau mit blondierten Haarsträhnen, kam 1995 aus dem puerto-ricanischen Küstenort Aguadilla nach New York, 17 Jahre war sie jung, doch bereits Mutter. Kurz darauf wurde sie erneut schwanger. Der Vater, eine Zufallsbekanntschaft, bestand auf Abtreibung. Nixzaliz trug das Kind trotzdem aus und nannte es Nixzmary.

Nixzaliz vagabundierte viel herum, sie wohnte in einem Obdachlosenasyl in Queens, sie zog nach Connecticut, wo sie von einem anderen Freund zwei weitere Kinder bekam. Von ihm hatte Nixzmary den Nachnamen – Brown.

Zurück in Brooklyn, lernte Nixzaliz den gleichaltrigen Cesar Rodriguez kennen, einen Nachtpförtner und Wachbeamten in dem Haus, in dem sie damals bei ihrem Bruder Luis untergekommen war. Rodriguez hatte ein forsches Mafioso-Gesicht und stammte aus Mexiko, er hatte in der amerikanischen Armee gedient und war für seine Wutanfälle bekannt. Er zog bei Nixzaliz und Luis ein, doch Luis setzte beide kurz darauf vor die Tür, denn mit Rodriguez konnte man einfach nicht leben. Nach einer Zwischenstation in einem weiteren Obdachlosenasyl landete das junge Paar schließlich, inzwischen verheiratet, in einer Sozialwohnung – 571 Greene Avenue.

Dort fiel die Familie nicht weiter auf. Ab und zu sah man sie in der St. Nicholas Church, einer katholischen Kirche in East Williamsburg. Nur wenige der Nachbarn ahnten, dass Nixzaliz, die noch zwei weitere Kinder bekam, wegen Drogenproblemen in Behandlung war.

Nixzmary kam auf die Schule, die Public School 256 in der Kosciusko Street in Bed-Stuy. 438 der 552 Kinder dort sind schwarz. Am Eingang der P.S. 256 stehen Metalldetektoren, für den Fall, dass jemand eine Waffe im Ranzen hat. Tragik war der Schule nicht fremd: Am Memorial Day 2005 wurde hier eine der Schülerinnern, die elfjährige Queen („Queenie") Washington, beim Spielen von ihrer besten, neunjährigen Freundin mit einem Steakmesser erstochen – im Streit um einen Gummiball.

Nixzmary dagegen fiel nicht weiter auf. Ihre Klassenkameraden beschrieben sie als „still, aber fröhlich". Sie habe immer etwas von ihren Süßigkeiten abgegeben.

Daheim jedoch waren Prügel offenbar an der Tagesordnung. So was gehöre zur „Familientradition", erklärte Rodriguez' Bruder Miguel später. „*Tough love*", nannte er das. „Die Kinder hören nicht, wir versohlen sie."

Im selben Monat, da Queenie Washington starb, wurden auch Nixzmarys Lehrer misstrauisch. Das Mädchen erschien erst mit blauen Flecken oder Platzwunden im Gesicht zum Unterricht. An einem Tag hatte sie sogar ein blaues Auge. Dann erschien sie gar nicht mehr. Insgesamt verpasste sie 46 Schultage.

Der Sozialberater der P. S. 256 informierte, exakt nach Protokoll in solchen Fällen, das Melderegister für Kindesmisshandlung des Bundesstaates New York. Einen weiteren, schriftlichen Bericht schickte der Counselor ans städtische Kinderamt, die *Administration for Children's Services* (ACS): Nixzmary Brown sei unterernährt, weise Spuren von körperlicher Misshandlung auf und gerate sichtlich in die Gefahr „erzieherischer Vernachlässigung".

Doch der Fall wurde zu den Akten gelegt.

Kinderamt und Schule beharren darauf, alles in getan zu haben, um sich um Nixzmary zu kümmern. Sozialarbeiter und Lehrer hätten sich mehrfach persönlich in die Greene Avenue bemüht, seien dort aber entweder von Rodriguez an der Tür abgewiesen worden oder hätten erst niemanden vorgefunden.

Das war ein Menetekel. Das ACS, zuständig für „das Wohlergehen der Kinder" in New York und für die Umquartierung von Sorgenfällen zu Pflegefamilien, ist seit jeher völlig überlastet und überfordert. 1996 von Giuliani gegründet, muss es mit nur 1100 Mitarbeitern 47 000 Verdachtsfällen misshandelter Kinder im Jahr nachgehen. Im Schnitt 30 dieser Fälle, so erläutert die eiskalte Statistik, enden tödlich.

Als Nixzmary Brown in der ACS-Zentrale erstmals zur Sprache kam, waren zur gleichen Zeit noch rund 10 000 andere Fälle anhängig. Außerdem steckte das Amt gerade mitten in einer quälenden Strukturreform, die sich bereits seit Sommer 2001 dahinschleppte.

Als besonderer Problemfall galt das ACS-Außenbüro Brooklyn – das Büro, das für Nixzmary zuständig war. Es hatte schon lange den Ruf eines Entsorgungslagers für inkompetente Sozialarbeiter. Im Winter 2005 spitzte sich die Lage zu: Die Schreibtische der *case workers* beugten sich unter immer neuen Akten, während alte Fälle im Behördendschungel feststeckten.

Im Dezember 2005 erschien Nixzmary erneut ausgehungert und mit blauen Flecken und einer Platzwunde im Gesicht zum Unterricht. Die Schule erstattet dem ACS Bericht: „Stiefvater schlägt Mutter und Tochter, Mutter ist passiv und unternimmt nichts, um sich oder die Kinder zu beschützen."

Ein Amtsarzt wurde konsultiert. Der befand aber, dass diese Verletzungen mit dem übereinstimmten, was Nixzmarys Mutter als Entschuldigung vorgebracht hatte: Das Mädchen sei die Treppe runtergefallen. Die Polizei, ebenfalls alarmiert, sah deshalb keinen Anlass, einzugreifen.

Erneut wurde der Fall zu den Akten gelegt.

Am ersten Jahrestag von 9/11 hatten die Verantwortlichen noch beschlossen, Kinder an die Spitze der Gedenkfeiern zu stellen. „Wir bitten unsere Kinder, die Führung zu übernehmen", sagte Bürgermeister Bloomberg damals. „Es ist an ihnen, dass der Geist unserer Stadt weiterlebt"

Hehre Worte, die ihm jetzt bitter nachhängen. „Wir als Stadt", sagt er zum Fall Nixzmary Brown, „haben dieses Kind im Stich gelassen."

Auch das ist New York.

Zur Jahreswende begann die Lage in 571 Greene Avenue zu eskalieren. Cesar Rodriguez verlor seinen Job als Nachtpförtner, hockte nur noch schimpfend und fluchend zu Hause rum. Nixzaliz Santiago, die eine Fehlgeburt erlitten hatte, war derweil völlig überfordert mit den Kindern und dem Haushalt.

Eines Nachts im Januar klingelte Santiago panisch ihre Nachbarin aus dem Bett. Es war 4.15 Uhr, und Santiago schluchzte: „Komm bitte, meine Tochter ist ertrunken, sie ist tot."

Die Nachbarin eilte nach unten. Dort fand die Rodriguez im Schlafzimmer über den leblosen Körper des Mädchens gebeugt.

Nixzmary war völlig abgemagert, sie wog nur 16 Kilogramm. Die Autopsie ergab später, dass ihr Schädel eingeschlagen war und sie am ganzen Körper blaue Flecken hatte. Auch fanden sich Spuren sexueller Misshandlung. „Dieses Kind hatte kaum eine Stelle, die nicht gezeichnet war", sagte Staatsanwältin Catherine Dagonese.

In Nixzmarys Kinderzimmer entdeckten die Cops Blutspritzer an der Wand. Anderswo in der Wohnung stellten sie ein Einmachglas mit einem toten Fötus sicher – Santiagos Fehlgeburt.

Erst behauptete Rodriguez, Nixzmary sei in der Badewanne ertrunken. Als die Polizei anrückte und bemerkte, dass die Kinderleiche trocken war, änderte er seine Story: Nixzmary sei hingefallen. Erst durch die Vernehmung der Tatzeugen – die Mutter und die Geschwister – kam die ganze Wahrheit ans Licht.

Nixzmary war monatelang misshandelt worden. Nachts wurde sie in ihrem Zimmer eingesperrt. Sie musste Katzenfutter essen und ihre Notdurft in einem Katzenklo verrichten, das in ihrem Zimmer in der Ecke stand. Manchmal fesselte sie Rodriguez mit einer Nylonkordel oder mit Paketband an einen alten, abgewetzten Stuhl und band den Stuhl wiederum an einen Heizkörper.

Nixzmary sei ein schwieriges, unartiges Kind gewesen, gab Rodriguez zu seiner Entschuldigung an. An jenem Abend habe er sie „zur Strafe" nackt ausgezogen, an den Stuhl gebunden und dann verprügelt. Dann habe er eiskaltes Wasser in die Wanne gelassen und Nixzmary dort untergetaucht. Anschließend habe er sie erneut geschlagen, wobei ihr Kopf wohl gegen den Wannenrand oder die Monturen geprallt sei.

Das Absurde daran: Rodriguez verhielt sich damit – abgesehen vom letzten, fatalen Schlag – eigentlich gesetzeskonform. Das Strafgesetzbuch des Bundesstaates New York erlaubt es Eltern nämlich, zur „Betreuung und Überwachung von Personen unter 21 Jahren" durchaus „physische Gewalt" anzuwenden, „allerdings keine tödliche physische Gewalt".

„Ich habe da wahrscheinlich meine ganze Kraft eingesetzt", erinnerte sich Rodriguez später in einem Interview mit Lokaljournalisten im Gefängnis Rikers Island. „Dies ist doch nur zu deinem Besten", habe er zu dem schreienden Mädchen gesagt.

Nixzmarys Vergehen: Sie habe einen Becher Vanille-Erdbeer-Yoghurt aus dem Kühlschrank gegessen, der für ihre Geschwister bestimmt gewesen sei.

Es war der dritte gewaltsame Tod eines vom ACS „betreuten" Kindes in drei Monaten. In den zwei Tagen danach schoss die Zahl der Meldungen möglicher Misshandlungsfälle auf der städtischen Telefon-Hotline von 501 auf 888. Das ACS suspendierte drei Mitarbeiter und gelobte Besserung. Bloomberg ordnete ein offizielles Ermittlungsverfahren zur Aufklärung der ACS-Versäumnisse an.

Am Wochenende kauft Nixzmarys Großmutter Maria Gonzalez, die zur Beerdigung aus Puerto Rico eingeflogen ist, ihrer Enkelin ein letztes Kleid. Es ist ein weißes Taftkleid Größe 8, das die Verkäuferin im *Kid Stop*, einem Kinderbekleidungsladen auf der Lower East Side, aus Mitgefühl von 79 auf 14 Dollar heruntersetzt. Dazu kauft Gonzalez weiße Schuhe, weiße Handschuhe und einen weißen Gürtel. Insgesamt beläuft sich die Rechnung auf 104,28 Dollar.

„Ich will, dass sie wie ein Engel aussieht", sagt Gonzalez.

Nixzmary wird im R. G. Ortiz Funeral Home aufgebahrt, einem einfachen Bestattungsinstitut an der First Avenue im East Village. Dort liegt sie in einem offenen Kindersarg, in ihrem neuen Taftkleid, ein weißes Blumenkränzchen auf dem Haar, neben sich ihre drei Lieblings-Teddybären. Ihr zerschundenes Gesicht und die geschwollenen Augen sind mit Make-up retuschiert.

Im aufgeklappten Sargdeckel hängen ein goldenes Kreuz und ein Bild vom letzten Halloween. Nixzmary ist darauf als ein Power Ranger verkleidet und hält einen roten Helm in der Hand.

Freunde und Verwandte singen „Amazing Grace". Der Raum ist mit Rosen und Luftballons geschmückt, auf denen steht: *„You're special."*

Und hier geschieht dann etwas, was New York zu dem macht, was es ist – eine Stadt voller Widersprüche, die selbst im tiefsten Elend noch einen Weg findet, einem das Herz zu wärmen.

Über 1000 New Yorker stehen im strömenden Regen an, um Nixzmary das letzte Geleit zu geben. Die Schlange windet sich einmal um den ganzen Straßenblock. Freunde, doch meist Fremde und Unbekannte, Kinder, Erwachsene, mit einzelnen Rosen, großen Blumenbouquets, noch mehr Teddybären, noch mehr Plüschtieren, noch mehr Spielzeug.

„Sie starb für den amerikanischen Traum", sagt Joanna Pearce, eine Verkäuferin aus Midtown, die Nixzmary nicht kannte und mit ihrem achtjährigen Sohn Josh gekommen ist. Josh hat Nixzmary eine Beileidskarte geschrieben: „Sorry, dass du gestorben bist."

Die Totenmesse findet in der St. Mary's Church auf der Lower East Side statt. Hunderte drängen sich in den Kirchenbänken. Nixzmarys Verwandte – außer Stiefvater und Mutter, die in Haft sitzen – hocken stumm weinend in den ersten Reihen. Sie ernten böse Blicke, empörtes Getuschel, Fingerzeigen. „Wo waren sie, als das alles passierte?", zischt eine Frau. „Sie sind mit Schuld!"

„Nixzmary ist jetzt jenseits des Bösen", sagt der Priester, Reverend Robert O'Neil.

Anschließend folgen mehrere Hundert Menschen der Prozession zum Brooklyner Friedhof, mit Auto, Taxi oder U-Bahn, um an Nixzmarys offenem Grab zu beten, zu singen und zu weinen. Wie ein kollektives schlechtes Gewissen, da von den Schwüren nach 9/11 nicht viel geblieben ist. Der Sturm peitscht den Regen quer, reißt ihnen die Hüte vom Kopf, doch sie bleiben bis zum Schluss.

„Endlich Frieden", schlagzeilt die *New York Daily News,* die mit ihrer Konkurrentin *New York Post* darum kämpft, wer denn dieser Tage die dramatischste Nixzmary-Schlagzeile zustande bringt.

Selbst die altehrwürdige *New York Times* springt für ein paar Tage auf den Zug auf. Doch dann verliert sie wieder das Interesse. Schließlich hat die Zeitung genug eigene Sorgen.

16. Graue Lady am Krückstock

Das innerste Heiligtum der *New York Times* befindet sich im zehnten Stock des Verlagshauses, einem neogotischen, burgähnlichen, staubigen Palast an der West 43rd Street, nur wenige Fußschritte vom Times Square entfernt. Vom Aufzug aus überquert man einen Linoleumflur, der an ein altes Gymnasium erinnert, geht um die schnitzereiverzierte Bibliothek herum, vorbei an hell erleuchteten, doch leeren Büros und einem Poster, das zu regelmäßiger Mammografie rät, und gelangt schließlich durch eine Flügeltür in einen riesigen Raum.

Es ist grabesstill. Schwerer Teppichboden schluckt das Geräusch der Schritte. In der Mitte steht ein langer Mahagonitisch mit beidseits je acht Sesseln und einem Sessel am Kopfende. Über dem Tisch baumeln zwei Art-déco-Schalenlampen. Die Fenster weisen auf die kargen Backsteinfassaden eines Innenhofs. An der Stirnseite des Raums hängen goldgerahmte Ölporträts zweier schnauzbärtiger, düster dreinblickender Herren. Der eine ist *Times*-Gründer Henry Jarvis Raymond, der andere Charles Ransom Miller, einer der ersten Chefredakteure.

Dies ist der *board room*. Hier oben, sieben Etagen über der lärmenden Nachrichtenredaktion, sitzt das eigentliche Gehirn der berühmtesten Zeitung der Welt: das *editorial board* – die Kommentar- und Leitartikelredaktion – der *New York Times*.

Hier tagen die 17 Top-Meinungsmacher des Blatts und der Stadt, wenn nicht der Nation, um den Kurs zu bestimmen. Hier werden, unter Führung von *Editorial*-Ressortchefin Gail Collins, Politikkarrieren beendet oder gefördert, Wähler beeinflusst, Themen gesetzt. Hier entsteht die „Linie" der Zeitung – und, fast wichtiger noch, der liberale Pulsschlag New York Citys, denn bis heute verkauft sich über die Hälfte der *Times*-Auflage innerhalb der Stadtgrenzen.

Was natürlich nicht heißen muss, dass es dabei steif zugeht. Andrew Rosenthal, den sie Andy nennen, lümmelt sich jedenfalls Kaugummi kauend in Jeans und weißem Sporthemd in einem der Drehsessel.

„Wie schön, dass Sie sich für uns interessieren", sagt der Mann hinter Gail Collins, der Vizechef des einflussreichsten Meinungsressorts seiner Zunft.

Andy Rosenthal, 50 Jahre alt, doch wesentlich jünger wirkend, ist die Herzlichkeit in Person. Er ist etwas füllig, trägt einen gemütlichen Bart und eine unmodische Brille und gibt sich trotz seiner schweren Augenringe fröhlich und humorvoll, als nehme er die Dinge hier nicht ganz so bierernst.

Was bleibt ihm auch übrig.

Wenn New York die Medienhauptstadt der Welt ist, dann ist die *New York Times* ihre Regentin. Sicher, das *Wall Street Journal* ist oft eleganter geschrieben, die *New York Post* und die *New York Daily News* sind oft origineller, der *New York Observer* ist oft intellektuell-bissiger. Trotz allem: Die *New York Times* bleibt die *Grand Dame* der amerikanischen Publizistik.

Fragt sich nur: Wie lange noch? Seit einiger Zeit stolpert die *Gray Lady* von einer Krise in die nächste: Ein warnendes Beispiel dafür, wie zweischneidig das *new normal* in New York seit dem 11. September sein kann, selbst für Platzhirsche.

Kein Wunder also, dass sich die *Times*-Redakteure dieser Tage äußerst ungern auf die Finger gucken lassen. Sie haben sich – gedemütigt, trotzig und zwangsintrovertiert nach all den Pannen und Peinlichkeiten – in ihrem Bunker an der West 43rd Street geradezu verbarrikadiert, bewacht von einem livrierten, grimmigen Portier hinter den schweren Drehtüren der Eingangslobby.

Insofern hat Rosenthals joviale Zugänglichkeit allein schon einigen Nachrichtenwert.

„Kaffee? Wasser? Bedienen Sie sich!" Er deutet auf ein angerichtetes Set auf der Mitte des Tischs.

Wenn einer die *New York Times* in- und auswendig kennt, wenn einer einem also erklären kann, was hier neuerdings los ist, dann wohl Andy Rosenthal. Der leitende Redakteur wuchs mit der *Times* auf – und hängt jetzt, unversehens, unfreiwillig und unverschuldet, in schmerzhaftem Spagat über dem Riss, der sich durch die Redaktion zieht.

Sein Vater Abe Rosenthal, Zeitungsmann des alten Schlags, arbeitete 56 Jahre lang hier, zuletzt von 1969 bis 1986 als Chefredakteur und dann als Kolumnist, bevor er 1999, mit 77 knorrigen Jahren, gegen seinen Willen aufs Altenteil geschickt wurde. Journalistisches Urgestein war der, legendär, exzentrisch, kontrovers bis zum Schluss. Einer, der darauf bestand, selbst die Heizung hier auf dem *tenth floor* eigenhändig zu kontrollieren und seinen Nachfolger Max Frankel zum Abschied voller Inbrunst als *„a dog shitting in the street"* titulierte.

Doch auch der Sohn blickt schon jetzt auf einen turbulenten Lebenslauf zurück. Geboren in New Delhi, wo sein Vater damals *Times*-Korrespondent war, verdiente sich Rosenthal seine Sporen bei der Associated Press in New York und Moskau. 1987, ein Jahr nach Abes Abgang aus der Chefredaktion, wechselte Andy zur *Times,* wo er Korrespondent im Pentagon und dann, unter George Bush I., im Weißen Haus war.

Am Tag vor den Anschlägen des 11. September wurde er, in einem typisch New Yorker Schicksalswink, zum Nachrichtenchef befördert – die *Times* vermeldete seinen Aufstieg an jenem Morgen, in ihrer letzten, ins Archiv des Makabren verdammte Ausgabe des Vor-Terror-Zeitalters, per kleiner Notiz – und rasselte so buchstäblich über Nacht in die Story seines Lebens. Zum Dank wurde er zwei Jahre später noch weiter nach oben geschubst und landete – nicht nur als einer der jüngsten Meinungsmacher, sondern gleich als stellvertretender Ressortleiter – im *editorial board*.

Oder, wie er es schmunzelnd nennt, auf der „anderen Seite des Erdballs".

Und ausgerechnet das ist es auch, was das jüngste Ungemach bei der *Times* jetzt so verschärft. Denn hier existieren zwei separate Welten, hermetisch und ganz absichtlich voneinander abgeriegelt, nicht nur durch Aufzugschächte, Trennwände und lange Flure: die Nachrichtenredaktion (*newsroom*) im dritten Stock und die Meinungsredaktion (*editorial pages*) im zehnten.

Unten hocken über 100 dauergestresste Redakteure und Reporter wie Hühner in der Legebatterie, in einem riesigen Großraumbüro mit orangefarbenem Teppichboden und unwürdigen Arbeitskabinen, bei ewigem Neonschimmer und ewig gleicher Arbeitsroutine: 10 Uhr Antreten, 10.30 Uhr Ressortkonferenz, 12 Uhr Themenkonferenz, 16.30 Uhr Titelkonferenz, Dienstschluss selten vor Mitternacht.

Oben residieren die Chefredaktion und die Leitartikler in Schall schluckendem Plüsch, basteln an Kommentaren, redigieren 15 Leserbriefe pro Ausgabe (1500 bis 2000 trudeln täglich ein, „einige davon klar derangiert", sagt Rosenthal) und bearbeiten diverse Gastbeiträge, überwacht vom Verleger Arthur Sulzberger höchstselbst, dem Statthalter des alten Familienclans, der die *Times* seit vier Generationen kontrolliert.

Diese rigorose Zweiteilung – die beiden Lager arbeiten dienstlich nur miteinander, wenn es unbedingt sein muss – pflegt die *Times*, wie die meisten anderen US-Tageszeitungen, um so zu vermeiden, dass auch nur ein Tropfen politischer Tendenz aus den mitunter scharfzüngigen Kommentarspalten in die nachrichtliche Berichterstattung durchsickert. Bisher hat sich dieses System bewährt.

Doch jetzt hat es die *Times* gespalten und an den Rand des Verderbens gebracht, zumindest aber an den Rand des Nervenzusammenbruchs. Und zwar, mit bemerkenswerter Ironie, als gar nicht so indirekte Folge von 9/11.

Andy Rosenthal kann ein Lied davon singen.

Der hat diese journalistische, politische und nicht zuletzt auch wirtschaftliche Achterbahnfahrt der *Times* seit dem 11. September am eigenen Leibe miterlebt – von beiden Warten aus. Terror, Anthrax, Pulitzerpreise, Fälschungsskandale, Redaktionsaufstände, Führungswechsel, dramatische Anzeigen- und Gewinneinbrüche, Stellenkürzungen, die Affäre um die widerspenstige Starreporterin Judith Miller, der Kotau vor der Regierung im Namen des Krieges: Fünf wilde Jahre waren es, in denen das Blatt die höchsten Gipfel und tiefsten Abgründe seiner 155-jährigen Geschichte durchmachte – ein Wechselbad, das nun unweigerlich die Frage aufwirft: *Was kommt bloß als nächstes?*

„Ehrlich gesagt", seufzt Rosenthal und lehnt sich vorsichtig zurück, „wir sind alle auf hundertachtzig."

Dabei hätte es ganz anders sein können. So schrecklich der 11. September 2001 auch war, für die *New York Times* war er zunächst eine historische Glanzstunde. Der damalige Chefredakteur Howell Raines, nicht mal eine Woche im Amt, jagte jeden verfügbaren Schreiber nach Ground Zero und durch den Rest der Stadt. Bis zum Abend waren allein in New York insgesamt rund 300 *Times*-Reporter in fliegendem Einsatz. „*Flooding the zone*" nannte Raines diese Strategie, das „Fluten" der Story mit Augen, Ohren und Stiften. Mit Erfolg: Sechs Pulitzerpreise – ein neuer Rekord – heimste die *Times* für ihre Berichterstattung über die Folgen der Anschläge ein, darunter für die Serie *Portraits of Grief*, die ergreifenden Porträtvignetten von über 1800 Opfern.

Mehr noch: Die *Times* schweißte die New Yorker zusammen in den Tagen, Wochen und Monaten „danach". Vertraut raschelnd, auf verlässlichem Papier gedruckt und für viele Menschen hier plötzlich so viel greifbarer als die geborstene Seele der Stadt, war sie ein Resonanzboden für Trauer und Schmerz, für Patriotismus und den Widerstand gegen dessen Missbrauch. Sie gab den 9/11-Opfern eine in der ganzen Welt hörbare Stimme – Verstorbenen wie Hinterbliebenen. Sie tröstete und beruhigte, sie erklärte und enthüllte, sie nahm einen an der Hand und sagte: „Keine Angst, du bist nicht alleine."

Als die Pulitzerpreise 2002 verkündet wurden, baute sich Raines vor der versammelten Redaktion im *newsroom* auf und erklärte diese Tage zur „Zeit der Legende bei der *New York Times*".

Und dann wendete sich das Blatt.

Dass nämlich auch die *Times*-Reporter selbst mit ihren ganz persönlichen Dämonen zu kämpfen hatten, das fiel dabei schnell unter den Tisch. Schließlich war das für sie ja nicht nur eine Story wie jede andere. Es war eine Attacke auf *ihre* Heimatstadt, *ihren* Lebensraum, *ihre* Familien und Freunde.

Um all diesen Horror zu verdrängen, stürzten sie sich in die Arbeit, arbeiteten rund um die Uhr, sieben Tage die Woche, oft bis die Nerven aufgaben.

Andere griffen zu zwielichtigeren Selbsthilfemethoden.

Und damit begannen die Skandale. Eine Nervenkrise jagte die andere. Plötzlich wurden die Chronisten an der 43rd Street (Motto: *„All the news that's fit to print"*) selbst zur Killer-Story: Jedes Mal, wenn sie dachten, das Schlimmste sei vorbei, kam ein neuer Schlag.

Erst die Sache mit dem Serienfälscher Jayson Blair: Ein 27-jähriger, mittelmäßiger Jungreporter, der nach 9/11 ganz durchknallte und insgesamt drei Dutzend erfundene oder plagiierte Texte ins Blatt schmuggeln konnte, viele davon exponiert auf Seite 1. Es war nicht nur der größte Fälschungsskandal in der Zeitungsgeschichte Amerikas. Der Fall entblößte auch die Löcher, die 9/11 ins interne *Times*-Kontrollnetz gerissen hatte, entblößte eine restlos überforderte Redaktion, entblößte untragbare Arbeitsbedingungen.

Am Ende stürzte nicht nur der Fälscher, sondern auch Chefredakteur Raines und sein Vize Gerald Boyd.

Dann das Theater um Judith Miller. Die unscheinbare, doch bissige Starreporterin verfasste, gestützt auf Desinformationen ihrer anonymen Stichwortgeber, im Vorlauf zum Irak-Krieg eine Artikelserie über Saddam Husseins mutmaßliche Massenvernichtungswaffen-Geheimlager und fachte damit, zur Freude der US-Regierung, die öffentliche Zustimmung für eine Invasion an. Aber auch Millers Storys entpuppten sich später meist als falsch oder aufgeblasen, und die *Times* leistete erneut zerknirscht Abbitte – allerdings erst ein Jahr danach, als nichts mehr zu retten war und der Irak in Trümmern lag.

Als nächstes verwickelte Miller, die sich selbst nicht umsonst den Spitznamen „Miss Amoklauf" gegeben hatte, die *Times* in den größten Politskandal der Saison in Washington: die Enttarnung der CIA-Agentin Valerie Plame in gezielten „Hintergrundgesprächen" des Weißen Hauses mit handverlesenen Journalisten, darunter Miller, um auf diesem perfiden Wege Plames lästigen Ehemann zu kompromittieren, den Regierungskritiker Joe Wilson, einen Hauptakteur in der WMD-Debatte.

Die abstrusen politischen Nuancen dieses Falls sind ein Abenteuer für sich, dessen letzte Kapitel noch nicht geschrieben sind. Fest steht, dass Miller sich erst unter großem Flankenschutz der Chefredaktion für 85 Tage in Beugehaft begab, als Märtyrerin und Jeanne d'Arc der Pressefreiheit, weil sie nicht verraten wollte, wer im Weißen Haus ihr Plames CIA-Identität gesteckt hatte, von wegen Quellenschutz. Doch am Ende gab Miss Miller ihren Intimus doch preis – Lewis Libby, der Stabschef von Vizepräsident Dick Cheney – und wurde selbst als journalistische Doppelagentin demontiert, die mit der Regierung gekungelt und die eigene Redaktion getäuscht hatte.

„Es war ein miserables Beispiel für Quellenschutz", seufzt

Rosenthal. „Aber wir können uns unsere Schlachten nicht aussuchen."

Miller verließ die *Times* darob ebenfalls, was sonst. Das war im Herbst 2005 und der Pulitzerpreis-Jubel war lange vergessen. Seither wackeln auch die Stühle von Chefredakteur Bill Keller und Verleger Sulzberger.

Währenddessen macht nur zwei Straßen weiter, im spiegelnden Condé Nast Tower auf der anderen Seite des Times Squares, jemand der *New York Times* vor, wie gut und profitabel investigativer Journalismus sein kann: das früher so betuliche Wochenmagazin *New Yorker*.

Das hat sich seit 9/11 unter Chefredakteur und Pulitzerpreisträger David Remnick von seinen Spinnweben befreit. Vorbei die Zeit, da der *New Yorker* eine behäbige Besinnungspostille war, die jahrzehntelang aus Prinzip keine Fotos druckte, sondern lieber 50 000 Wörter über die metaphorische Bedeutung welken Herbstlaubs, eine unpolitische Schreibstube für Edelfedern, hinter deren Türen sich hoch bezahlte Mumien verbargen, ein Verlustobjekt des Condé-Nast-Verlags.

Auf einmal kommt der *New Yorker* frisch und munter daher und wildert fröhlich im Revier der *Times*, indem er nach Herzenslust liberale Politik macht: „Ein Nachrichtenmagazin für die Eliten", findet Peter Kaplan, der Chefredakteur der Wochenzeitung *New York Observer*, „das schlauen Leuten sagt, wie sie über Dinge zu denken haben."

Was früher mal der Job der *New York Times* war.

Denn auch für den *New Yorker* war der 11. September 2001 eine Zeitenwende. Chefredakteur Remnick sah die Anschläge von seinem Bürofenster aus mit an. Aufgewühlt durch den Schock begann er, die rein literarische Tradition seines Blatts mit einem neuen, politischen Journalismus zu verschmelzen – harte Reportagen, respektlose Recherchen, spitze Leitartikel.

Unbeirrbar hinterfragt der *New Yorker* seither die Kriegspolitik von US-Präsident Bush, vor allem mit aufsehenerregenden investigativen Berichten. Besonders profiliert hat sich dabei Seymour Hersh, ein grantiger Reporter vom alten Schlag. Hersh war der Erste, der im *New Yorker* über den Folterskandal von Abu Ghureib schrieb, über die bitteren Richtungskämpfe im Pentagon, über die CIA-Pannen im Irak, über Washingtons Verbindung zum saudischen Königshaus, über die nuklearen Machenschaften Pakistans. Die *New York Times* hinkte bei vielen dieser Themen mühsam hinterher.

Was irgendwie ironisch ist. Sein journalistisches Handwerk hat Hersh schließlich bei der *Times* erlernt – unter dem Chefredakteur Abe Rosenthal.

Zu aller guten Häme widmete der *New Yorker* dem belagerten Arthur Sulzberger im Januar 2006 auch noch ein langes, bitterböses Porträt. Der Verlagserbe sei „unreif" und „sarkastisch" und treffe „fragliche" redaktionelle wie verlegerische Entscheidungen. Sulzberger, schrieb Medienkorrespondent Ken Auletta, „scheint nur einen älteren Mann zu spielen".

Die *New York Times* zu lesen, bleibt ein unvergleichliches Ritual. Weil die Zeitung am Wochenende so schwer ist, so dick und unhandlich, müssen sie die nicht-aktuellen Artikel des Wochenendes für Abonnenten auf zwei Tage verteilen, den Samstag und den Sonntag. Wenn es regnet, packt der Zeitungsausträger die *Times* in eine blaue Plastikfolie, damit sie nicht nass wird. Die Folie trägt die aufgedruckte Anregung, Geld zum Ausbau des New Yorker Schulsystems zu spenden. Die meisten Austräger haben komplizierte Namen, die man sich nicht merken kann, und wohnen in Queens. Das weiß man, weil sie jeden Dezember eine Weihnachtskarte dazulegen, mit einem adressierten Rückumschlag fürs jährlich fällige Trinkgeld.

„*Happy holidays*", wünschen sie einem, religionsneutral, damit keine Gefühle verletzt werden.

Doch fünf Jahre nach 9/11 und vier Jahre nach dem Pulitzerpreis-Triumph ist bei der *Times* der Ärger über die vertanen Chancen fast greifbar. Die Kluft zwischen dem zehnten und dem dritten Stock, zwischen dem *editorial board* und dem *newsroom*, ist so tief wie nie zuvor. Redakteure beäugen sich misstrauisch. Derweil kämpft die Verlagsseite gegen schier unaufhaltsamen Anzeigenschwund und Einnahmeflaute.

Was kommt bloß als nächstes?

Eine Frage, auf die Rosenthal inzwischen eine Antwort gefunden hat.

„Der Kampf um die Pressefreiheit."

Seit 9/11, klagt Rosenthal, sei das Weiße Haus dabei, die Bürgerrechte und die Pressefreiheit in den USA schleichend auszuhöhlen, und auch an der West 43rd Street mache sich das immer mehr bemerkbar. Nachrichtensperren, Desinformationen, bezahlte Propaganda, Zensur, gerichtliche Verfolgung von Journalisten: „Das erinnert mich sehr unangenehm an totalitäre Regierungen."

Starker Tobak. Doch genug der düsteren Vorahnungen.

An der verlassenen Bibliothek vorbei geht es zurück zum Aufzug. Gummibäume krümmen sich im Neonlicht. An der Wand hängt ein Hinweisblatt für den „korrekten Umgang mit Postsendungen" – ein Relikt der Anthrax-Panik von 2001, die damals auch die *New York Times* vorübergehend ergriff. Als hier im Februar 2006 erneut ein Anthrax-Fall durch die Schlagzeilen geisterte, da zuckten die New Yorker nur noch müde mit den Schultern.

Vom alten Palast der *Times* sind es nur ein paar Schritte hinüber zum künftigen Standort des neuen Verlagshauses. An der Eighth Avenue, zwischen West 40th und 41st Street, ragen bereits die ersten Stahlträger in die Höhe. Hier soll ein 52-stöckiger, transparenter, silbern schimmernder Glasturm in den Himmel stechen, entworfen vom Stararchitekten Renzo Piano nach allen ökologischen und ergonomischen Gesichtspunkten und gekrönt von einer scharfen Speerspitze.

Die Modelle und Zeichnungen sind atemberaubend. Architekturkritiker Paul Goldberger nennt den neuen Times Tower bereits das „großartigste Bauprojekt in New York seit dem 11. September 2001".

Das hören sie weiter südlich, an Ground Zero, sicher nicht gerne.

17. Die Baumeister

Brian Lyons hat es sich absichtlich so eingerichtet, dass sein Arbeitsplatz nur wenige Schritte von der Stelle entfernt ist, an der sein Bruder Mike starb.

„So bin ich ihm immer nahe", sagt er.

Er muss nur von seinem Zeichentisch aufstehen, aus seinem Büro im vierten Stock hinaus auf den Flur gehen, der noch nicht mehr ist als ein von Rigipswänden flankierter Gang, dann zweimal um die Ecke und durch eine Tür in einen weiten, hellen Raum, der sich noch im Rohbau befindet und fast die gesamte Etage einnimmt. Die jenseitige Wand dieses hellen Raums ist komplett verglast, vom Boden bis zur Decke und zu beiden Seiten hin. Nähert man sich dieser Glaswand, dann öffnet sich der Blick, besser gesagt, er *stürzt* – hinunter in einen gigantischen Erdschlund, in dessen Tiefe winzige Bagger und Baulaster herumkrabbeln, wie ferngesteuerte Tonka-Trucks.

Die größte Baustelle der Welt.

Zugleich ein Massengrab.

Ground Zero.

„Hier verbringe ich jeden Tag", sagt Lyons stolz. „Von sieben Uhr früh bis 15.30 Uhr."

Brian Lyons ist ein kräftiger, knorriger Mann, wortkarg, mit polternder Stimme, einem leicht wirren, grauen Haarschopf und wachen, aber traurigen stahlblauen Augen. Seine Stirn ist zerfurcht, der Rest des Gesichts dagegen seltsam faltenfrei. Seine Augenbrauen stehen buschig hervor. Er ist 45 Jahre alt, doch er könnte ebenso gut 35 sein. Oder 55.

Lyons ist einer der Projektmanager für den Freedom Tower, der jetzt langsam aus diesem Grundstein heraus in den Himmel wachsen wird – ein symbolträchtiger Mammutbau im emotionalen Herzen New Yorks, mit dem die Neugeburt Lower Manhattans endlich beginnen soll, und nicht nur die, sondern die Neugeburt der ganzen Stadt.

Doch selbst die beredteste Symbolik stützt sich auf ganz profane Hochbaumechanismen. Und für die ist eben Lyons verantwortlich – für „die Eingeweide" des Freedom Towers, wie er gerne sagt: die Aufzüge, die mechanischen Systeme, die Treppen- und Lüftungsschächte, die Rohr- und Kabelleitungen, die Installationen, die ganze Elektrik.

Da muss einer Optimist sein. Bis zuletzt stritten sich die beteiligten Parteien um den Zeitplan und die Finanzierung des Freedom Towers. Bis zuletzt war unklar, wer am Ende der wahre Bauherr sein und das Sagen haben würde.

Für Lyons ist dies jedenfalls mehr als „das größte Projekt, an dem ich je gearbeitet habe". Es ist eine sehr private Mission. Sein kleiner Bruder Michael, ein 34-jähriger Feuerwehrmann beim Rescue Squad 41 aus der South Bronx, kam hier am 11. September ums Leben, einer von den 2595 „Toten der Türme". Es ist aus diesem Grund, dass sich der Vorarbeiter Lyons überhaupt erst für den Job des Projektmanagers des Freedom Towers beworben hat.

„Das schuldete ich Mike", sagt er.

Allzu viel hat sich in den letzten Jahren nicht geändert an dem Blick in den *pit*, wie sie diese Grube nennen, in der sich bis heute die Emotionen einer Nation sammeln. Die östliche Hälfte des 6,5 Hektar großen, 21 Meter tiefen Lochs, in dem einst das World Trade Center stand, ist inzwischen zwar bis knapp unterhalb der Straße bereits wieder weitgehend zugedeckelt, mit Klimaanlagen, elektrischen Gerätschaften, Fundamenten, den Aluminiumaufbauten der U-Bahn-Gleise und des PATH-Vorortzuges nach New Jersey, der hier metallen kreischend durchkurvt.

Der Rest aber, hinter einem hohen Gitterzaun, an den sich

Touristen krallen, klafft noch genau so brutal wie im Mai 2002, als hier die letzten der 1,8 Millionen Tonnen Trümmer weggekarrt wurden. Aus der rohen Betongusswand des Schwemmbeckens – die sogenannte „Wanne", die das tiefliegende Gelände vor den Fluten des Hudson Rivers schützt – ragen meterdicke Stahlkabelbündel, abstrakte Skulpturen statischer Stärke. Die sieben aufgerissenen Untergeschosse der einstigen Einkaufspassagen unter dem World Trade Center wirken auch heute noch wie ein verkokelter Kinderkaufladen des Grauens.

Im Schlamm der Nordwestecke stecken die letzten, rostigen, kreuzförmigen Überreste der Original-Fundamentsäulen des Trade Centers. Dazwischen ruht eine mannshohe, doch unauffällige blaue Sperrholzkiste im Sand, die aus der Höhe leicht zu übersehen ist.

„Damit fängt alles an", sagt Lyons.

Die Kiste verbirgt, wettergeschützt, den Grundstein für den Freedom Tower: 20 Tonnen marmorierter Granit aus den Adirondack Mountains, gelegt am US-Unabhängigkeitstag 2004 und graviert mit den Worten:

Zu Ehren und zum Gedenken derer, die am 11. September 2001 ihr Leben ließen.

Dafür wählten die Bildhauer nicht irgendeinen Schriftsatz. Sie wählten den Schriftsatz *Gotham*.

Gotham, die legendäre Stadt, steht wieder auf.

Brian Lyons' Büro befindet sich im vierten Stock des ersten neuen Wolkenkratzers an Ground Zero – ein 52-stöckiger Glasturm am Nordrand des einstigen Trümmerfelds, der im November 2005 im Rohbau fertiggestellt wurde. Er trägt die Adresse 7 World Trade Center, kurz 7 WTC – wie das Gebäude, das hier vor 9/11 stand.

„Der Wiederaufbau geht weiter", steht auf einem Transparent über dem Seiteneingang für die Arbeitstrupps, die zur Zeit mit der peniblen Innenausstattung der blitzenden Hülle beschäftigt sind. Auf der anderen Straßenseite haben Touristen mit schwarzem Filzstift Widmungen an einen Bauzaun gekritzelt. *God Bless America. So sorry for your loss. Niemals vergessen.*

Die Frühpendler hasten achtlos durch die blasse Morgensonne an den guten Wünschen vorbei, Kaffee im Styroporbecher, *Wall Street Journal* im Achselgriff, zu ihren *money jobs* im World Financial Center und an der Wall Street.

Auch 7 WTC untersteht dem Projektmanager Lyons, denn es hat denselben Bauherrn wie der Freedom Tower, der nun gleich gegenüber entsteht: der eigenwillige Immobilienmagnat Larry Silverstein, 74, der als ursprünglicher Pächter des World Trade Centers, sehr zum Ärger der Stadt, der einzige legitime Privatfinanzier der Milliardenvorhaben an Ground Zero ist. Welche Laune des Schicksals: Silverstein unterzeichnete den Pachtvertrag sechs Wochen vor den Anschlägen.

Lyons sieht 7 WTC als eine Generalprobe für den Freedom Tower. „Ich kann's nicht abwarten", sagt er.

Ob es ihn nicht stört, jeden Tag am Grab seines Bruder zur Arbeit anzutreten?

„Überhaupt nicht. Es fühlt sich gut an. Mein Bruder würde das genau so wollen."

An der Stelle des jetzigen 7 WTC stand vorher, als Teil des gesamten WTC-Gebäudekomplexes, ein gleichnamiger, hässlicher Skyscraper, etwa halb so hoch wie die Zwillingstürme daneben. Hier befand sich unter anderem die Notfall-Kommandozentrale der Stadt; 1988 wurde hier der Kinohit *Die Waffen der Frau* mit Harrison Ford und Melanie Griffith gedreht. 7 WTC wurde am 11. September von den Trümmern der Towers schwer beschädigt, brannte aus und stürzte um 17.20 Uhr als letztes Gebäude an Ground Zero ein – jenes Gebäude, aus dem sich auch der Cop James Zadroga, der später an schwarzer Lunge sterben würde, damals gerade noch retten konnte.

Da diese Parzelle ein paar Meter *außerhalb* des lange strittigen Masterplans für den Wiederaufbau liegt, hatte Silverstein freie Hand und konnte 7 WTC als erstes Gebäude sofort wieder neu hochziehen lassen. Besser gesagt: Er kommissionierte einen postmodernen, stromlinienförmigen Klon, als „Verkörperung des Geistes der Erneuerung von Lower Manhattan". Die Baukosten, geschätzte 700 Millionen Dollar, beglich er aus den Versicherungsgeldern, die er sich vor Gericht fürs World Trade Center erklagt hatte.

Der neue Tower 7 ist schmaler, aber fünf Stockwerke höher als der alte und hat eine glatte Glasfassade, in der sich die Wolken spiegeln und das Vakuum von Ground Zero. Von weitem sieht er fertig aus, doch aus der Nähe zeigen sich Löcher in der Fassade des Stahlsockels, und auch zahlreiche Glasfenster fehlen noch. Dahinter blickt man in leere, düstere Etagen. Bohren, Hämmern und das Kreischen von Sägen erfüllt die staubschwere Luft.

Brian Lyons steigt in einen der 32 bereits installierten Schnellaufzüge von 7 WTC – im Moment noch unverkleidete Stahlkabinen, in denen die Arbeiter innerhalb der Baustelle hoch- und runtersausen. „Viele Leute hier beginnen 9/11 langsam zu vergessen", sagt er. „Ich vergesse nichts, vor allem nicht hier."

Denn dies ist nicht nur der Ort, an dem sein Bruder starb. Hier hatten auch er selbst und seine Frau 1989 ihre Verlobung gefeiert, im *Windows of the World*, dem Restaurant ganz oben auf der Spitze des Trade Centers. Dieser Ort hat Geschichte für die Familie Lyons, gute und schlechte.

„Man kommt nie darüber hinweg. Aber wenigstens kann ich sagen, dass ich ein schreckliches Ereignis genutzt habe und daraus jetzt etwas Positives mache. Etwas, das in die Zukunft reicht und nicht in die Vergangenheit."

Am 11. September 2001 arbeitete Lyons bei einer Baufirma in Midtown. Als er hörte, was passiert war, raste er sofort zu Mikes Feuerwache in der Bronx und dann nach Ground Zero, um seinen Bruder zu suchen.

Mike sah Brian sehr ähnlich, nur jünger und mit dunklem, lockigem Haar. Er war ein Feuerwehrmann wie aus dem Bilderbuch, mit forschem Blick und festem Kinn. Seit sieben Jahren war er beim Fire Department, wo er als Spaßmacher galt, und zur Entspannung ging er gerne Golfen oder Angeln. „Ich höre sein ansteckendes Lachen heute noch", schreibt Schulkamerad Paul Lavelle – der an 9/11 seinen eigenen Bruder Denis, einen Buchhalter, verlor – auf der Memorial-Webpage, die sie später für Mike einrichteten.

Drei Wochen lang suchte Lyons in dem qualmenden Trümmergebirge von Ground Zero nach seinem Bruder. „21 Tage, ohne nach Hause zu gehen", sagt er monoton, als habe er das schon tausendmal erzählt. Unermüdlich reihte er sich in die „Eimer-Brigaden" ein, die langen Reihen von Helfern, die sich über die Schutthalden erstreckten. Erst dann gönnte er sich eine Pause, doch aufgeben wollte er nicht. Er kündigte seinen Job und fing bei einer Räumfirma an, damit er weiter an Ground Zero bleiben konnte.

Am 2. November 2001 brachte Mike Lyons' Ehefrau Elaine Cody Lyons, die am 11. September hochschwanger gewesen war, eine Tochter zur Welt. Sie nannte sie ihrem vermissten Mann zu Ehren Mary Michael.

Ein halbes Jahr später, am St. Patrick's Day 2002, wurden sie fündig, ganz unten im *pit*, an der Stelle, über der die Lobby des Südturms gelegen hatte. Hier stießen sie auf eine Akkumulation an Überresten, doch da das Feuer hier am heißesten und längsten gebrannt hatte, war nur noch von den metallenen Gegenstände etwas Greifbares geblieben: Ausrüstungsgegenstände und Werkzeuge der Feuerwehrmänner, Äxte, Beile, Funkgeräte – unter anderem markiert mit dem Abzeichen des Rescue Squads 41.

„Wir haben ihn nie identifizieren können", sagt Lyons lakonisch. „Selbst mit DNA-Analysen nicht. Physisch war nichts übrig geblieben." Was Lyons aber zweifellos erkannte, war Mikes Axt – und ein ganz spezielles Messer, das er ihm geschenkt hatte.

Als die Bergungsarbeiten schließlich mit einer tristen Zeremonie beendet wurden, fast acht Monate nach 9/11, fielen viele Helfer in ein schwarzes Loch. Es war, als seien sie ihrem Schmerz die ganze Zeit durchs Schuften im Staub entkommen, doch nun, da nichts mehr zu tun war, öffnete sich das ganze Grauen erst recht. Einige nahmen sich darüber das Leben; ein Sanitäter erhängte sich, ein Feuerwehrmann jagte sich eine Kugel in den Kopf. „Viele drehten durch", erinnert sich Lyons. „Manche weigerten sich, nach Hause zu gehen, und mussten abgeführt werden."

Lyons hat einen anderen Weg gefunden, an Ground Zero zu bleiben: Er bekam einen Job als Vorarbeiter bei der Wiederherstellung der zerstörten Gleislinien und dem Bau der provisorischen Bahnstation. Im November 2003 stand Lyons im ersten Waggon des ersten Zugs seit 9/11, der hier wieder einfuhr. Anschließend wechselte er zu Tishman Construction, der Hochbaugesellschaft für 7 WTC und den Freedom Tower.

„Ich wollte den Terroristen zeigen, dass wir uns nicht unterkriegen lassen."

Er sagt das ohne jede Genugtuung. Sein Gesicht bleibt ernst und emotionslos, und seine stahlblauen, traurigen Augen blicken am Gegenüber vorbei ins Leere.

„Dieses Bauwerk ist mehr als Architektur", sagt David Childs. „Es ist ein Fanal, ein Zeichen für den Aufbruch in eine neue Zeit."

Childs, der Architekt des Freedom Towers, ist in seinem Element. Er empfängt den Besucher nicht weit von Ground Zero entfernt, in einem hellen Konferenzsaal im 23. Stock eines Wolkenkratzers an der Wall Street, direkt gegenüber der Börse. Sofort beginnt er von seinem Lebenswerk zu schwärmen, jenem Idiom des amerikanischen Trotzes, das hier, in den modernen Büros seiner Architekturfirma Skidmore, Owens & Merrill (SOM), bereits Gestalt angenommen hat – im Verhältnis 10:1.

Childs steht neben einem Modell aus Plastik, bemaltem Plexiglas und Acryl, aufgeklebt auf einer etwa zwei mal zwei Meter großen Sperrholzplatte: Lower Manhattan mit dem Freedom Tower anno 2011. Die meisten Gebäude an Ground Zero sind dort nur gesichtslose Klötzchen. Allein Childs allegorischer „Turm der Freiheit" ist bis ins kleinste Detail ausgeführt – nicht nur, weil er bis jetzt das einzige Bauwerk ist, dessen Gestalt klar ist. Er wird sogar von unten mit einem Halogenlämpchen angestrahlt.

„Eine positive Form, voller Licht und Reflektion", sagt Childs. „Verheißung einer positiven Zukunft."

Der Mann liebt seine blumigen Metaphern.

David Childs, 64, ist gertenschlank, hochgeschossen und sehr korrekt. Anders als viele seiner New Yorker Architektenkollegen, die sich gerne künstlerisch-ätherisch geben und aussehen, als wohnten sie in rohen Industrielofts in SoHo, kommt Childs als bierernster Geschäftsmann daher. Er trägt einen dunklen, konservativen Business-Anzug, ein hellblaues Banker-Hemd, eine rote, präsidiale Krawatte und eine ebenso rand- wie ausdruckslose Brille. Beim Sprechen legt er gerne die Fingerspitzen aneinander, wie ein Universitätsdozent. Seine Stimme ist samten und einschmeichelnd, mit perfekt gesetzten Betonungen, Pausen und Synkopen. Seine kleine Rede illustriert er mit einer digitalen Dia-Show.

Darauf sehen die Computergrafiken des Freedom Towers aus, als sei das Design aus einem Guss entstanden, in einem einzigen, einmaligen, glücklichen Geistesblitz kluger Köpfe. Ein großer Wurf, wortwörtlich.

Dabei ist die Entstehungsgeschichte dieses „zurückhaltend monumentalen" Bauwerks (Childs) – das die Krone des höchsten Gebäudes der Welt allerdings kurz nach seiner Fertigstellung schon schnell wieder verlieren dürfte, an den Burj Dubai Tower – eine städtebauliche Soap Opera: mal Provinzposse, mal Tragikomödie mit immer neuen Wendungen.

Der erste, gefeierte Entwurf des Star-Architekten Daniel Libeskind – der auf den Namen Freedom Tower kam und auch auf die symbolische Höhe von 1776 Fuß (541 Meter), angelehnt an das Gründungsjahr der USA – ist längst Makulatur. Libeskind hatte im Februar 2003 den Wettbewerb um den Masterplan für das gesamte Areal gewonnen, mit einer Smaragdstadt aus filigranen Skyscrapern, die an Kristalle, Stalagmiten und Prismen erinnerten.

Doch für den Freedom Tower verordnete ihm die Lower Manhattan Development Corporation (LMDC), die staatliche Ground-Zero-Entwicklungsgesellschaft, eine Kollaboration mit dem Technokraten Childs – der Hausarchitekt des Bauherrn und ausgerechnet Libeskinds alter Erzrivale, der im Wettbewerb mit seinem eigenen Masterplan unterlegen war und auch sonst eine völlig entgegengesetzte Philosophie hat.

„Manche sehen Architektur als Kunst", lächelt Childs, in Anspielung auf Libeskind. „Ich sehe Architektur als Wissenschaft."

Kein Wunder, dass die Zwangsehe der beiden Design-Diven nicht glatt ging. In ihren Vorstellungen vom Freedom Tower prallten nicht nur zwei architektonisch-stilistische Lager aufeinander, sondern auch zwei Versionen der städtebaulichen Wiederaufarbeitung von 9/11.

Auf der einen Seite stehen, repräsentiert vom jüdischen Immigranten Libeskind, die Träumer: Gebäude sind Stein gewordene Gedanken, jeder Bau ist eine Botschaft und jede Botschaft ist eine Botschaft der Seele.

Auf der anderen Seite stehen, im Gefolge des Wall-Street-Architekten Childs, die Realisten: Der Bau unterwirft sich dem Zweck, und sein Wert misst sich nicht in Geschichte und Gefühlen, sondern in Nutzfläche und Mietpotential.

Zehn Monate zankten und stritten sie sich, hinter den Kulissen und offen vor allen New Yorkern, via Interviews und Klatschspalten. Libeskind sprach abfällig von einer „so genannten Zusammenarbeit", sein Stadtplaner Gary Hack vom „architektonischen Äquivalent eines Nuklearkrieges" (was ihm den Job kostete). Zeitweise redeten Libeskind und Childs nicht mal miteinander – oder nur über ihre Anwälte. Libeskind verbot Childs außerdem, sein Atelier ohne Aufsicht zu betreten.

Auch anderswo begannen die Dinge schief zu gehen. Die Investmentbank Goldman Sachs, die gegenüber vom Freedom Tower ihr neues Welthauptquartier errichten wollte – 40 Stockwerke Glas, zwei Milliarden Dollar teuer, erste Investition eines Wall-Street-Giganten hier seit 9/11 –, legte ihre Pläne plötzlich auf Eis, offiziell ebenfalls aus Sicherheitsbedenken. Inzwischen, nachdem Goldman 1,8 Milliarden Dollar in Steuererleichterungen und Anleihen als Anreiz, doch zu bleiben, bekommen hat, sind die Bedenken wieder ausgeräumt.

Selbst bei den Plänen für die 350-Millionen-Dollar-Gedenkstätte zu Füßen des Freedom Towers hakte es. Der preisgekrönte Entwurf des 35-jährigen Designers Michael Arad zerrieb sich zwischen den Instanzen, zwischen Politik, Wirtschaft, Kommerz und der machtvollen Lobby, mit der die Hinterbliebenen der 9/11-Opfer inzwischen in die städtebaulichen Entscheidungen einzugreifen wussten. Arad musste sein Memorial beforsten, die Reflektionsbecken verschieben, die Gestalt der Wasserfälle ändern. Der New Yorker Baubeauftragte David Burney berichtete, der junge Mann, für den dies der erste Großauftrag ist, sei im Begriff, „innerlich zu zerfallen".

Schließlich legten Childs und Libeskind einen gequälten Kompromissentwurf für den Freedom Tower vor. Doch auch der wäre in allerletzter Minute noch beinahe gescheitert, und zwar an 84,12 Metern – die Höhe einer umstrittenen Deko-Spitze, die an den Fackel-Arm der Freiheitsstatue erinnern sollte.

Das Resultat war ein monströser Zwitter zweier konkurrierender Designstile, der sich jedoch dankenswerterweise auch nicht lange hielt. Denn jetzt meldete das NYPD Sicherheitsbedenken an: Der Turm stehe doch viel zu nahe an der West Street, der belebten, achtspurigen Durchgangsstraße an der Westgrenze von Ground Zero, und sei deshalb anfällig für Autobomben-Attentate. Offenbar hatte das bisher niemand gemerkt. Nach mehr als 1,4 Milliarden Dollar Anlaufkosten mussten alle Beteiligten abermals zurück ans Reißbrett.

Childs durfte sich freuen: Libeskind wurde dabei ganz unauffällig zum „Berater" degradiert. Das war das Ende des „Guck-mal-her-Designs", wie Childs das formuliert.

Und so entstand das, was jetzt als Acrylmodell bei Childs im Büro steht. Über einem verbrieft „bombensicheren" Sockel, der mit einer 70 Meter hohen Fassadenwand aus rostfreiem Stahl und Titan verkleidet ist, soll sich nun ein massiver, leicht gedrehter Glaskoloss erheben, gekrönt von einer Stahlspitze, damit zumindest der populärste Aspekt des Libeskind-Traums erhalten bleibt – die „freiheitliche" Höhe von 1776 Fuß.

Trotzdem ist der jetzige Freedom Tower ein typisches Childs-Projekt, eine Konsequenz langer Lehrjahre als diskreter Hausarchitekt der politischen und wirtschaftlichen Elite. Während sich andere Star-Architekten – Frank Gehry, Renzo Piano, Rem Kohlhaas – mit extravaganten Entwürfen Weltprominenz erbauten, spuckte Childs bei SOM Funktionsbauten aus wie am Fließband: Flughafenterminals, Bankzentralen, das übermächtige Time Warner Center am Central Park.

Dabei war SOM früher so wegweisend gewesen. 1936 von Louis Skidmore und Nathaniel Owings in Chicago gegründet, entwarf die renommierte Firma viele Wolkenkratzer-Wahrzeichen der Nachkriegsmoderne: das Pepsi Building, das Lever House und der Chase Manhattan Tower in New York; der Sears Tower in Chicago, anfangs das höchste Gebäude der Welt und jetzt immerhin noch das höchste der USA.

Childs lernte sein Handwerk mit Bürokratenbauten in Washington. 1971 stieg er bei SOM ein und übernahm später deren New Yorker Dependance.

Seither ist SOM zu einer regelrechten Architekturfabrik gewuchert und, mit 900 Mitarbeitern und bisher 10 000 Projekten in 50 Ländern, einem der größten Planungsbüros der Welt. Der öffentlichkeitsscheue Childs wurde zu seinem Meisterbauer, mit seinen Glas- und Stahlklötzen, die ganz so waren wie er: gesichtslos, unbemerkenswert, enorm funktional und nichts für die Geschichtsbücher.

Der Freedom Tower ist für ihn nun eine Art Ausbruch aus dem Korsett des Firmendesigns, bei aller weiter spürbaren SOM-Linientreue. Er ist „das komplizierteste Projekt, an dem ich je gearbeitet habe" – das Projekt, das ihn endlich in den Olymp der Götter heben soll.

Und natürlich auch, wie für alle New Yorker, ein sehr persönliches Anliegen. „Es steckt uns allen doch in den Genen, dieser Wunsch, uns wieder aufzurappeln und wiederaufzubauen, *größer und besser* wiederaufzubauen."

Am 11. September 2001, da standen sie hier an ihren Bürofenstern und sahen das World Trade Center fallen. „Es war entsetzlich", sagt Childs. „Dieses Gefühl durchwirkt das gesamte Design des Freedom Towers."

Er sinniert: „Er ist ein Symbol für Trauer."

Pause.

„Und für Durchhaltevermögen."

Pause.

„Für beides. Trauer *und* Durchhaltevermögen."

Ja, sie fallen ihm weiterhin schwer, die hochtrabenden Worte von Ehre, Weihe und Heldentum, mit denen Gebäude aus Stahl und Stein in diesen Gefilden gerne verklärt werden. Als scheine er selbst amüsiert über die Hyperbole, kehrt er also immer wieder lieber zu den Themen zurück, die er am besten versteht: Funktionalität, Praktikabilität, Form.

So rasselt er auch die Qualitäten seines Bauwerks herunter: mehr als 241 000 Quadratmeter Bürofläche, Evakuierungspläne für 12 000 „Okkupanten", fünf Millionen Besucher pro Jahr, eisenfreie Glasscheiben, die klarer sind als normale, separate Aufzugschächte und Treppenhäuser für Feuerwehrleute – eine Lehre aus 9/11) – „Zeitlosigkeit", „Einfachheit".

Und statt vom „höchsten" Gebäude der Welt spricht er begeistert vom „sichersten". Wen stört es da schon, dass Daniel Ouroussoff, der Architekturkritiker der *New York Times*, den Freedom Tower „düster, bedrückend und plump entworfen" nennt, „ein Monument für eine Gesellschaft, die jedem Gedanken kultureller Offenheit den Rücken gekehrt hat".

Am Ende ist man dennoch fast auf Childs Seite. Er Architekt ist, bei aller trockenen Fachsimpelei, sympathisch, charmant, demütig („Ich habe Lampenfieber") und vor allem überzeugend. Er redet und redet, und ein richtiges Hochgefühl stellt sich ein, selbst beim Skeptiker – wie bei einem Auto, das man erst nicht mag und dann ohne Zweifel kauft.

Plötzlich wirkt das beleuchtete Acrylmodell auf der Sperrholzplatte tatsächlich wie eine Verheißung.

Brian Lyons steht in der Sonne und blickt an 7 WTC hoch. All das schöne Gerede da oben in den Etagen der Chefplaner ist ihm ziemlich schnurz. Er will nur eins: bauen.

„Ich werde hier jetzt das größte, höchste, beste Gebäude der Welt bauen", sagt er, „und das gibt mir viel Stolz und viel Ehre."

Von 7 WTC kann der Schaulustige am Gitter entlang einmal ganz um Ground Zero herumwandern. Der Weg geht quer über die West Street durchs World Financial Center und vorbei am wiederaufgebauten, belebten Wintergarten mit seinen 16 Washingtonia-Robusta-Palmen, unter denen mittags die Bombenspürhunde dösen. Er geht durch stille Fensterpassagen, die einen freien Blick direkt auf den *pit* bieten, dann zurück über die Straßenbrücke und hinunter zur Liberty Street.

Vorbei an einer improvisierten Gedenkstätte aus Postern, Plakaten, Fotos, Stoffblumen, Schleifen und alten Stadtplänen, die sie hier an einen Bretterzaun geheftet haben: „Ich bin hier schon dreimal gewesen", steht auf einem Zettel, „doch dies ist das letzte Mal, denn der Herzensschmerz ist einfach zu stark."

Vorbei am zerstörten Deutsche-Bank-Hochhaus, das gerade abgerissen wird und auf dessen Dach sie noch im Oktober 2005 menschliche Überreste entdeckt haben, zehn Knochensplitter, vermutlich von einem Brustkasten.

Vorbei an der Feuerwache 10, an deren Tor eine Bronzeplakette an die sechs verlorenen Kameraden erinnert: „Alle gaben einiges, einige gaben alles."

Vorbei am Schnellimbiss *Pronto Pizza* erreicht man schließlich die Front von Ground Zero, wo die Touristen sich vor dem Zaun scharen. Hier hat die Stadtverwaltung eine Ode an New York City am Gitter befestigen lassen, die sich überraschend über die übliche Banalität der behördlichen Ergüsse hier erhebt:

„Es war, von Anfang an, eine Stadt, deren einzige Aufgabe es zu sein schien, die Grenzen dessen zu sprengen, was möglich ist."

Daneben hängen die großen Gedenktafeln aus Marmor mit den Namen aller 9/11-Opfer. Und da findet er sich, auf der vierten Tafel von links, in der dritten Spalte, der 19. Name von oben.

Michael J. Lyons.

Dank

an Helga und Hansa Pitzke, die sich schon die Geschichten eines Zwölfjährigen geduldig anhörten und ihn trotzdem weiterschreiben ließen; an Tine, Bernfried, Calvin, Till & Hanna für das Zuhause fern von Zuhause und die Geduld während all der *„crazy years"*; an Manfred Bissinger und Sabine Rosenbladt, deren Vertrauensvorschuss mich nach New York brachte; an Michaela Schießl, deren Anruf vor drei Jahren mich in New York bleiben ließ; an Martin Breitfeld und *Herder* für die Idee und den Glauben an einen ungeprüften Erstlingsautoren; ans gesamte, fantastische Team von *Spiegel Online*, vor allem Mathias Müller von Blumencron, Matthias Streitz, Wolfgang Büchner, Rüdiger Ditz und Andreas Borcholte, die mich täglich auf Trab halten; an Benedict Rüttimann von *Facts* für die grenzenlose Loyalität und Kollegialität; an Anna Mikula für den guten Rat; an Fernando Villalobos, Joe Norton, Chris Cochrane, Eric Ganz und John Griffith, deren Freundschaft mich über die letzten Monate gerettet hat; an Luis Vasques für die Einblicke ins New Yorker Maklerleben; an August Gold, die mir die Augen öffnete; an Claus Peter Simon und Volker Stollorz für New Yorker Ideen, als mir selbst die Ideen versiegt waren; an Seymour Topping, meinen Drillsergeant an der Columbia School of Journalism; an Bob Greenan, Erik Holm-Olsen, Greg Kay und Sal Scrimenti vom State Department fürs Türenöffnen; an Helga Thiele für die Betreuung. Und natürlich an Daisy.

Einblicke und Begegnungen

Andrea Böhm
Die Amerikaner
Reise durch ein unbekanntes Imperium
Band 5657
Was die Amerikaner wirklich bewegt: Eindrückliche Geschichten über Macht und Ohnmacht, über Hoffnung, Angst und Glück: Eine grandiose Reiseerzählung.

Britta Petersen
Einsatz am Hindukusch
Soldaten der Bundeswehr in Afghanistan
Band 5628
In ihrer spannenden Reportage berichtet die Autorin von Erfahrungen, Ängsten und persönlichen Entwicklungen der Soldatinnen und Soldaten. Das einzige Buch zum Thema.

Michael Lüders
Im Herzen Arabiens
Stolz und Leidenschaft – Begegnung mit einer zerrissenen Kultur
Band 5690
Die große und packende Reportage aus einer Welt, die vielen Menschen im Westen immer rätselhaft blieb. Das politische Schlüsselbuch.

Jürgen Todenhöfer
Wer weint schon um Abdul und Tanaya?
Die Irrtümer des Kreuzzugs gegen den Terror
Band 5420
„Ein bemerkenswertes Buch, in dem an die Bedeutung unserer Grundwerte – auch für unser Handeln gegenüber anderen Völkern – erinnert wird." (FAZ)

Stefan Ehlert
Wangari Maathai – Mutter der Bäume
Die erste afrikanische Friedensnobelpreisträgerin
Band 5580
„Heldin des Planeten", nannte sie „Time" schon 1998. Wangari Maathai kämpft ohne Angst konsequent für Umweltschutz, Frauenrechte, Würde und soziale Gerechtigkeit: Die spannende Biografie einer Frau, die die Welt verändern will.

HERDER spektrum